社会记忆视野下的
非遗传承与旅游利用

匡翼云　著

四川大学出版社
SICHUAN UNIVERSITY PRESS

图书在版编目（CIP）数据

社会记忆视野下的非遗传承与旅游利用 / 匡翼云著.
—— 成都：四川大学出版社，2025.3. —— ISBN 978-7-5690-7907-4

Ⅰ．G122；F592.3

中国国家版本馆 CIP 数据核字第 2025E2Y430 号

书　　名：	社会记忆视野下的非遗传承与旅游利用
	Shehui Jiyi Shiye xia de Feiyi Chuancheng yu Lüyou Liyong
著　　者：	匡翼云
选题策划：	李志勇　曾　鑫
责任编辑：	曾　鑫　阎高阳
责任校对：	吴　丹
装帧设计：	墨创文化
责任印制：	李金兰
出版发行：	四川大学出版社有限责任公司
地　　址：	成都市一环路南一段 24 号（610065）
电　　话：	（028）85408311（发行部）、85400276（总编室）
电子邮箱：	scupress@vip.163.com
网　　址：	https://press.scu.edu.cn
印前制作：	四川胜翔数码印务设计有限公司
印刷装订：	成都金阳印务有限责任公司
成品尺寸：	170 mm×240 mm
印　　张：	13
字　　数：	241 千字
版　　次：	2025 年 8 月 第 1 版
印　　次：	2025 年 8 月 第 1 次印刷
定　　价：	78.00 元

本社图书如有印装质量问题，请联系发行部调换

版权所有　◆　侵权必究

扫码获取数字资源

四川大学出版社
微信公众号

目 录

第一章 绪 论 ··· 1
  第一节 研究背景 ································· 1
  第二节 选题的意义 ······························· 4
  第三节 文献综述 ································· 6
  第四节 基本框架和内容 ··························· 33

第二章 基础理论研究 ································· 40
  第一节 社会记忆理论发展脉络 ····················· 40
  第二节 社会记忆的实践类型 ······················· 43
  第三节 社会记忆的场域 ··························· 46
  第四节 社会记忆的谜米 ··························· 49
  第五节 本书相关概念界定 ························· 51

第三章 非物质文化遗产玛牧 ··························· 54
  第一节 玛牧的溯源 ······························· 54
  第二节 玛牧的基本内容 ··························· 55
  第三节 玛牧的主要特征 ··························· 59
  第四节 玛牧的流布区域 ··························· 60
  第五节 玛牧的影响 ······························· 61
  第六节 玛牧的价值 ······························· 61

第四章 玛牧的体化实践：彝族人的惯常生活 ············· 63
  第一节 彝族人体化实践的基础——彝语言 ··········· 63
  第二节 玛牧的记忆要素 ··························· 65

第三节　玛牧的记忆场域……………………………………………… 78
　　第四节　玛牧的记忆谜米及其传递…………………………………… 83

第五章　玛牧的体化实践：彝族人的仪式生活…………………………… 87
　　第一节　仪式与谜米…………………………………………………… 87
　　第二节　结婚仪式与玛牧记忆谜米…………………………………… 90
　　第三节　调解仪式与玛牧记忆谜米…………………………………… 100

第六章　玛牧的刻写实践…………………………………………………… 108
　　第一节　彝族人刻写实践的关键——彝文字………………………… 109
　　第二节　玛牧的刻写版本……………………………………………… 110
　　第三节　玛牧的刻写教育……………………………………………… 122

第七章　非物质文化遗产玛牧的记忆之场………………………………… 130
　　第一节　场所与记忆…………………………………………………… 130
　　第二节　玛牧的记忆之场……………………………………………… 132

第八章　非物质文化遗产玛牧的旅游利用………………………………… 164
　　第一节　玛牧刻写实践的旅游利用…………………………………… 165
　　第二节　玛牧体化实践的旅游利用…………………………………… 174

第九章　结语与展望………………………………………………………… 178
　　第一节　研究结论……………………………………………………… 178
　　第二节　本书研究的不足……………………………………………… 181
　　第三节　非物质文化遗产传承与利用的研究展望…………………… 182

参考文献……………………………………………………………………… 183

第一章 绪 论

英国学者雷蒙德·威廉斯（Raymond Williams）在《漫长的革命》中将文化定义为："文化是对一种特殊生活方式的描绘，这种生活方式表达某些意义和价值，但不只是经由艺术和学问，而且也通过体制和日常行为。"① 非物质文化遗产作为人类文化不可或缺的一部分，是人们在日常行为、生活方式中逐渐累积的生活经验的总结。20世纪90年代，后工业化时代的西方国家社会经济高度发达，遗产保护意识深入人心，人们开始将保护视野逐渐拓展到乡土建筑遗产、工业遗产、非物质文化遗产。全球一体化背景下，文化多样性具有普遍意义，文化的差异保持着人类文化的个性和人格的特殊性。费孝通先生曾经提出："各美其美，美人之美，美美与共，天下大同。"② 在当今世界，文化多样性已然成为后现代文化景观的一部分，不同民族、不同人群在文化价值上取得共识，共同推动一个多样化的世界向前发展。在这样的时代背景下，作为人类文化重要组成的非物质文化遗产必然成为多学科关注和研究的对象。

第一节 研究背景

一、时代的呼唤：文化多样性

韩民清指出，人类是动物与文化的统一体，文化是人类不容忽视的组成部分。③ 不同的地区和社会产生不同的生活方式和思维方式，差异使得世界的文

---

① Williams, R. The Long Revolution [M]. London: Chatto & Windus, 1961: 41.
② 费孝通口述，王晓毅编纂. 论文化自觉 [M]. 北京：商务印书馆，2003: 233.
③ 韩民清. 文化论 [M]. 南宁：广西人民出版社，1989: 15.

化种类丰富多彩，因此可以说人存在方式的多样性促成人类文化的多样性。

文化多样性是人类的宝贵财产，是不同文化存在和发展的见证。当代社会负有保持和传递不同文化特性的责任和义务。面对全球一体化进程的加快，文化发展呈现两种趋势：一方面，文化产品与服务的自由流通促进相关文化得以广泛传播，文化价值得以广泛共享；另一方面，科技迅速发展、文化交流日益便捷也可能导致"文化均质现象"，使文化多样性面临挑战。这个时代的实践负化效应迫使当代人必须认真反思与重塑文化多样性，开拓世界历史精神的认知维度，从真正意义上理解人类的价值与文明。① 全球性的现代化实践，激化民族主义、地方主义与全球一体化、世界网络化的矛盾冲突，当代人类正在面临文化多样性丧失的挑战。文化普遍性与文化差异性的矛盾、民族性与世界性的矛盾，成为文化多样性正在面临的现实困境。倘若某一日，地球只存在一种文化，无论是建筑还是人情风俗都一模一样，那么生活的趣味何在？旅行的意义何在？学者基辛认为，文化一旦同质，人类的智慧和思想源泉也会因此消失。

无论是 2001 年的《世界文化多样性宣言》还是 2005 年的《保护和促进文化表现形式多样性公约》，二者均强调文化多样性是人类的共同遗产。自此，国际社会有关文化发展的努力，全面进入以"文化多样性"为具体价值标准的新时期。王杰认为，在当代背景下，非物质文化遗产是文化多样性的主要表现之一。正如马克思认为古希腊神话具有永恒魅力一样，② 非物质文化遗产对于人类意义深远，有时甚至高不可及。因此，面对文化多样性的现实困境，理应呼吁保护文化多样性，从实际行动出发，最大限度地保护文化多样性的重要表现之一——非物质文化遗产。

二、中华优秀传统文化的基因——非物质文化遗产

早在 1950 年日本政府便提出"无形财产保护法"，将"有形文化财"概念延伸至"无形"领域，后经过日本籍联合国教科文组织前任总干事松浦晃一郎的大力推广，无形文化财的理念逐渐受到世界各国的认同和重视。20 世纪 80 年代以来，联合国教科文组织开始对非物质文化遗产给予极大的关注，从

---

① 张丽娟. 文化多样性的现代境遇与实践超越——"世界历史"精神的价值理解 [J]. 学术探索，2015（9）：124.
② 马克思恩格斯文集：第 8 卷. 北京：人民出版社，2009：35.

1989年的《保护民间创作建议案》到2003年的《保护非物质文化遗产公约》，皆是该组织保护非物质文化遗产的行动见证。非物质文化遗产作为某种文化的典型代表，往往较为集中地保留和传承着不同文化的文化基因和文化密码。①

2021年中共中央办公厅、国务院办公厅印发《关于进一步加强非物质文化遗产保护工作的意见》指出："非物质文化遗产是中华优秀传统文化的重要组成部分，是中华文明绵延传承的生动见证，是连结民族情感、维系国家统一的重要基础。"②非物质文化遗产蕴含着中华民族优秀的文化基因，保护非物质文化遗产是弘扬中华优秀传统文化的必要前提。

三、"重申报、轻保护"现象突出

我国对非物质文化遗产的重点关注始于中国昆曲（2001年5月）和古琴（2003年11月）被列入"人类口述与非物质文化遗产代表作名录"时，并于2004年正式加入《保护非物质文化遗产公约》；随后，2005年国务院印发《关于加强我国非物质文化遗产保护工作的意见》。③至此，非物质文化遗产保护理念在全国迅速推广，保护浪潮一浪接一浪，最显著的就是非物质文化遗产申报热潮。

为积极建设非物质文化遗产保护体系，国务院先后公布五批"国家级非物质文化遗产代表性项目名录"，各省市也建立起相应的非物质文化遗产名录，逐渐形成"县→市→省→国家→世界"逐级申报机制，并于2011年出台《中华人民共和国非物质文化遗产法》。④

经历二十年的非物质文化遗产保护工作，在申报热潮形成、保护体系逐步建立的背后，也暴露出诸多问题，特别是"重申报、轻保护"现象突出。笔者通过查阅文献和实地调研，发现非物质文化遗产申遗后期的保护和研究尚属于薄弱环节，大多非物质文化遗产虽已列入各级非物质文化遗产名录，但事实上并未得到针对性的有效保护，申遗后期的保护和传承状况不容乐观，这一现象与非物质文化遗产申遗的初衷不符。

---

① 王杰. 全球化时代文化多样性的意义 [J]. 学术月刊，2011（7）：96.
② 中共中央办公厅，国务院办公厅. 关于进一步加强非物质文化遗产保护工作的意见[OL]. (2021-08-13)[2021-12-31]. https://www.ihchina.cn/zhengce_details/23400.
③ 国务院办公厅关于加强我国非物质文化遗产保护工作的意见[OL]. (2006-04-28)[2023-11-02]. https://www.ihchina.cn/zhengce_details/11571.
④ 中华人民共和国非物质文化遗产法[OL]. (2011-02-28)[2024-03-02]. https://www.ihchina.en-details/11569.

基于这样的背景，笔者将目光聚焦于已经成功申报的非物质文化遗产，探寻其保护与利用之路，以期实现申遗初衷。

第二节 选题的意义

一、必要性：传承中华优秀传统文化

非物质文化遗产是中华民族文化的重要组成，蕴含着中华民族优秀的文化基因，保护非物质文化遗产对于传承中华优秀传统文化意义重大。

中华优秀传统文化由无数优秀民族传统文化汇集而成，国家十分重视保护民族优秀传统文化、保护民族非物质文化遗产。2022年7月13日习近平总书记在新疆考察时指出："要加强非物质文化遗产保护传承，把各民族优秀传统文化发扬光大。"① 2023年10月，习近平总书记在中共中央政治局第九次集体学习时强调："实施中华优秀传统文化传承发展工程，研究和挖掘中华传统文化的优秀基因和时代价值……不断增强各族群众的中华文化认同。"② 可见，中华优秀传统文化的继承和弘扬具有重要的现实意义，这也是本书研究的一大主旨。

二、可行性：文化旅游促推保护与发展

2017年1月中共中央、国务院印发《关于实施中华优秀传统文化传承发展工程的意见》指出："大力发展文化旅游……引导游客在文化旅游中感知中华文化。"③ 2023年2月，文化和旅游部印发《关于推动非物质文化遗产与旅游深度融合发展的通知》指出："非物质文化遗产是中华优秀传统文化的重要组成部分……推动非物质文化遗产与旅游深度融合发展对于扎实做好非物质文

---

① 习近平. 加强文化遗产保护传承 弘扬中华优秀传统文化 [J]. 求是，2024（8）.
② 习近平在中共中央政治局第九次集体学习时强调 铸牢中华民族共同体意识 推进新时代党的民族工作高质量发展 [N]. 人民日报，2023-10-29（1）.
③ 中共中央办公厅 国务院办公厅印发《关于实施中华优秀传统文化传承发展工程的意见》[OL]. (2017-01-25) [2024-10-03]. http://www.gov.cn/zhengce/2017/01/25/content_5163472.htm.

化遗产的系统性保护、促进旅游业高质量,更好满足人民日益增长的精神文化需求发展具有重要意义。"① 一系列文件的出台,为保护非物质文化遗产指明了方向。

何为保护?如何保护?学界关于文化遗产保护的话题讨论已久。早在1943年,法国制定《纪念物周边环境法》,规定一旦一座建筑被列入保护名录之后,对其周边的环境保护立刻生效,这无疑是在强调保护对象的存在环境之重要性。对于非物质文化遗产而言,就是要重视非物质文化遗产的活态保护。在日本政府文化政策中,非物质文化遗产的保护与活用同等重要,可见保护的另一个重要方面就是利用、活用。如何才能利用、活用非物质文化遗产?现代社会的文化旅游、遗产旅游似乎成为非物质文化遗产保护与利用的可行思路。在大力发展文化旅游的今天,非物质文化遗产的旅游价值得到学界普遍认同,非物质文化遗产与旅游的有机融合,能够促进二者的共荣共赢,实现非物质文化遗产的保护与发展。

三、课题研究的现实意义

笔者出生于四川省凉山彝族自治州的一座小县城喜德县,那里居住的人口90%以上都是彝族,笔者年幼时听不懂彝语,也不明白彝族的文化,长大后才知道彝族有着值得骄傲的优秀传统文化。2023年2月文化和旅游部印发《关于推动非物质文化遗产与旅游深度融合发展的通知》指出,在非物质文化遗产和旅游深度融合发展中,要弘扬非物质文化遗产所蕴含的人类共同价值观念和思想情感,讲好中华优秀传统文化故事。2023年10月,习近平总书记在中共中央政治局第九次集体学习时强调,"推动中华优秀传统文化创造性转化、创新性发展,繁荣发展社会主义先进文化,构建和运用中华文化特征、中华民族精神、中国国家形象的表达体系"②。本书所研究的主要对象凉山彝族玛牧,蕴含守诚信、崇正义、尚和合的时代价值,是中华优秀传统文化的典型代表。玛牧对于凉山彝族的意义正如三字经对于汉族的意义,它源于彝族人民的集体创作,是彝族古代人民聪明智慧的结晶。玛牧强调做人真、善、美,与人为善、诚实守信、团结互助、勤奋好学,是不可多得的弘扬守诚信、崇正义、尚

---

① 文化和旅游部关于推动非物质文化遗产与旅游深度融合发展的通知[OL].(2023-02-22)[2024-10-03]. https://www.ihchina.cn/zhengce_details/26641.

② 习近平在中共中央政治局第九次集体学习时强调 铸牢中华民族共同体意识 推进新时代党的民族工作高质量发展[N]. 人民日报,2023-10-29(1).

和合的民族优秀传统文化，展现了中华民族精神，具有浓厚的中华文化特征。

第三节 文献综述

一、社会记忆研究综述①

（一）国外社会记忆研究综述

国外关于社会记忆的研究大致经历三个阶段：第一个阶段是20世纪二三十年代的理论奠基时期，以哈布瓦赫（Maurice Halbwachs）为领军人物；第二个阶段是20世纪80年代的"记忆潮"时期，以法国历史学家皮埃尔·诺拉（Pierre Nora）和德国学者扬·阿斯曼、阿莱达·阿斯曼夫妇（Jan & Aleida Assmann）为代表人物；第三个阶段是当下正在经历的时期，处于"世界性记忆"阶段，这个阶段的社会记忆研究遇到瓶颈，研究案例虽有所增加，但缺少理论扩展的空间。② 纵观国外社会记忆研究成果，研究内容主要包括社会记忆概念、现在与过去、记忆与历史、创伤记忆、声誉记忆、记忆的传承、记忆的载体、世界性记忆等。

1. 社会记忆概念的探讨

哈布瓦赫首次提出"集体记忆"的概念，将其定义为：一个特定社会群体之成员共享往事的过程和结果。彼得·伯克（Peter Burke）认为，社会记忆包括口耳相传、刻写记录、纪念仪式等。哈拉尔德·韦尔策（Harald Welzer）认为，社会记忆是一个社会的全体成员的经验总和。保罗·康纳顿（Paul Connerton）认为，相对于个体记忆，还存在另一种记忆，即社会记忆。③扬·阿斯曼提出"文化记忆"的概念，指对过去社会的、建构式的理解。④

---

① 在研究社会记忆问题时，不少学者由于自身偏好或刻意强调，出现了同样讨论社会记忆却使用不同概念的现象。特别需要指出，关于社会记忆的研究，英语世界更多使用"社会记忆"这个概念，德语世界更多使用"文化记忆"这个词。
② Erll, Astrid. Memory in Culture [M]. Trans. by Sara Young. Hampshire: Palgrave Macmillan, 2011.
③ Connerton, P. How Societies Remember [M]. London: Combridge University Press, 1989.
④ Assmann, J. Collective Memory and Cultural Identity [J]. New German Critique, 1995 (65).

2. 现在与过去的关系

希尔斯（Edward Shils）认为在现代社会的转型和变迁中，传统记忆依然存在并且持续影响和形塑现在。[①] 哈布瓦赫认为记忆是对过去的重新建构，过去会被根据现在的需要重新叙述、表达甚至创造。

3. 记忆与历史的关系

科林伍德（George Colbingwood）认为记忆和历史有着本质区别，记忆不可靠、无法用来追寻真相，不能成为传统历史学的资料来源。[②] 奥利克（J. K. Olick）和罗宾斯（J. Robbins）也认为记忆与历史有着本质区别，历史是已经死去的记忆，它无法和现在发生有机的联系。[③] 受历史学界文化和社会史转向以及后现代理论的影响，人们对真相或客观真相的理解开始改变，记忆与历史的边界开始变得模糊，记忆越来越成为历史研究的"证据"，记忆与历史有着本质区别的观点不断受到挑战。

4. 创伤记忆

韦伯（Max Weber）指出，创伤记忆是人们对自身所受苦难的意义寻找和建构过程。朱特（Tony Judt）分析第二次世界大战后欧洲国家面对第二次世界大战记忆的问题，围绕第二次世界大战记忆的"抵抗"神话建构展开讨论。[④] 奥利克研究德国战后对犹太人大屠杀的历次纪念仪式，指出记忆不仅是对过去事件的回忆，也是对历次纪念仪式的记忆。[⑤] 穆勒（Jan-Werner Muller）研究了犹太人被纳粹大屠杀的创伤记忆。[⑥] 亚历山大（Jeffrey Alexander）的"文化创伤"理论是创伤记忆研究的典型，他阐释了文化创伤的社会建构过程，强调创伤承载群体围绕苦难经历做出的意义陈述以及在特定历史情境下社会对于这些意义陈述的回应，并且分析犹太大屠杀记忆是如何从

[①] Shils, Edward. Tradition [M]. Chicago: University of Chicago Press, 1981.

[②] Collingwood, George. The Idea of History [M]. New York: Oxford University Press, 1993.

[③] Olick J. K., Robbins J. Social Memory Studies: From "Collective Memory" to the Historical Sociology of Mnemonic Practices [J]. Annual Review of Sociology, 1998 (24).

[④] Judt, Tony. The Past is Another Country: Myth and Memory in Postwar Europe [J]. Theoria: A Journal of Social and Political Theory, 1996 (87).

[⑤] Olick, Jeffrey K. Genre Memories and Memory Genres: A Dialogical Analysis of May 8,1945 Commemorations in the Federal Republic of Germany [J]. American Sociological Review, 1999, 64 (3). Olick, Jeffrey K. States of Memory: Continuities, Conflicts, and Transformations in National Retrospection [M]. Edited by J. K. Olick. Durham: Duke University Press, 2003.

[⑥] Muller, Jan-Werner. Memory and Power in Post-war Europe: Studies in the Presence of the Past [M]. Cambridge: Cambridge University Press, 2002.

一种反抗式的进步话语转变为一种受难式的创伤话语。① 桑福德（George Sunford）探讨了乌克兰 1932—1933 年大饥荒的创伤记忆②，茹尔琴科（Tatians Zhrzhenko）则研究了波兰卡廷惨案的创伤记忆③，此外，巴特曼斯基（Dominik Bartmanski）讨论了在承受剧变带来的社会变迁和不安之后又开始出现的怀旧情绪④。西姆科（Christina Simko）探讨了围绕"9·11 恐怖袭击事件"纪念仪式形成的正义与邪恶二元论、苦难悲剧论等言论，指出这些言论都是为了赋予创伤意义⑤。

对于"艰难过去"的研究也是创伤记忆研究的典型代表。帕奇菲奇（Robin Wagner-Pacifici）和施瓦茨（Barry Schwartz）通过追溯越战老兵纪念碑的设计与建立，体现越战老兵、设计者、政治精英对于这段艰难过去的意义争论以及纪念碑建成后人们对它的新一轮意义建构。⑥ 塞鲁西（Vered Vinitzky-Seroussi）指出，艰难的过去常常触碰集体的创伤，形成针对不同群体创伤的分类表述。⑦

5. 声誉记忆

声誉记忆研究主要关注在不同社会背景下个人或其他声誉承载者的声誉塑造与变迁。韦伯提出"克里斯玛"概念，指领袖人物特有的个人魅力，这些个人魅力无疑会影响人们对于领袖人物的记忆。⑧ 法恩（Gary A. Fine）研究声誉塑造的能动性，探讨声誉经营者是如何根据自己的利益影响和建构曾经在位

---

① Alexander, Jeffrey, R. Eyeman, B. Giesen, N. J. Smelser & P. Sztopmpka. Cultural Trauma and Collective Identity [M]. Berkeley: University of California Press, 2004.

② Sanford, George. Katyn and the Soviet Massacre of 1940: Truth, Justice and Memory [M]. London and New York: Routledge, 2005.

③ Zhurzhenko, Tatians. "Capital of Despair": Holodomor Memory and Political Conflicts in Kharkiv after the Orange Revolution [J]. East European Politics and Societies, 2011, 25 (3).

④ Bartmanski, Dominik. Successful Icons of Failed Time: lRethinking Post-Communist Nostalgia [J]. Acta Sociologica, 2011 (54).

⑤ Simko, Christina. Rhetorics of Suffering: September 11 Commemorations as Theodicy [J]. American Sociological Review, 2012, 77 (6).

⑥ Wagner-Pacifici, Robin, Barry Schwartz. The Vietnam Veterans Memorial: Commemorating a Difficult Past [J]. American Journal of Sociology, 1991, 97 (2).

⑦ Vinitzky-Seroussi, Vered. Commemorating a Difficult Past: Yitzhak Rabin's Memorials [J]. American Sociological Review, 2002, 67 (1).

⑧ Weber, Max. The Social Psychology of the World Religions [M] //Max Weber. Essays in Sociology. New York: Oxford University Press, 1946.

的无能者和有争议者的声誉的。① 朗夫妇（Gladys & Kurt Lang）分析了艺术家声誉的塑造，强调声誉塑造的能动性，指出文化意识形态这一因素对声誉构建的影响。②

6. 记忆的传承

康纳顿认为，当记忆被身体不断操演而成为身体的一种习惯，记忆就会在身体上得以体现，他强调记忆的传承与身体维度密切相关，研究记忆在纪念仪式和身体实践中的操演过程、体化过程，指出类似纪念仪式和身体实践的行为，往往成为记忆传承的重要手段。③ 皮埃尔·诺拉提出"记忆之场"理论，认为历史与生活记忆产生断裂，人们越来越依赖建筑物、纪念馆等外在场所来保存和唤醒记忆的碎片。④ 伊维塔·泽鲁巴维尔（Eivatar Zerubavel）探讨了日历、纪念日等时间机制对于记忆效果的影响。⑤

7. 记忆的载体

古希腊诗人西莫尼底斯（Simonides）利用建筑中的场所布置，建构人为的记忆。⑥ 皮埃尔·诺拉在《重新思考法国——记忆之场》中探讨宫殿、咖啡馆、雕塑、教堂等纪念场所作为记忆之场建构民族与国家的作用。本尼迪克特·安德森（Benedict Anderson）在《想象的共同体——民族主义的起源与散布》一书中认为国家是想象的共同体，共同体的建立依赖人们的共享记忆，纪念场所则是人们共享记忆的重要载体。⑦

---

① Fine, Gary A. Reputational Entrepreneurs and the Memory of Incompetence: Melting Supporters, Partisan Warriors, and Images of President Harding [J]. American Journal of Sociology, 1996, 101 (5). Fine, Gary A. Difficult Reputations: Collective Memories of the Evil, Inept, and Controversial [M]. Chicago: University of Chicago Press, 2001.

② Lang, Gladys Engel, Kurt Lang. Recognition and Renown: The Survival of Artistic Reputation [J]. American Journal of Sociology, 1988, 94 (1). Lang, Gladys Engel & Kurt Lang. Etched in Memory: The Building and Survival of Artistic Reputation [M]. Chapel Hill: University of North Carolina Press, 1990.

③ Connerton, P. How Societies Remember [M]. London: Combridge University Press, 1989.

④ Nora, Pierre. Between Memory and History [J]. Representations, 1989, 26.

⑤ Zerubavel, Eivatar. Hidden Rhythms: Schedules and Calendars in Social Life [M]. Berkeley: University of California Press, 1981. Zerubavel, Eivatar. Easter and Passover: On Calendars and Group Identity [J]. American Sociological Review, 1982, 47 (2).

⑥ 索尔索. 认知心理学 [M]. 黄希庭等译. 北京：教育科学出版社，1990：283.

⑦ 本尼迪克特·安德森. 想象的共同体——民族主义的起源与散布 [M]. 吴睿人译. 上海：上海人民出版社，2001：182.

8. 世界性记忆

利维（Daniel Levy）和施耐德（Natan Sznaider）在现代社会全球化背景下强调了世界性的记忆。① 奥利克认为当下拥有的记忆不是单维度的记忆，而是包含社群、权力、文化的多层记忆。② 阿斯特莉特·埃尔（Astrid Erll）在全球化背景下提出记忆研究的新方向——旅行记忆和跨文化记忆，他认为在当今社会，记忆范围已经超越民族和国家的边界，以各种形式通过媒体不断地"旅行"和传播，在时间和空间中被传递、被重构。③ 曼特莱罗（Alessandro Mantelero）指出人们的记忆方式随着互联网和新媒体的出现而再次发生改变。④

此外，舒曼（Howard Schuman）和斯科特（Jacqueline Scott）以美国人对于1989年之前50年内的历史事件的记忆作为研究对象。⑤ 本尼迪克特·安德森指出印刷媒体的出现产生标准化的记忆，同时强调以印刷媒体为代表的新的记忆形式对国家民族观念形成的重要性。⑥ 勒高夫（Jacques Le Goff）将记忆区分为宗教仪式化的循环记忆和普通人的记忆。⑦ 吉利斯（John R. Gillis）在《纪念：国家认同的政治》中揭示了记忆可以塑造国家认同，也可以稀释认同。⑧ 伊维塔·泽鲁巴维尔指出，对于过去的纪念本身就是一个富有争议的领域，它包含不同群体对过去的话语权、解释权以及自身合法性的争夺。⑨ 美国学者奥利克曾经区分"集体记忆"和"集合记忆"两个概念，其中集合记忆是

---

① Levy, Daniel, Natan Sznaider. The Holocaust and Memory in the Global Age [M]. Trans. by Assenka Oksiloff. Philadelphia: Temple University Press, 2006. Levy, Daniel & Natan Sznaider. The Cosmopolitanization of Holocaust Memory: From Jewish to Human Experience [M]//Judith Gerson & Diane Wolf (eds.), Sociology Confronts the Holocaust: Memories and Identities in Jewish Diasporas. Durham and London: Duke University Press, 2007.

② Olick, Jeffrey K. The Politics of Regret: On Collective Memory and Historical Responsibility [M]. New York: Routledge, 2007.

③ Erll, Astrid. Traveling Memory [J]. Parallax, 2011, 17 (4).

④ Mantelero, Alessandro. The EU Proposal for a General Data Protection Regulation and the Roots of the "Right to be Forgotten" [J]. Computer Law and Security Review, 2013, 29 (3).

⑤ Schuman, Howard, Jacqueline Scott. Generations and Collective Memories [M]. American Sociological Review, 1989, 54.

⑥ Anderson, Benedict. Imagined Communities: Reflections on the Origin and Spread of Nationalism [M]. London: Verso, 1991.

⑦ Le Goff, Jacques. History and Memory [M]. New York: Columbia University Press, 1992.

⑧ Gillis, John R. Commemorations: The Politics of National Identity [M]. Edited by J. R. Gillis. Princeton, N. J.: Princeton University Press, 1994.

⑨ Zerubavel, Yael. Recovered Roots: Collective Memory and the Making of Israeli National Tradition [M]. Chicago: University of Chicago Press, 1995.

个体记忆的加总，个体依然是记忆的主体，而集体记忆强调集体表征，更多关注集体层面以及超越个体的社会要素和历史要素。① 舒曼和科宁（Amy D. Corning）以被访者对于 60 年内历史事件的熟悉程度作为研究对象，通过量化分析，指出代际、教育等因素对集体记忆有着显著影响。② 阿姆斯特朗（Elizabeth Armstrong）和克雷格（Suzanna M. Crage）比较分析了纽约的"石墙事件"以及在洛杉矶、旧金山、纽约发生的其他运动，指出只有当行动者认为值得纪念并且具有足够记忆能力，一场运动才能被社会记住并被构建成为群体认同的记忆。③ 罗伯特·詹森（Robert S. Jansen）探讨了人们对于墨西哥的萨帕特（Zapata）和尼加拉瓜的桑地诺（Sandino）两位英雄人物的不同记忆方式。④

（二）国内社会记忆研究综述

国内社会记忆研究起步相对较晚，但在社会学、民族学、人类学、历史学等学科均有所涉及，在人文社会科学领域影响较大。纵观国内社会记忆研究成果，研究内容或视角主要包括以下五个方面：

1. 社会记忆的定义

孙德忠将社会记忆定义为：人们将在生产实践和社会生活中所创造的一切物质财富和精神成果以信息方式加以编码、储存和重新提取的过程的总称。⑤ 王明珂定义社会记忆为：所有在一个社会中依靠各种载体保持、传递的记忆，⑥ 由这一区域群体的神话、历史以及经验组成，依靠口传、刻写、仪式等在相应社会中保持、传递。邹海霞等指出，事件、经验与文化图式是社会记忆存续的三个重要概念。⑦ 需要说明的是，王明珂对社会记忆的定义是本书社会记忆研究的概念基础。

---

① Olick, Jeffrey K. Collective Memory: The Two Cultures [J]. Sociological Theory, 1999, 17 (3).
② Schuman, Howard, Amy D. Corning. Collective Knowledge of Public Events: The Soviet Era from the Great Purge to Glasnost [J]. American Journal of Sociology, 2000, 105 (4).
③ Armstrong, Elizabeth A, Suzanna M. Crage. Movements and Memory: The Making of the Stonewall Myth [J]. American Sociological Review, 2006, 71 (5).
④ Jansen, Robert S. Resurrection and Appropriation: Reputational Trajectories, Memory Work, and the Political Use of Historical Figures [J]. American Journal of Sociology, 2007, 112 (4).
⑤ 孙德忠. 社会记忆论 [M]. 武汉：湖北人民出版社，2006：24.
⑥ 王明珂. 历史事实、历史记忆与历史心性 [J]. 历史研究，2001 (5)：136－147+191.
⑦ 邹海霞，张显. 事件、经验与文化图式：理解社会记忆的三个概念 [J]. 广西大学学报（哲学社会科学版），2023 (2)：184－189.

2. 社会记忆的传承

纳日碧力戈以非文本的口述史为研究对象，认为口述史以特殊的记忆形式进入说唱者的操演并加深、重现、重构地方社会记忆，指出口述史的操演是一种立体的社会记忆，口述史依赖操演实现保持和传递。[1] 沈关宝和杨丽分析各类承载黄道婆集体记忆的文本以及黄道婆社会身份呈现的历史时段特征，指出黄道婆集体记忆表现出一定的历史延续性，以历史叙事、民间传说、纪念仪式、媒体宣传等方式建构和延续。[2] 石奕龙和谢菲探讨客家婚礼饮食行为作为一种社会记忆的传承方式，指出其传承过程体现程式性与规范性体化实践的身体记忆特征。[3] 郭军、仇军和田恩庆指出从康纳顿社会记忆理论视角出发，认为仪式体育以身体实践为基础，社会记忆可以通过仪式体育的体化实践在操演者身体沉淀，从而实现社会记忆的保持和传递。[4] 刘蒋联和李明娟探讨了社会记忆的保持问题。[5] 车延芬通过研究舞蹈口述史，指出舞蹈记忆通过身体实践沉淀在舞蹈人身体上，舞蹈人的体化实践保持和传递社会记忆。[6] 杨文华等通过研究德宏芒市傣族剪纸技艺，分析剪纸技艺作为一种社会记忆的活态传承。[7] 朱紫薇等探讨了广场舞蹈作为媒介的社会记忆的传承与流变。[8] 周阳探讨了秦淮灯彩作为一种社会记忆，其手工技艺的活态传承问题。[9] 李星星等认为显著性舞蹈身体动态是湖南"打猖"民间信仰仪式这一社会记忆传承的核心。[10]

---

[1] 纳日碧力戈. 作为操演的民间口述和作为行动的社会记忆［J］. 广西民族学院学报（哲学社会科学版），2003（3）：6—9.

[2] 沈关宝，杨丽. 社会记忆及其建构——关于黄道婆的集体记忆研究［J］. 东岳论丛，2012（12）：83—94.

[3] 石奕龙，谢菲. 客家婚礼饮食行为的社会记忆与象征隐喻——以广西博白县大安村为例［J］. 中南民族大学学报（人文社会科学版），2013（4）：31—36.

[4] 郭军，仇军，田恩庆. 仪式体育与社会记忆的保存和传递——康纳顿社会记忆理论的视角［J］. 成都体育学院学报，2015（5）：44—48.

[5] 刘蒋联，李明娟. 浅议社会记忆的保护［J］. 兰台世界，2015（20）：22—23.

[6] 车延芬. 舞蹈口述史与"口述"舞蹈史——兼论舞蹈人的身体记忆与社会记忆［J］. 民族艺术研究，2016（6）：137—143.

[7] 杨文华，杨淇. 德宏芒市傣族剪纸的社会记忆研究［J］. 云南社会科学，2018（4）：106—112.

[8] 朱紫薇，刘炼. 身体"记忆"——以广场舞蹈作为媒介的社会记忆的继承与流变［J］. 北京舞蹈学院学报，2018（5）：15—19.

[9] 周阳. 社会记忆视域下"非遗"文化资本的再生产——以"秦淮灯彩"为例［J］. 民族艺术，2021（5）：108—118.

[10] 李星星，赵书峰. 显著性舞蹈身体动态在社会记忆中的承续与演变——基于湖南汨罗"打猖"民间信仰仪式的考察［J］. 南京艺术学院学报，2023（3）：67—74.

3. 社会记忆的载体

黄东兰认为，岳飞庙的修建创造了公共记忆的记忆之场。[①] 汤芸用"景观"一词来统称记忆的载体，认为记忆承载物体形式多样，既可以是身体、场所、仪式、自然物、人造物，也可以是一种意象。[②] 陈力丹认为在某种意义上，纪念仪式和身体实践都是一种话语，话语是社会记忆的承载符号。[③] 杨扬以南京大屠杀遇难同胞纪念馆为例，探讨空间、仪式与社会记忆的关系，阐释纪念场所与社会记忆的关系，指出南京大屠杀遇难同胞纪念馆的建立，实现了社会记忆的理性建构。[④] 戴建国认为仪式、口承、文字是社会记忆的三种基本载体，其中仪式、口承等非文字形式在水族社会记忆承载中占据主导地位，而文字的主导地位逐渐丧失。[⑤] 陈蕴茜探讨了纪念空间与社会记忆的关系，认为纪念空间是社会记忆的重要载体，具有调动情感、引发思考、唤起塑造记忆的功能。[⑥] 吴兴帜以个碧石铁路博物馆为例，指出博物馆是社会记忆与历史延续的理想载体。[⑦] 李波以黔东南苗族为例，运用社会记忆理论，探讨少数民族传统文化的传承载体。[⑧] 李波和伍进认为文化记忆往往通过物质的记忆和非物质的记忆来展现，指出民族文化的生态制衡与记忆方式最终决定民族文化的发展方向与形态。[⑨] 章锦河指出承载社会记忆的象征符号可以分为两类：物质形式与非物质形式。[⑩] 孙庆忠从社会记忆角度探讨村落的价值，指出村落始终是保持和传递社会记忆的特殊的生命载体。[⑪] 刘博通过研究社会记忆与图书馆的关

[①] 黄东兰. 岳飞庙：创造公共记忆的"场"[M]//孙江. 事件·记忆·叙述. 杭州：浙江人民出版社，2004：125.

[②] 汤芸. 社会记忆·景观·叙事[M]//王铭铭. 中国人类学评论：第2辑. 北京：世界图书出版公司，2007：48.

[③] 陈力丹. 传播学视野下的社会记忆[J]. 社会学家茶座，2007（14）：13—20.

[④] 杨扬. 空间、仪式与社会记忆——以侵华日军南京大屠杀遇难同胞纪念馆为中心的考察[D]. 南京：南京师范大学，2007.

[⑤] 戴建国. 水书与水族社会记忆[J]. 前沿，2011（3）：158—160.

[⑥] 陈蕴茜. 纪念空间与社会记忆[J]. 学术月刊，2012（7）：134—137.

[⑦] 吴兴帜. 博物馆：社会记忆与历史延续的载体研究——以个碧石铁路博物馆为例[J]. 红河学院学报，2013（1）：18—21.

[⑧] 李波. 社会记忆下的少数民族传统文化传承载体探析——以黔东南苗族为例[J]. 贵州大学学报（社会科学版），2013（3）：84—92.

[⑨] 李波，伍进. 聚居少数民族传统文化的社会记忆载体探析[J]. 贵州社会科学，2013（8）：44—48.

[⑩] 章锦河. 社会记忆与旅游规划的创意[J]. 旅游学刊，2014（5）：12—13.

[⑪] 孙庆忠. 社会记忆与村落的价值[J]. 广西民族大学学报（哲学社会科学版），2014（5）：32—35.

系，认为图书馆是社会记忆、文化记忆的重要载体。①周芸和杨雪云以安徽省桐城市白果村的两项传统习俗"龙灯会"和"观音庙会"为分析对象，剖析了两项传统习俗不同的社会记忆载体及其不同命运。②黄景春以湘鄂西地区红色歌谣为研究对象，指出红色歌谣作为新中国的"创世史诗"，承载着当代人对红军、苏区的社会记忆。③吴晓梅等认为社会记忆、地方志与民俗形成循环互动，指出布依族碑刻作为社会记忆的一种载体，是一种社会记忆的符号，具有文化再生产能力。④

4. 国家权力视角

国家权力视角强调国家权力对记忆的塑造作用。陈蕴茜通过研究抗战之后城市道路改名中山路与三民主义路的象征意义，探讨国民党国家权力对于社会意识形态的日常化渗透。⑤她还探讨了国民政府通过1929年的全国性奉安大典仪式促使国家意识形态得到有效宣传、孙中山符号得以建构的过程，指出国家权力在奉安大典操演中实现神圣化。⑥韩云惠和丁华东认为档案公布对于引领社会记忆走向意义重大，是进行社会记忆管控的重要手段。⑦林秀认为高校档案建设与社会记忆具有诸多关联，指出应当充分发挥高校档案的社会记忆建构作用。⑧刘迪通过研究南京大屠杀档案申遗，探讨档案的权力因素在社会记忆建构中的积极作用。⑨李鹏和覃德清运用社会记忆理论分析两则城隍传说，由城隍传说折射国家与地方的关系。⑩

---

① 刘博. 社会记忆·文化记忆·图书馆——社会记忆与图书馆关系新论［J］. 图书馆建设，2016（3）：13-16.

② 周芸，杨雪云. 社会记忆视域下龙灯会与观音庙会的不同命运及其原因剖析——以安徽省桐城市白果村为例［J］. 湖北经济学院学报（人文社会科学版），2016（9）：128-131.

③ 黄景春. 当代红色歌谣及其社会记忆——以湘鄂西地区红色歌谣为主线［J］. 民族文学研究，2017（3）：31-37.

④ 吴晓梅，吴秋林. 民族碑刻：社会记忆、地方志、民俗的循环——以西南地区布依族碑刻为例［J］. 青海民族大学学报（社会科学版），2020（4）：124-130.

⑤ 陈蕴茜. 民国中山路与意识形态日常化［J］. 史学研究，2007（12）：108-117.

⑥ 陈蕴茜. 国家典礼、民间仪式与社会记忆——全国奉安纪念与孙中山符号的建构［J］. 南京社会科学，2009（8）：88-95.

⑦ 韩云惠，丁华东. 档案公布与社会记忆的管控［J］. 档案与建设，2016（2）：4-7.

⑧ 林秀. 社会记忆视角下高校档案的建设方略［J］. 城建档案，2016（5）：92-93.

⑨ 刘迪. 档案建构社会记忆中的权利因素及其积极作用——从南京大屠杀档案申遗说起［J］. 档案学通讯，2016（2）：90-94.

⑩ 李鹏，覃德清. 攀附与逃离：作为社会记忆的中渡城隍传说［J］. 民族艺术，2016（2）：143-149.

5. 社会群体视角

社会群体可以以性别、阶级、文化、代际、特定事件经历等为划分标准。郭于华通过分析陕北骥村农业合作化历程，探讨骥村女性记忆的特点，提出"心灵集体化"概念，指出骥村女性生活集体化过程的心灵集体化。① 孙秀林探讨了知青记忆如何形成。② 王汉生和刘亚秋探讨了知青群体的代际认同、记忆逻辑以及建构与维系。③ 郭永平认为集体化时代大寨妇女的社会记忆与身体实践、仪式展演密切相关。④ 赵呈晨探讨了社会记忆在农村集中居住社区的整合作用，指出社会记忆作为一种精神力量或许能够成为重新建立社区认同的一种方式。⑤

刘亚秋和郭于华都认为，社会学应该注重社会底层群体记忆的记述和保存。其中，前者还提出"记忆的微光"概念，用以描述属于个体层面、难以诉说的记忆，指出权力范式下的记忆研究已经构成当下社会记忆研究的主流，并反对社会研究的政治化。⑥

社会群体视角的另一个重要维度是关于民族、家族的仪式庆典、神话传说、历史记忆的研究。景军的专著《神堂记忆：一个中国乡村的历史、权利与道德》是一部关于中国人类学田野志的佳作，作者通过研究西北甘肃大川村孔庙重建，讨论社会记忆与语言、仪式、政治文化的关系。⑦ 纳日碧力戈运用康纳顿记忆理论探讨各烟屯蓝靛瑶的信仰仪式与社会记忆，强调肢体操演的重要性。⑧ 钟年通过研究瑶族文本《评皇券牒》，指出该文献作为一种社会记忆已

---

① 郭于华. 心灵的集体化——陕北骥村农业合作化的女性记忆 [J]. 中国社会科学，2003（4）：181-196.
② 孙秀林. 上山下乡：知青集体记忆的内容与特点 [D]. 北京：北京大学，2003.
③ 王汉生，刘亚秋. 社会记忆及其建构——一项关于知青集体记忆的研究 [J]. 社会，2006（3）：46-68.
④ 郭永平. 身体实践与仪式展演：集体化时代大寨妇女的社会记忆 [J]. 西北民族研究，2015（3）：184-193.
⑤ 赵呈晨. 社会记忆与农村集中居住社区整合——以江苏省Y市B社区为例 [J]. 中国农村观察，2017（3）：16-26.
⑥ 刘亚秋. 从集体记忆到个体记忆——对社会记忆研究的一个反思 [J]. 社会，2010（5）：217-242.
⑦ 景军. 神堂记忆：一个中国乡村的历史、权利与道德 [M]. 福州：福建教育出版社，2013：225.
⑧ 纳日碧力戈. 各烟屯蓝靛瑶的信仰仪式、社会记忆和学者反思 [J]. 思想战线，2000（2）：60-64.

经深深刻印在瑶族群众脑海,这对于族群的凝聚与认同至关重要。① 刘朝晖以华侨农场归侨作为研究对象,运用社会记忆理论,剖析社会记忆在归侨认同建构中的作用。② 索端智以青海黄南吾屯土族为个案,从族群认同和文化变迁角度,探讨族群认同、文化变迁、认同变迁的关系,指出族群认同会随着文化变迁而变迁。③ 康忠慧通过分析桂西壮族的岑氏土官崇拜现象,认为作为桂西壮族社会记忆的岑氏土官崇拜逐渐固化为桂西壮族族群认同的符号和象征。④ 郑威从族群历史、族群认同、族群边界等方面入手,探讨瑶族创世古歌《密洛陀》,认为民族文学作为一种社会记忆是族群认同的文化载体。⑤ 李技文从英雄祖先记忆、家族祖先迁徙记忆等方面诠释偞家人的族群认同,认为社会记忆是强化族群自我认同的重要力量,是区分标识族群、表达族群认同的媒介。⑥ 吴正彪和班由科以贵州紫云苗族布依族自治县四大寨乡社区为研究对象,通过描述与分析苗族的丧葬仪式和"亚鲁王"神话的文化建构,展示族群远古时代历史过程的社会记忆。⑦ 唐婷婷指出纳西民歌多以无意识状态记录和传承纳西文化,其丰富多彩的内容和形式构建了纳西人的社会记忆。⑧ 薛亚利通过分析庆典、集体记忆、社会认同之间的关系,认为集体记忆是连接庆典和社会认同的中间力量。⑨ 侯新兵认为情结是社会记忆的典型形式,是高度认同的社会记忆,体现整个族群共同的价值选择和意义追求。⑩ 王会莹等以泰东北伊沙恩人为研究对象,认为当地节日文化"Heet Sibsong"是伊沙恩人社会记忆的重要

---

① 钟年. 社会记忆与族群认同——从《评皇券牒》看瑶族的族群意识 [J]. 广西民族学院学报(哲学社会科学版), 2000, 22 (4): 25—27.

② 刘朝晖. 社会记忆与认同建构:松坪归侨社会地域认同的实证剖析 [J]. 华侨华人历史研究, 2003 (2): 40—46.

③ 索端智. 历史事实·社会记忆·族群认同——以青海黄南吾屯土族为个案的研究 [J]. 青海民族学院学报(社会科学版), 2006 (1): 91—95.

④ 康忠慧. 民间信仰与社会记忆——对桂西壮族岑氏土官崇拜的文化解释 [J]. 民族文学研究, 2006 (4): 112—117.

⑤ 郑威. 社会记忆:民族文学作为族群叙事文本——以瑶族创世古歌《密洛陀》的族群认同功能为例 [J]. 广西民族研究, 2006 (2): 56—61.

⑥ 李技文. 偞家人的社会记忆与族群认同 [J]. 湖北民族学院学报(哲学社会科学版), 2010 (5): 25—30.

⑦ 吴正彪, 班由科. 仪式、神话与社会记忆——紫云自治县四大寨乡关口寨苗族丧葬文化调查 [J]. 贵州民族研究, 2010 (6): 48—52.

⑧ 唐婷婷. 历史的回声——论民歌作为纳西族之社会记忆 [J]. 云南社会科学, 2010 (2): 78—81.

⑨ 薛亚利. 庆典:集体记忆和社会认同 [J]. 中国农业大学学报(社会科学版), 2010, 27 (2): 138—144.

⑩ 侯新兵. 社会记忆与文化情结 [J]. 文化学刊, 2012 (6): 57—60.

载体，指出"Heet Sibsong"节日文化对于伊沙恩人的族群认同建构意义重大。① 梁宏信从民间叙事歌《珠郎娘美》文本记录探讨侗族的社会记忆。② 陈宁指出社会记忆能够摆脱社会认同困境。③ 邓癹和张慧竹从族源记忆、祖先记忆、历史记忆等方面探讨"喇叭人"从湖广宝庆府迁徙至贵州的军事移民活动，指出在族群传承与融合中，社会记忆成为强化族群认同、维持族群边界的重要力量。④ 苏发祥和徐燕通过分析中国吉卜赛人的社会记忆的选择与建构，指出中国吉卜赛族群为适应社会变迁秉持传承其本质社会记忆，失落或弱化其表征社会记忆。⑤ 吴秋林以侗族"萨岁"崇拜为研究对象，指出侗人运用社会记忆构建侗族的信仰体系。⑥ 于红和李豫以清代民间说唱刻本《西乡反》《说唱周雪健》为例，分析说明社会记忆充分彰显民众意识和民众时代文化，指出"刻写"是保存社会记忆的有效方式。⑦ 彭毛卓玛认为社会记忆及其作为载体的历史文献和话语表述建构玛藏德哇村落的圣地观。⑧ 王金元和唐巧娟通过麻山苗族"亚鲁"记忆的个案研究，认为社会记忆的表达和建构与生态、历史进程、社会文化、人群互动有着密切关联，指出原本属于族群的记忆可能超越民族界限成为全社会的公共记忆。⑨

6. 历史变迁视角

历史变迁视角关注记忆的改造、重构和延续。韦谢从历史地名的延续、更替、消失角度，探讨在城市地名变迁背景下乡村社会记忆的建构与断裂。⑩ 王海飞以河西走廊一个藏族库区移民社区为例，探讨在生计空间、生活空间、精

---

① 王会莹，Warunee Wang. 泰东北伊沙恩人社会记忆重构中的族群认同——以"Heet Sibsong"节日文化为视角［J］. 湖北民族学院学报（哲学社会科学版），2012（5）：47-51.
② 梁宏信. 论侗族民间叙事歌的社会记忆——以《珠郎娘美》为中心［J］. 怀化学院学报，2014（1）：13-15.
③ 陈宁. 社会记忆：破解社会认同困境的理论视角与分析路径［J］. 理论月刊，2014（7）：167-171.
④ 邓癹，张慧竹. "喇叭人"的社会记忆与族群认同［J］. 贵州师范学院学报，2015（7）：6-10.
⑤ 苏发祥，徐燕. "中国吉普赛人"的社会记忆及其建构［J］. 西藏民族学院学报（哲学社会科学版），2015（3）：127-133.
⑥ 吴秋林. 社会记忆下的侗族"萨岁"崇拜［J］. 宗教学研究，2015（3）：164-168.
⑦ 于红，李豫. 清代民间说唱刻本中的"社会记忆"［J］. 江西社会科学，2016（5）：139-145.
⑧ 彭毛卓玛. 一个藏族村落的圣地观——玛藏德哇关于玛藏贡巴的社会记忆与话语表述［J］. 青海民族研究，2016（3）：172-176.
⑨ 王金元，唐巧娟. 社会记忆的表达与建构——基于麻山苗族"亚鲁"记忆的个案研究［J］. 民族论坛，2017（1）：96-102.
⑩ 韦谢. 城市地名变迁与社会记忆的建构——基于《紫堤村志》的分析［J］. 中国名城，2016（3）：53-56.

神空间转换下,藏族移民的文化不适和社会阵痛。①

7. 社会记忆研究取向

孙秀林指出了社会记忆研究的三种取向:一是社会记忆的特点;二是社会记忆的动力;三是社会记忆的传承。②景军认为集体记忆、官方记忆和民间记忆是社会记忆的三种研究取向。③

8. 社会记忆理论评述

高源指出《社会如何记忆》一书的新颖之处在于提出了社会记忆的方式。④孙峰通过比较哈布瓦赫与康纳顿的社会记忆理论,总结、分析集体记忆理论与社会记忆理论的联系与区别,探讨社会记忆理论的成就与缺陷。⑤马红艳通过分析康纳顿《社会如何记忆》一书,指出承载、保持和传承社会记忆的重要手段——身体实践长期被学界和社会忽略,并探讨身体实践承载与传递社会记忆的方式。⑥李红武和胡鸿保对西方社会记忆研究作出评述,探讨了哈布瓦赫、康纳顿社会记忆理论对于社会记忆研究的贡献与不足。⑦高萍梳理分析了社会记忆理论研究的领军人物法国学者莫里斯·哈布瓦赫与美国学者保罗·康纳顿的社会记忆理论思想,并总结归纳了社会记忆理论的探讨与应用。⑧郭磊通过对保罗·康纳顿社会记忆理论的再阐释,探讨了社会记忆产生过程的关键因素。⑨罗彩娟从三个方面梳理了社会记忆理论的研究成果,分别是社会记忆概念的探讨、社会如何记忆的探讨、社会记忆什么的探讨。⑩张俊华分析梳理了社会记忆理论研究,指出新媒体是社会记忆研究的发展趋势⑪。钱力成和

---

① 王海飞. 空间转换与社会记忆——河西走廊一个藏族库区移民社区的构建之路 [J]. 北方民族大学学报 (哲学社会科学版), 2016 (2): 70-73.
② 孙秀林. 上山下乡: 知青集体记忆的内容与特点 [D]. 北京: 北京大学, 2003.
③ 景军. 神堂记忆: 一个中国乡村的历史、权利与道德 [M]. 福州: 福建教育出版社, 2013: 17.
④ 高源. 读《社会如何记忆》[J]. 西北民族研究, 2007 (2): 104-109.
⑤ 孙峰. 从集体记忆到社会记忆——哈布瓦赫与康纳顿社会记忆理论的比较研究 [D]. 上海: 华东师范大学, 2008.
⑥ 马红艳. 作为身体实践的社会记忆——读《社会如何记忆》[J]. 西北民族研究, 2010 (1): 229-232.
⑦ 李红武, 胡鸿保. 国外社会记忆研究概述 [J]. 学习月刊, 2011 (12): 36-37.
⑧ 高萍. 社会记忆理论研究综述 [J]. 西北民族大学学报 (哲学社会科学版), 2011 (3): 112-120.
⑨ 郭磊. 社会记忆如何可能?——保罗·康纳顿社会记忆理论的再阐释 [D]. 上海: 华东师范大学, 2011.
⑩ 罗彩娟. 社会记忆散论 [J]. 广西民族师范学院学报, 2011, 28 (6): 86-90.
⑪ 张俊华. 社会记忆研究的发展趋势之探讨 [J]. 北京大学学报 (哲学社会科学版), 2014 (5): 130-141.

张翢翢从西方记忆研究、中国记忆研究、记忆研究方法三个方面梳理了探讨社会记忆的研究成果。①

9. 社会记忆与新媒体

社会现代化、互联网普及化使得能够直观感受到的社会记忆日渐减少，可被间接感受的社会记忆则逐渐增加，对此，应当重视记忆载体在形成记忆时的各种状态和条件。张俊华认为新媒体在记忆的强化或忘却中起着重要作用。②邵鹏从媒介记忆理论视角出发，探讨媒介与记忆之间的关联，认为数字化的媒介记忆是人类记忆的归宿。③沈嘉悦和薛可以国内几大博客网站知名博主的社会政治博文为研究对象，探讨在新媒体环境下，博客叙事对社会记忆形成与巩固的影响。④

10. 社会记忆与旅游

梁音以成都洛带客家文化为例，探讨在洛带旅游开发中客家社会记忆的文化资本化过程。⑤程豪和章锦河以淮南煤炭记忆为例，探讨旅游与淮南煤炭记忆的关系，提出构建煤炭记忆档案建设、建设大型矿山公园、市井生活再塑造等多种业态并存的煤炭记忆纪念物。⑥章锦河认为旅游业是传承社会记忆的天使，扮演着社会记忆再创造角色，指出社会记忆的识别与重构是旅游规划的关键。⑦徐克帅运用社会记忆理论试图建构红色旅游目的地记忆符号系统理论框架，通过基于社会现实的神圣性体验形塑旅游者的红色记忆，从而构建旅游者的社会身份认同。⑧周文丽等以社会记忆为中介变量，探讨红色旅游体验对地方依恋的影响机理。⑨

---

① 钱力成，张翢翢. 社会记忆研究：西方脉络、中国图景与方法实践[J]. 社会学研究，2015（6）：215−237+246.
② 张俊华. 社会记忆研究的发展趋势之探讨[J]. 北京大学学报（哲学社会科学版），2014（5）：130−141.
③ 邵鹏. 媒介作为人类记忆的研究——以媒介记忆理论为视角[D]. 杭州：浙江大学，2014.
④ 沈嘉悦，薛可. 新媒体博客叙事中的近现代社会记忆研究[J]. 采写编，2016（4）：17−18.
⑤ 梁音. 社会记忆的文化资本化——以洛带客家社会记忆资源的旅游开发为例[J]. 成都大学学报（社会科学版），2008（4）：91−94.
⑥ 程豪，章锦河. 社会记忆的旅游开发分析——以淮南煤炭记忆为例[J]. 云南地理环境研究，2012（1）：86−91.
⑦ 章锦河. 社会记忆与旅游规划的创意[J]. 旅游学刊，2014（5）：12−13.
⑧ 徐克帅. 红色旅游和社会记忆[J]. 旅游学刊，2016（3）：35−42.
⑨ 周文丽，张海玲. 红色旅游体验对游客地方依恋的影响研究——以社会记忆为中介[J]. 长江师范学院学报，2024（4）：36−45.

(三) 国内外社会记忆研究方法

社会记忆研究方法主要包括四种。第一种是符号和文本分析法。通过文本分析，挖掘文本本身的语义，包括编码和指涉。亚历山大运用编码、赋值、叙述的分析框架解释犹太人大屠杀为何能够成为人类共有的创伤记忆。施瓦茨探讨了美国社会对华盛顿和林肯的记忆变迁，其研究方法也采用了符号和文本分析法。第二种是口述史和民族志分析法。这种方法主要依靠访谈、民族志、参与观察收集资料，通过记录受访者的回答、参与观察受访者的生活，探索受访者叙述的社会历史。第三种是比较历史分析法。这种方法主要运用以西达·斯考切波（Theda Skocpol）为代表的宏观—因果分析思路，侧重于对档案、传记、报纸等历史文本的比较分析。阿姆斯特朗和克雷格的前述研究采用比较历史分析法。罗伯特·詹森同样运用比较历史分析法探讨人们记忆两位英雄人物的不同方式。第四种是定量分析法。这种方法可以作为记忆研究方法的补充，主要通过量化方式分析人们过去的记忆。舒曼和斯科特对人对于1989年之前的50年内的历史事件的记忆的研究即采用类似的量化分析手段。景军曾针对西北农村220名初三学生也做过类似记忆调查研究，以此量化分析学生的知识结构。舒曼和科宁则通过问卷调查受访者，指出代际、教育是影响集体记忆的因素。①

纵观国内外社会记忆研究成果，虽然社会记忆的研究始于欧洲，中国起步较晚，但近些年来，作为社会科学体系中不容忽视的重要组成，中国的社会记忆研究呈现快速发展的态势，社会学、民族学、人类学、历史学等学科高度关注社会记忆研究领域。

然而，中国的社会记忆研究与西方的社会记忆研究仍然存在一定差距。中国学界对于社会记忆的研究仅仅停留在哈布瓦赫、康纳顿、诺拉的理论框架内，社会记忆理论研究尚未形成固定的范式。如学者李红武、胡鸿保指出，社会记忆渗透于日常生活的方方面面，而学界对其关注差距明显，故而加强理论建构、拓展研究领域，是今后国内学界社会记忆研究的重要方向。②

社会记忆的保持和传递对于社会记忆的延续至关重要。笔者梳理发现，对于社会记忆传承，即社会记忆的保持和传递的研究，在社会记忆研究领域比较

---

① 参见钱力成，张翮翾. 社会记忆研究：西方脉络、中国图景与方法实践 [J]. 社会学研究, 2015 (6): 228-231.
② 李红武，胡鸿保. 国外社会记忆研究概述 [J]. 学习月刊, 2011 (12): 37.

薄弱，与其重要性不相匹配。美国学者保罗·康纳顿是关注社会记忆保持与传递的第一人，他强调社会记忆的延续性，在其著作《社会如何记忆》一书中，对于社会记忆的保持和传递有其独特的见解，值得学习和借鉴。章锦河曾指出，旅游是传承社会记忆的天使，是社会记忆再创造的重要角色。然而笔者梳理发现，社会记忆与旅游的相关研究寥寥无几，事实上，学界并没有充分发挥旅游在社会记忆传承中的显著作用。

二、非物质文化遗产保护利用研究综述

（一）国外非物质文化遗产保护利用研究综述

国外的非物质文化遗产保护活动最早始于20世纪50年代的日本，随后，韩国也开始重视无形文化遗产的保护。非物质文化遗产保护与利用伴随非物质文化遗产研究的始终。国外非物质文化遗产保护与利用的研究主要集中于：为什么需要保护，保护政策与管理制度，活用的途径与措施，个案分析与区域分析。保护方法主要包括立法保护、高校教育保护、旅游开发保护、生产性保护、数字化保护和档案保护。

具体来说，新加坡学者张佩吉（Peggy Teo）通过对旅游者和当地居民调查，发现殖民地时期遗留的文化遗产具有很大旅游吸引力，但目前的保护工作不能真正保护这些遗产，该作者还提出了新加坡文化遗产保护与开发利用的措施。[1] 珍妮特·布莱克（Janet Blake）建立了保护非物质文化遗产的立体概念体系。[2] 彼得·纳斯（Peter J. Nas）定义了非物质文化遗产的相关概念，指出应当重视对其的保护。[3] 肯尼迪·翁迪穆（Kennedy I. Ondimu）探讨了影响旅游者游览旅游地的因素，建立旅游地发展模型。[4] 哈丽特·迪肯（H. Deaeon）

---

[1] Teo, Peggy, S. A. Brenda. Remaking Local Heritage for Tourism [J]. Annals of Tourism Research, 1997, 24 (1).

[2] Blake Janet. On Defining the Cultural Heritage [J]. The International and Comparative Law Quarterly, 2000 (49).

[3] Nas, Peter J. Masterpieces of Oral and Intangible Culture [J]. Current Anthropology, 2002, 43 (2).

[4] Ondimu, Kennedy I. Cultural Tourism in Kenya [J]. Annals of Tourism Research, 2002, 29 (4).

指出，非物质文化遗产保护必须重视法律规制和知识产权。① 雷克斯·内特尔福德（R. Nettleford）分析非物质文化遗产的迁移变化可能致使贬损、变异和消亡等现象，建议重视这些现象下的非物质文化遗产保护。② 卡雷尔·巴克（Karel A. Bakker）从青年人责任角度探讨了如何保护非物质文化遗产。③ 吉田亮司指出了博物馆在非物质文化遗产保护中的作用。④ 梁钟承探讨了韩国文化保护的相关法律。⑤ 塞西莉亚·朗德拉（C. Londre）探讨了巴西的非物质遗产保护经验。⑥ 艾哈迈德·穆尔西（A. Morsi）等以埃及为例，探讨了非物质遗产的保护研究。⑦ 范黛华（Pamela B. Vandiver）阐述了手工技艺类非物质文化遗产的艺术价值，提出恢复传统手工艺的遗产保护。⑧ 维姆·范·赞特（W. van Zanten）认为保护非物质文化遗产是在维护民间传统文化的传承与延续，应该加强国际协调合作重视非物质文化遗产的保护。⑨ 苏珊·凯梅特塞（S. Keitumetse）指出了遗产名录创建的弊端。⑩ 切尔马克（K. Czermak）等人重点阐述印度尼西亚非物质文化遗产保护的各项措施。⑪ 理查德·库林（R. Kurin）从保护内容、保护机构和文化团体三个角度指出了非物质文化遗

---

① Deaeon H. Intangible Heritage in Conservation Management Planning [J]. International Journal of Heritage Studies，2004 (5).

② Nettleford R. Migration Transmission and Maintenance of the Intangible Heritage [J]. Museum International，2004，40 (5).

③ Bakker, Karel A. Safeguarding of Intangible Cultural Heritage-Responsibility of Youth Generation [D]. University of Pretoria，2004.

④ Yoshida, Kenji. The Museum and the intangible cultural heritage [J]. Museum International，2004，56 (5).

⑤ Yang Jongsung. Korean Cultural Protection Law [J] Museum International，2004 (56).

⑥ Londre C. The Registry of Intangible Heritage：The Brazilian Experience [J]. Museum International，2004 (56).

⑦ Morsi A. Research and Preservation Projects on Intangible Heritage [J]. Museum International，2005 (57).

⑧ Vandiver, Pamela B. Craft knowledge as an intangible cultural property [J]. Materials Research Society Symposium Proceedings，2005，852 (7).

⑨ van Zanten, W. Eonstrueting New Terminology for Intangible Cultural Heritage [J]. Museum International，2004 (56).

⑩ Keitumetse S. UNESCO 2003 Convention on Intangible Heritage：Practical Implications for Heritage Management Approaches in Africa [J]. The South African Archaeological Bulletin，2006 (61).

⑪ Czermak K., Philippe Delanghe & Wei Weng. Preserving Intangible Cultural Heritage in Indonesia，2007.

产的具体保护策略。① 吉芳多·法耶德（G. R. Fayed）围绕非遗遗址措迪洛山展开研究，分析其旅游利用价值，提倡重视非物质文化遗产对人类社会生活产生的重要影响。② 科米内利（F. Cominelli）和格雷夫（Xauier Greffe）从不同案例研究探索非物质文化遗产保护对策。③

在保护性旅游利用方面，科思对泰国、麦基恩对巴厘岛、曼斯浦格对布拉瓦海岸和波斯维恩对马耳他的研究，都指出保护性旅游利用是促进当地文化发展的有效途径，能够加速当地文化和外来文化交融，而旅游者能够刺激当地传统艺术和手工艺品等传统文化的复兴。④

（二）国内非物质文化遗产保护利用研究综述

1. 非物质文化遗产的保护意义与原则

张道一指出非物质文化遗产的生存与发展面临严峻挑战，非物质文化遗产的保护迫在眉睫。⑤ 朱祥贵从生态法范式视角建构非物质文化遗产保护法的基本原则。⑥ 周志勇从政府主导角度强调保护非物质文化遗产的作用和意义。⑦ 东潇以重庆土家族苗族为例，探讨其非物质文化遗产的保护。⑧ 余悦指出非物质文化遗产保护已经成为21世纪全世界关注的焦点，也是各国竞相攀比文化综合实力的较量。⑨ 王吉林指出非物质文化遗产保护不仅是保护国家的文化财产、文化创新资源、文化安全，而且也在保护我国文化多样性。⑩ 林移刚从产业化视角切入探讨民族民间文学类非物质文化遗产的保护问题。⑪ 刘辉等提出

---

① Kurin R. Safeguarding Intangible Cultural Heritage: Key Factors in Implementing [J]. The 2003 Convention International Journal of Intangible Heritage, 2007 (2).

② Fayed, G. R. Intangible Heritage and Tourism Development at the Tsodilo World Heritage Site [D]. University of California, 2011.

③ Cominelli, F, Xavier Greffe. Intangible cultural heritage: Safeguarding for Creativity [J]. City, Culture and Society, 2012.

④ 宗晓莲. 西方旅游人类学研究述评 [J]. 民族研究, 2001 (3): 85-94; 110.

⑤ 张道一. 中国民艺的现状与未来 [J]. 美术观察, 1997 (2): 11-13.

⑥ 朱祥贵. 非物质文化遗产保护立法的基本原则——生态法范式的视角 [J]. 中南民族大学学报（人文社会科学版）, 2006 (2): 98-101.

⑦ 周志勇. 论政府主导的非物质文化遗产的保护 [D]. 长沙: 湖南大学, 2007.

⑧ 东潇. 重庆土家族苗族非物质文化遗产保护刍议 [J]. 重庆文理学院学报（社会科学版）, 2008 (4): 9-13.

⑨ 余悦. 非物质文化遗产研究的十年回顾与理性思考 [J]. 江西社会科学, 2010 (9): 7-20.

⑩ 王吉林. 论非物质文化遗产商业性利用的法律规制 [J]. 现代财经（天津财经大学学报）, 2011 (8): 115-122.

⑪ 林移刚. 产业化视角下的民族民间文学类非遗保护 [J]. 贵州民族研究, 2014 (6): 46-49.

从文化治理角度保护非物质文化遗产，提倡非物质文化遗产的"公益性保护"。[①] 张彬从区域文化视野角度探讨吉林省音乐类非物质文化遗产的保护与传承。[②] 钱永平从社区参与视角探讨非物质文化遗产的保护实践。[③] 庄初升指出濒危汉语方言应该尽早列入非物质文化遗产名录加以保护。[④] 丛密林等从制度层面探讨非物质文化遗产保护问题，以达斡尔、鄂温克、鄂伦春族体育非物质文化遗产为例，提出保护的相关制度建设。[⑤] 李远龙等从产业与数字视角探讨了黔南少数民族非物质文化遗产的生产性保护。[⑥] 黄永林阐释非物质文化遗产文化基因的结构特征，探讨了保护利用的诸多模式与路径。[⑦]

2. 非物质文化遗产的整体保护

贺学君提出非物质文化遗产保护实践需要区分"保存"和"保护"两个概念，其中"保护"以整体、创新为基本原则，强调保护对象整体生态系统的保养和呵护，旨在推动其延续和发展。[⑧] 刘守华提出非物质文化遗产保护应该重视文化生态保护，不仅要保护民间文化事象本体，还要保护与之相互依存的文化生态，非物质文化遗产保护的"活水养活鱼"目标才能得以实现。[⑨] 黄涛认为非物质文化遗产的完整样态和生动内容存在于特定情境之中。[⑩]

3. 非物质文化遗产的知识产权保护

旷凌龄提出无形文化标志权弥补知识产权保护制度的制约和不足。[⑪] 康建辉、张勇军提出应该把非物质文化遗产纳入知识产权保护范围，将传承人与其

[①] 刘辉，张蕴甜. 文化治理视域中的非物质文化遗产保护研究 [J]. 东南文化，2017（2）14−20+127−128.

[②] 张彬. 区域文化视野下吉林省音乐类非物质文化遗产的保护与传承 [J]. 东北师大学报（哲学社会科学版），2017（3）：120−124.

[③] 钱永平. 社区参与视角下的县级政府非物质文化遗产保护实践——以山西祁县文化局为例 [J]. 西北民族研究，2017（2）：189−193+202.

[④] 庄初升. 濒危汉语方言与中国非物质文化遗产保护 [J]. 方言，2017（2）：247−255.

[⑤] 丛密林，张晓义，王伟平. 达斡尔、鄂温克、鄂伦春族体育非物质文化遗产保护研究 [J]. 体育文化导刊，2017（2）：80−85.

[⑥] 李远龙，曾钰诚. 产业与数字：黔南少数民族非物质文化遗产生产性保护研究 [J]. 中南民族大学学报（人文社会科学版），2017（4）：64−68.

[⑦] 黄永林. 非物质文化遗产文化基因的结构特征和保护利用 [J]. 中央民族大学学报（哲学社会科学版），2024（2）：114−123.

[⑧] 贺学君. 非物质文化遗产"保护"的本质与原则 [J]. 民间文化论坛，2005（6）：71−75.

[⑨] 刘守华. 论文化生态与非物质文化遗产保护 [J]. 华中师范大学学报（社会科学版），2006（5）：109−112.

[⑩] 黄涛. 论非物质文化遗产的情境保护 [J]. 中国人民大学学报，2006（5）：67−72.

[⑪] 旷凌龄. 我国非物质文化遗产保护的法律问题探讨 [J]. 商业时代，2009（34）：82−83.

技艺技术结合起来作为知识产权保护的整体。① 郭玉军、唐海清提出地理标志突破现有知识产权保护制度的制约和障碍，对非物质文化遗产保护发挥重要作用。② 高燕梅等讨论了在现行知识产权制度下非物质文化遗产的分类保护问题。③ 何炼红探讨了非物质文化遗产的隐私权保护问题。④ 李天才等指出国内非物质文化遗产知识产权保护主要涉及综合知识产权保护、著作权保护、专利权保护、商标权保护、地理标志保护五个方面。⑤ 赵跃等指出非物质文化遗产数字化保护研究主题相对分散，数字信息组织、管理应成为关注焦点。⑥

4. 非物质文化遗产的文化空间保护

陈虹较早探讨了文化空间的概念和内涵，认为文化空间指人的特定活动方式的空间和共同的文化氛围。⑦ 乌丙安⑧、张博⑨、饶菁⑩、郝苏民等⑪分别指出非物质文化遗产保护必须重视文化空间保护。李玉臻指出文化空间保护是非物质文化遗产保护的新突破。⑫ 关昕指出传统节日的保护与传承可以通过构建文化空间得以实现。⑬ 张晓萍等分析文化空间的旅游化生存路径，提出增强文化空间生命力和竞争力的有效途径是旅游化生存。⑭

5. 非物质文化遗产的教育保护

陈孟昕等认为高等院校应当发挥桥梁作用，积极保护非物质文化遗产，并

---

① 康建辉，张勇军. 非物质文化遗产的知识产权保护刍议［J］. 江西科技师范学院学报，2010（4）：5—8.

② 郭玉军，唐海清. 论非物质文化遗产知识产权保护制度的新突破——以地理标志为视角［J］. 海南大学学报（人文社会科学版），2010（3）：48—54.

③ 高燕梅，芮政，伊明明. 现行知识产权制度下非物质文化遗产分类保护［J］. 学术探索，2017（2）：85—91.

④ 何炼红. 论非物质文化遗产隐私权的保护［J］. 政治与法律，2017（1）：99—107.

⑤ 李天才，王军涛. 国内非物质文化遗产知识产权保护研究述评［J］. 情报理论与实践，2017（3）：126—131.

⑥ 赵跃，周耀林. 国际非物质文化遗产数字化保护研究综述［J］. 图书馆，2017（8）：59—68.

⑦ 陈虹. 试谈文化空间的概念与内涵［J］. 文物世界，2006（1）：44—46+64.

⑧ 乌丙安. 民俗文化空间：中国非物质文化遗产保护的重中之重［J］. 民间文化论坛，2007（2）：98—100.

⑨ 张博. 非物质文化遗产的文化空间保护［J］. 青海社会科学，2007（1）：33—36+41.

⑩ 饶菁. 非物质文化遗产"文化空间"的思考［J］. 湖南农机，2008（1）：52—53.

⑪ 郝苏民，戚晓萍. 文化生态·文化空间·政府主导与"非遗"关系［J］. 北方民族大学学报（哲学社会科学版），2009（2）：5—13.

⑫ 李玉臻. 非物质文化遗产视角下的文化空间研究［J］. 学术论坛，2008（9）：178—181.

⑬ 关昕. 文化空间构建与传统节日保护［J］. 文化学刊，2009（5）：55—59.

⑭ 张晓萍，李鑫. 基于文化空间理论的非物质文化遗产保护与旅游化生存实践［J］. 学术探索，2010（6）：105—109.

对非物质文化遗产保护的关键人才缺口加以弥补。[①] 翁敏华指出大学对于非物质文化遗产的保护义不容辞，高等院校人才培养体系应当引入非物质文化遗产的教育，加速非物质文化遗产保护专业人才队伍的培养。[②] 普丽春认为教育传承是目前非物质文化遗产最佳的保护形式，强调教育应该肩负起传承和创新非物质文化遗产的使命。[③]

6. 非物质文化遗产的保护措施

林秋朔对于保护非物质文化遗产给予诸多建议，包括政府足够的认识和支持、分级保护制度、培训非物质文化遗产人才队伍等。[④] 何星亮提出了保护非物质文化遗产的具体措施。[⑤] 徐卫提出了非物质文化遗产保护的建设性对策。[⑥] 康延兴[⑦]、赵冬菊[⑧]认为博物馆是保护非物质文化遗产的有效手段。陈庆云提出保护我国非物质文化遗产的有效的法律对策。[⑨] 苑利指出传承人开展研习、传授项目的主动性和积极性是非物质文化遗产有效保护的关键。[⑩] 王大为认为政府应该利用经济行政手段保护非物质文化遗产，提出保护传承人的三条措施。[⑪] 王丽芳提出应该加强非物质文化遗产的活态保护，从增强意识、加强立法、培训人才、适度开发、筹措资金五个方面着手。[⑫] 詹娜指出了民间文学类非物质文化遗产的生存困境。[⑬] 甘明以黔东南苗族侗族自治州为例，指出非物质文化遗产传承的亲子、师传、社区等模式。[⑭] 李合胜等基于对"广昌孟戏"

[①] 陈孟昕，张昕. 中国高等院校首届非物质文化遗产教育教学研讨会综述［J］. 湖北美术学院学报，2002（4）：61—62.

[②] 翁敏华. 论大学应该成为非物质文化遗产博物馆［J］. 湖北民族学院学报（哲学社会科学版），2004（4）：30—32+53—121.

[③] 普丽春. 少数民族"非遗"的理论研究综述［J］. 中央民族大学学报（哲学社会科学版），2009（5）：64—69.

[④] 林秋朔. 抢救我国非物质文化遗产建言［J］. 民间文化论坛，2004（5）：80—83.

[⑤] 何星亮. 非物质文化遗产的保护与民族文化现代化［J］. 中南民族大学学报（人文社会科学版），2005，25（3）：31—36.

[⑥] 徐卫. 我国非物质文化遗产保护工作对策研究［J］. 赣南师范学院学报，2006（2）：87—91.

[⑦] 康延兴. 论图书馆保护非物质文化遗产的职能［J］. 图书馆建设，2006（6）：19—21.

[⑧] 赵冬菊. 博物馆与非物质文化遗产的互动［J］. 广西民族研究，2006（2）：198—204.

[⑨] 陈庆云. 非物质文化遗产保护法律问题研究［J］. 中央民族大学学报，2006（1）：40—44.

[⑩] 苑利. 非物质文化遗产科学保护的几个问题［J］. 江西社会科学，2010（9）：20—25.

[⑪] 王大为. 浅谈对非物质文化遗产传承人的保护［J］. 黑河学刊，2007（3）：51—52.

[⑫] 王丽芳. 我国非物质文化遗产活态保护的可行性分析［D］. 长沙：中南大学，2007.

[⑬] 詹娜. 民间文学类非物质文化遗产的保护与生存困境［J］. 云南师范大学学报（哲学社会科学版），2013（4）：71—76.

[⑭] 甘明. 非物质文化遗产传承保护的实证研究——以黔东南苗族侗族自治州为例［J］. 贵州民族研究，2017（6）：67—72.

的田野考察，指出数字化保护是我国非物质文化遗产保护的出路之一。① 王云庆等归纳总结了国内非物质文化遗产数字化保护的研究成果，指出数字化保护研究具有具体深化、涉及学科广泛等鲜明特点，但存在研究角度趋同、缺乏宏观研究和国外研究的不足。② 夏熔静探讨了苏州非物质文化遗产档案化保护的实践。③ 黄玉婧等以傈僳族国家级非物质文化遗产为例，探讨建档保护模式。④ 朱格锋以茶文化为例，探讨作为非物质文化遗产的茶文化的保护模式。⑤ 朱刚探讨了"一带一路"倡议与非物质文化遗产保护的目标一致性，指出"一带一路"倡议建设利益共同体、命运共同体和责任共同体，能够更好贯彻实施非物质文化遗产的保护。⑥ 孙传明等提出树立正确的保护理念、完善数字化体制机制、实施多样性的数字化保护手段等保护对策。⑦ 梁平安探讨了非物质文化遗产的数字化保护问题。⑧ 谢中元指出保护非物质文化遗产可以探索以"一带一路"倡议为基础的"非遗＋"策略。⑨ 袁瑾针对具体的文化类别，探讨国家级佛教类非物质文化遗产的现状及其保护。⑩ 吴林博探讨了河南民间文学类非物质文化遗产保护与传承的主要问题，提出构建一个民间文学类非物质文化遗产项目数据库系统和平台，以实现非物质文化遗产项目的再现和传播。⑪ 曾芸从新科技视角探讨非物质文化遗产保护利用，提出采用数字化采集、存储、提取等技术，建立文化记忆数据库、可视化虚拟图景及智慧化服务平台，形成数字化保护展示。⑫ 黄永林认为非物质文化遗产保护利用与乡村文化振兴相互促

---

① 李合胜，易萱. 我国非物质文化遗产保护的困境及出路——基于"广昌孟戏"的田野考察[J]. 江西社会科学，2017（6）：250−256.
② 王云庆，彭鑫. 国内非物质文化遗产数字化保护研究综述[J]. 档案与建设，2017（4）：9−13.
③ 夏熔静. 苏州非物质文化遗产档案化保护的实践与思考[J]. 档案与建设，2017（7）：80−83.
④ 黄玉婧，刘为. 傈僳族国家级非物质文化遗产建档保护研究[J]. 档案管理，2017（2）：46−48.
⑤ 朱格锋. 非物质文化遗产的保护——以茶文化的保护为例[J]. 福建茶叶，2017（2）：10−11.
⑥ 朱刚. "一带一路"倡议与非物质文化遗产保护的国际合作[J]. 西北民族研究，2017（3）：39−47.
⑦ 孙传明，程强，谈国新. 广西少数民族非物质文化遗产数字化保护现状及对策分析[J]. 广西民族研究，2017（3）：124−132.
⑧ 梁平安. 广西壮族体育非物质文化遗产数字化保护研究[J]. 广西社会科学，2017（5）：30−33.
⑨ 谢中元. "一带一路"建设与非物质文化遗产保护问题探论[J]. 理论导刊，2017（7）：78−82.
⑩ 袁瑾. 国家级佛教类非物质文化遗产的现状及保护[J]. 中国宗教，2017（6）：57−59.
⑪ 吴林博. 河南民间文学类非遗项目的保护和传承[J]. 中华文化论坛，2017（1）：90−95.
⑫ 曾芸. 新科技视角下的非物质文化遗产保护与利用研究[J]. 福建论坛，2018（6）：56−61.

进。① 蔡晓英认为通过强化非物质文化遗产商品属性，实现最终的活态保护。② 赵巧艳等从空间分异视角，探讨山西省非物质文化遗产保护利用的实践路径。③ 王兆峰等以桑植红色民歌为例，探讨长征红色非物质文化遗产的活态化保护利用长效机制。④

7. 非物质文化遗产的旅游利用保护

潘年英提出与旅游结合利用非物质文化遗产，既保护非物质文化遗产，又带来经济收入增强民族自豪感。⑤ 过伟对广西西江流域民族文化资源的保护与开发进行初步研究。⑥ 刘茜⑦和徐赣丽⑧提出非物质文化遗产的开发式保护策略。宋欢认为旅游开发是保护非物质文化遗产的有效途径，应当重视非物质文化遗产保护，从宏观战略制定、旅游资源调查评价、旅游项目设计三方面提出如何进行保护式旅游开发。⑨ 张瑛、高云指出旅游开发有助于保护非物质文化遗产。⑩ 安群英等探讨了彝族口头非物质文化遗产的抢救、保护和利用。⑪ 余丹指出民俗节庆类非物质文化遗产应当与旅游产业合理结合。⑫ 贾鸿雁指出旅游开发有利于非物质文化遗产的静态保护。⑬ 刘畅、张帆以越南赫蒙族手工技

---

① 黄永林. 乡村文化振兴与非物质文化遗产的保护利用——基于乡村发展相关数据的分析 [J]. 文化遗产，2019（3）：1-12.

② 蔡晓英. 关于非物质文化遗产保护与利用的辩证思考 [J]. 艺术百家，2020（5）：205-209+222.

③ 赵巧艳，曹哲，郭炎冰. 空间分异视角下山西省非物质文化遗产保护利用研究——基于5批829项数据的分析 [J]. 干旱区资源与环境，2022（11）：183-191.

④ 王兆峰，陈勤昌. 长征红色非物质文化遗产活态化保护利用研究——以桑植红色民歌为例 [J]. 民俗研究，2023（2）：21-28+157-158.

⑤ 潘年英. 全球化语境中的少数民族非物质文化遗产保护和利用——以贵州从江县的实践为例 [J]. 民族艺术，2005（4）：12-17.

⑥ 过伟. 广西西江流域民族文化资源的保护与开发 [J]. 玉林师范学院学报（哲学社会科学版），2005（1）：52-61+70.

⑦ 刘茜. 试用科学发展观认识非物质文化遗产保护与旅游发展 [J]. 西北民族研究，2005（2）：179-184.

⑧ 徐赣丽. 非物质文化遗产的开发式保护框架 [J]. 广西民族研究，2005（4）：173-180.

⑨ 宋欢. 旅游开发与非物质文化遗产保护 [J]. 沧桑，2006（4）：88-89.

⑩ 张瑛，高云. 少数民族非物质文化遗产保护与旅游行政管理研究——以云南民族歌舞为例 [J]. 贵州民族研究，2006（4）：79-84.

⑪ 安群英，罗新本，谢木刚，柳晓蓉. 彝族口头非物质文化遗产抢救、保护与利用 [J]. 西南民族大学学报（人文社会科学版），2008（2）：199-203.

⑫ 余丹. 民族节庆旅游开发与非物质文化遗产保护互动模式研究 [J]. 西南民族大学学报（人文社会科学版），2009（9）：5-8+297.

⑬ 贾鸿雁. 旅游开发与非物质文化遗产的保护和传承——环境视角的实证研究 [J]. 湖南商学院学报，2010（4）：64-67.

艺为例介绍了非物质文化遗产的旅游开发经验。①陈炜、陈能幸以壮族嘹歌为例，探讨少数民族非物质文化遗产的保护性旅游开发。②邢宏亮等以辽宁锡伯族为例，探讨非物质文化遗产与旅游开发的互动。③卢世菊等探讨了民族地区旅游扶贫与非物质文化遗产保护的关系，指出在当代背景下，应当推动民族地区旅游扶贫与非物质文化遗产保护利用的可持续协调发展。④白凯指出非物质文化遗产的旅游化利用发挥旅游产业和文化产业两方优势，是推动传统文化传播弘扬的重要载体。⑤张魏运用系统动力学构建云南少数民族非物质文化遗产保护与旅游利用互动系统的总体结构因果图。⑥

贾鸿雁总结了非物质文化遗产旅游开发的四种模式。⑦薛群慧认为民俗旅游村是非物质文化遗产保护与旅游开发的有效途径。⑧罗春培提出非物质文化遗产的旅游开发模式。⑨张国超指出非物质文化遗产旅游开发应当遵循"以人为本"的根本模式。⑩张春梅根据不同类型非物质文化遗产提出不同开发模式，包括静态旅游开发、活态旅游开发、综合旅游开发、商品旅游开发四种。⑪黄继元指出生态博物馆是非物质文化遗产保护与旅游利用的有效途径。⑫刘桂兰等提出五种可行的旅游开发模式。⑬雷蓉、胡北明认为非物质文化遗产

---

① 刘畅，张帆. 国际语境下的非物质文化遗产保护与旅游开发[J]. 北京联合大学学报（人文社会科学版），2011（4）：124-128.

② 陈炜，陈能幸. 西部地区非物质文化遗产旅游开发适宜性评价指标体系与评价模型构建[J]. 社会科学家，2011（10）：83-86.

③ 邢宏亮，杨希. 辽宁锡伯族非物质文化遗产与旅游开发的互动研究[J]. 包装工程，2017（4）：51-55.

④ 卢世菊，柏贵喜. 民族地区旅游扶贫与非物质文化遗产保护协调发展研究[J]. 中南民族大学学报（人文社会科学版），2017（2）：74-79.

⑤ 白凯. 中国旅游发展笔谈——非物质文化遗产的保护与旅游利用[J]. 旅游学刊，2019（5）：1.

⑥ 张魏. 云南少数民族非物质文化遗产保护与旅游利用关系的系统分析[J]. 系统科学学报，2022（4）：78-83.

⑦ 贾鸿雁. 论我国非物质文化遗产的保护性旅游开发[J]. 改革与战略，2007（11）：119-122.

⑧ 薛群慧. 民俗旅游村：活态文化保护与开发的一种载体[J]. 思想战线，2007（7）：37-41.

⑨ 罗春培. 非物质文化遗产在旅游业中的有形化利用研究[D]. 杭州：浙江工商大学，2007.

⑩ 张国超. 非物质文化遗产保护和开发模式研究[J]. 海军工程大学学报，2009（2）：88-92.

⑪ 张春梅. 非物质文化遗产旅游开发模式探讨——以承德市为例[J]. 江苏商论，2009（5）：64-66.

⑫ 黄继元. 旅游开发与非物质文化遗产传承与保护研究——以云南省石林县大糯黑村为例[J]. 云南社会科学，2010（3）：114-118.

⑬ 刘桂兰，刘楠霞. 民艺类非物质文化遗产的旅游开发模式研究——以河南为例[J]. 河南科技学院学报，2010（7）：12-16.

内涵和承载形式不尽相同，应当采取不同的开发模式。[1] 邵际树总结了非物质文化遗产七种较为成熟的旅游开发模式，包括博物馆模式、主题公园模式、节庆旅游模式、舞台表演模式、生态保护区模式、手工艺制作模式和旅游商品开发模式。[2] 肖艺能通过探讨西藏非物质文化遗产保护利用模式，提出构建"公法—软法—私法"三位一体的混合管理模式。[3]

罗茜认为非物质文化遗产的真实性是相对的，在旅游开发中保护的关键是创造某种文化连续性形式的可能性和空间。[4] 梁保尔、马波认为非物质文化遗产旅游利用应该体现原真性，包括遗产的形式和设计、材料与实质、利用与作用等。[5] 孙九霞提出要防止非物质文化遗产转化为旅游产品时丧失其本真性。[6] 章尚正、张睿同样指出非物质文化遗产旅游开发应当把握好度，防止失真。[7]

陈炜等以桂林彩调为例，探讨戏曲类非物质文化遗产旅游开发策略，为戏曲类非物质文化遗产开发提供思路和借鉴。[8] 曹诗图、鲁莉指出民俗类非物质文化遗产旅游开发应当充分体现民间礼俗、民间信仰，增加节庆仪式和参与体验。[9] 刘桂兰等探讨了民艺类非物质文化遗产的旅游开发模式。[10] 连建功指出节庆类非物质文化遗产旅游开发应该注意参与性、体验性和娱乐性。[11] 张静指出了民间美术类非物质文化遗产旅游开发的路径。[12] 刘春玲指出表演艺术类非

---

[1] 雷蓉，胡北明. 非物质文化遗产旅游开发模式分类研究 [J]. 商业研究，2012（7）：210-216.

[2] 邵际树. 非物质文化遗产的旅游价值和旅游开发模式探讨 [J]. 当代经济，2012（8）：38-39.

[3] 肖艺能. 西藏非物质文化遗产保护与利用的公法-软法-私法混合管理模式探讨 [J]. 西藏大学学报（社会科学版），2019（1）：181-188.

[4] 罗茜. 非物质文化遗产保护的真实性问题研究 [J]. 湖南财经高等专科学校学报，2008（8）：55-57.

[5] 梁保尔，马波. 非物质文化遗产旅游资源研究——概念、分类、保护、利用 [J]. 旅游科学，2008（2）：7-14.

[6] 孙九霞. 旅游作为文化遗产保护的一种选择 [J]. 旅游学刊，2010（5）：10-11.

[7] 章尚正，张睿. 非物质文化遗产的旅游利用与原真态保护 [J]. 宿州学院学报，2010（10）：12-17.

[8] 陈炜，张正欢，赵巧艳. 民族地区戏曲类非物质文化遗产旅游开发研究——以桂林彩调为例 [J]. 桂林师范高等专科学校学报，2008（3）：26-31.

[9] 曹诗图，鲁莉. 非物质文化遗产旅游开发探析 [J]. 地理与地理信息科学，2009（4）：75-78.

[10] 刘桂兰，刘楠霞. 民艺类非物质文化遗产的旅游开发模式研究——以河南为例 [J]. 河南科技学院学报，2010（7）：12-16.

[11] 连建功. 节庆类非物质文化遗产的旅游价值及开发研究：以黄帝故里拜祖大典为例 [J]. 河北旅游职业学院学报，2011（3）：37-41.

[12] 张静. 民间美术类非物质文化遗产的旅游价值及开发：以朱仙镇木版年画为例 [J]. 中国集体经济，2012（6）：129-130.

物质文化遗产旅游开发的方式。① 丁晓娜等认为传统戏剧类非物质文化遗产旅游开发应当遵循相应原则。②

综观国内外相关研究，学者们分别从不同角度探讨了非物质文化遗产的保护利用。随着研究的深入，笔者发现不同类别的非物质文化遗产有着显著的差异特点。不同类别的非物质文化遗产应当选择与之对应的保护利用模式。笔者分析认为，当前传统口头文学类非物质文化遗产的保护利用研究相对薄弱，除了一些零星的学术成果，学界尚未形成传统口头文学类非物质文化遗产保护利用的理论体系，这便为本书的研究留下了足够的空间。

三、玛牧研究综述

本书以入选第四批国家级非物质文化遗产代表性项目名录的玛牧为个案，探讨非物质文化遗产的传承与旅游利用。与玛牧在凉山彝族传统社会占有重要地位相比，目前学界对于玛牧的研究仍极为薄弱。

（一）作为教育经典的玛牧

温梁华从教育角度出发探讨玛牧作为一部教育经典的内容评价。③ 乌且从教育对象、教育内容和教育目的三个方面探讨了玛牧的教育思想。④ 黄建明认为玛牧是彝文文献中为数不多的教育经典著作，指出《玛牧特依》木刻本在两个不同的历史时期刻印，并分别阐述了前期刻印与后期刻印的形式和内容。⑤ 马史火等认为玛牧作为彝族传统家庭教育经典，具有丰富多样的文化功能。⑥ 邱欣探讨了彝族文献《玛牧特依》在道德教育方面的重要作用。⑦ 马史火从家

---

① 刘春玲. 内蒙古表演艺术类非物质文化遗产旅游开发探析 [J]. 内蒙古师范大学学报（哲学社会科学版），2013（1）：33-37.
② 丁晓娜，余敏辉，高珍. 传统戏剧类非物质文化遗产旅游开发探讨：以皖北泗州戏为例 [J]. 淮北师范大学学报（哲学社会科学版），2013（3）：1-4.
③ 温梁华. 《教育经典》与彝族的古代教育 [J]. 蒙自师专学报，1988（3）：78-84.
④ 乌且. 《玛牧特依》的教育思想 [J]. 西南民族学院学报（哲学社会科学版），1988（2）：205-206.
⑤ 黄建明. 彝族《教育经典》浅论 [J]. 民族教育研究，2001（2）：71-75.
⑥ 马史火，张卓然. 凉山彝族社会传统家庭教育文化功能述略 [J]. 西昌学院学报（社会科学版），2007（2）：83-85+90.
⑦ 邱欣. 浅析彝族教育文献《玛牧特依》[J]. 天府新论，2008（S2）：358-359.

庭教育角度探讨了玛牧在彝族传统家庭教育中发挥的道德教育作用。①马史火等探讨了玛牧的幼教思想和特点,指出《玛牧特依》是彝族传统家庭幼儿教育的经典著作。②吉木哈学等从教育人类学角度探讨了玛牧作为教育世人、规范彝族社会行为的文化教育模式。③马飞探讨了《玛牧特依》的由来、版本、性质、内容、特征及其实践应用,指出玛牧是彝族教育史上极具价值的传统教育经典,对于彝族教育有着重要的作用和意义。④吉木次初通过分析《玛牧特依》探讨玛牧教育思想在传统教育中的体现。⑤丁木乃从社会治理视角探讨了彝族教育经典《玛牧特依》,从五个维度挖掘玛牧的核心思想。⑥洪雷明以昭觉县民族中学为例,探讨高中彝语文《玛牧特依》的教育价值。⑦

（二）玛牧内容释解及其主要特征

肖建华从语言、艺术和内容上详细阐述玛牧作为彝族传统世俗社会的道德体系。⑧叶相系统探讨了《玛牧特依》的成书年代、现存版本、主要内容及其文本研究。⑨杨理解分析了玛牧的和谐精神,阐述了继承和发扬玛牧和谐精神的现实意义。⑩蒋立松探讨了彝族传统教育经典《玛牧特依》的主要内容及其特征,指出玛牧在彝族文化认同、文化传承方面作用显著。⑪史军等从道德哲

---

① 马史火. 凉山彝族社会传统家庭对青少年的道德教育 [J]. 西昌学院学报（社会科学版）,2008（4）：106—109.

② 马史火,冯英. 古彝文献《玛牧特依》中的幼教思想及特点述略 [J]. 西昌学院学报（社会科学版）,2009（3）：27—30.

③ 吉木哈学,吴桃. 教育人类学视野下的彝族"玛木"[J]. 人民论坛,2011（32）：204—205.

④ 马飞. 少数民族传统典籍的现代教育意义——彝族传统教育经典《玛牧特依》浅析 [J]. 西昌学院学报（社会科学版）,2014（4）：113—116.

⑤ 吉木次初. 试论彝族古典文献《玛牧特依》的教育思想在传统教育中的体现 [J]. 戏剧之家,2017（8）：205—206.

⑥ 丁木乃. 社会治理视角下的彝族教育经典《玛牧特依》[J]. 贵州民族研究,2020（1）：101—106.

⑦ 洪雷明. 高中《彝语文》教材中《玛牧特依》选编内容的教育价值研究——以昭觉县民族中学为例 [D]. 北京：中央民族大学,2020.

⑧ 肖建华. 彝文古籍《玛牧特依》瑕瑜刍议 [J]. 西南民族学院学报（哲学社会科学版）,2000（S3）：111—114.

⑨ 叶相.《玛牧特依》综合研究 [D]. 成都：四川大学,2005.

⑩ 杨理解. 试论彝族古代教育典籍《玛牧》的和谐精神 [J]. 西昌学院学报（社会科学版）,2007（3）：102—105.

⑪ 蒋立松. 彝族传统教育经典《玛牧特依》主要内容及特征初探 [J]. 西南大学学报（社会科学版）,2007（5）：59—62.

学视角解读玛牧的血缘、伦理、教化、道德，阐释彝族的伦理精神。① 王美英等从彝族玛牧窥探彝族的道德哲学、道德意识，探讨彝族玛牧及其特点。② 阿育几坡等根据自然现象和事物发展的逻辑，重新对比释解《玛牧特依·伦理篇》的内涵。③ 马飞探讨了玛牧的性质、成书年代、主要特征，玛牧在彝族社会中的功能以及玛牧在彝族教育中的现状调查。④ 景志明探讨了《玛牧特依》的内容特色、流传情况以及玛牧的当代价值。⑤ 马阿呷通过探讨《玛牧特依》，系统提炼玛牧蕴含的主要伦理思想。⑥

四、本书的课题研究定位

通过梳理相关文献，在学习总结前人成果基础上，笔者认为在社会记忆研究领域，社会记忆保持和传递的相关研究比较薄弱，社会记忆与旅游的相关研究也屈指可数。本书选择以凉山彝族玛牧为代表的传统口头文学类非物质文化遗产作为研究对象，从社会记忆视角探讨其传承利用，以期为传统口头文学类非物质文化遗产的传承利用提供理论借鉴和实践参考。

第四节 基本框架和内容

一、研究对象

玛牧，被喻为凉山彝族的"三字经"。作为国家级非物质文化遗产的玛牧最初源于一种区域性的、零散的生活经验总结，通过口耳相传，代代传承。玛

---

① 史军，潘煦. 解读《玛牧特依》——基于道德哲学的视角［J］. 西南民族大学学报（人文社会科学版），2011（9）：55—58.

② 王美英，吉木哈学. 浅谈彝族"玛木"的伦理思想与归宿［J］. 西南民族大学学报（人文社会科学版），2011（11）：59—62.

③ 阿育几坡，刘亭园. 彝族道德经典《玛牧特依·伦理篇》新解［J］. 西南民族大学学报（人文社会科学版），2012（11）：43—46.

④ 马飞. 彝族传统教育经典《玛牧特依》研究［D］. 北京：中央民族大学，2013.

⑤ 景志明. 试论《玛牧特依》的内容特色、流传与当代价值［J］. 西昌学院学报（社会科学版），2018（1）：23—28.

⑥ 马阿呷. 彝文典籍《玛牧特依》伦理思想研究［D］. 成都：西南民族大学，2020.

牧又叫"玛牧特依""教育经典"——"玛"意为教、劝、训,"牧"意为善、做,"特依"指经书、经典,《玛牧特依》就是教人为善、劝人做善的经典,也即彝族民众教育做人做事的经典。玛牧产生于凉山彝族兹莫统治时期,是无数代彝族先民集体智慧的结晶,距今已有上千年的历史,它以口头念诵、口耳相传、手抄木刻等方式流传于大小凉山彝族主要聚居地,集中体现彝族先民的价值观、人生观和道德观,集彝族先民的智慧、知识、经验之大成,是一部全面阐释彝族社会历史、等级关系、思想观念、伦理道德、风俗习惯的传统口头文学。

作为传统口头文学类非物质文化遗产,玛牧具有社会记忆属性。什么是社会记忆?保罗·康纳顿认为,记忆是人的个体感官,相对于个体记忆,还存在另一种记忆,叫作社会记忆。王明珂定义社会记忆为:所有在一个社会中依靠各种载体保持、传递的记忆,① 由这一区域群体的神话、历史以及经验组成,依靠口传、刻写、仪式等在相应社会中保持、传递。由此观之,玛牧正是彝族人民的生活经验,借由口传、刻写、仪式为媒介,在彝族社会中世代保持、传递的记忆,因此,玛牧属于社会记忆范畴。故而,本书拟以玛牧为案例,运用社会记忆理论展开非物质文化遗产玛牧的相关研究。

二、研究目标

根据笔者调查,在申遗之前,彝族教育经典玛牧面临着传承危机;申遗成功之后,玛牧的传承状况尚没有得到明显改善,针对性保护仍旧缺乏。基于此,本书选取国家级非物质文化遗产——玛牧作为研究对象,从社会记忆视角展开非物质文化遗产玛牧的研究,探讨非物质文化遗产玛牧作为社会记忆如何传承延续,从社会记忆两种实践类型着手,研究玛牧是如何在体化实践和刻写实践中保持和传递的。

玛牧的体化实践主要通过彝族人民的社会交往和仪式生活得以体现。彝族的社会交往贯穿于其惯常生活,体化实践栖身于彝族惯常生活的各种公共表达当中。彝族的仪式生活表现于其仪式环节,仪式操演是玛牧体化实践保持和传递的重要方式。玛牧的刻写实践主要表现于手抄木刻、出版发行、刻写教育。通过探讨玛牧的体化实践和刻写实践,本书旨在把握玛牧体化实践与刻写实践的规律和特点,以期更有针对性地保护和传承作为非物质文化遗产的玛牧,积

---

① 王明珂. 历史事实、历史记忆与历史心性 [J]. 历史研究,2001 (5):136—147+191.

极探索玛牧的传承与利用模式，助力实现玛牧申报世界非物质文化遗产的最终目标，同时也为传统口头文学类非物质文化遗产的传承与利用提供研究范式。

三、研究方法

本书采用"以问题为导向"的研究方法，针对具体问题展开对应性分析，由此探寻解决问题的路径，同时获得理论的发展。本书以"发现问题—分析问题—解决问题"的思维逻辑为主线展开非物质文化遗产的传承与利用研究。

首先，本书审视凉山彝族国家级非物质文化遗产玛牧申遗前和申遗成功后面临的相同境遇，详述当前非物质文化遗产玛牧的传承危机，并试图总结以玛牧为代表的传统口头文学类非物质文化遗产在传承利用方面存在的主要问题，这构成本书的"发现问题"部分；其次，本书从社会记忆视角切入，解析非物质文化遗产玛牧作为社会记忆的保持和传递过程，并归纳总结传统口头文学类非物质文化遗产作为社会记忆保持和传递的规律和特点，进而提出针对性的传承目标和利用方向，这构成本书的"分析问题"部分；最后，本书以甘洛斯补边民小学土司遗址作为玛牧记忆载体，探讨非物质文化遗产玛牧的旅游利用模式，这构成本书的"解决问题"部分。

本书采用的研究方法还包括：

（一）归纳法

本书采用从个别现象到一般规律的归纳研究方法，主要运用社会学、人类学、民族学、旅游学等学科相关理论，应用社会记忆理论、场域理论、谜米理论等理论方法分析研究非物质文化遗产玛牧的传承与旅游利用。

（二）文献法

通过梳理大量相关文献，总结具有社会记忆属性的传统口头文学类非物质文化遗产保持和传递的规律和特点，并结合传统口头文学类非物质文化遗产的特点，大胆补充社会记忆保持和传递的相关理论，试图填补社会记忆保持和传递的理论基础。

（三）实地调查法

通过对非物质文化遗产玛牧传承人、流布区域、记忆载体的实地调研，掌握研究的第一手资料。

（四）案例研究法

以甘洛斯补边民小学土司遗址作为玛牧记忆载体，从体化实践和刻写实践两个维度，构建非物质文化遗产玛牧的旅游实践，并通过理论构建指导非物质文化遗产玛牧的传承与利用。

（五）口述史民族志和文本分析法

依靠访谈、民族志、参与观察收集资料，通过记录被访者的回答描述文化、解释文化。运用社会记忆要素分析思路，提炼玛牧的记忆要素。

四、研究理论

本书从中国的历史文化、社会经济、技术方法等领域入手，探讨传统口头文学类非物质文化遗产在社会记忆视野下的传承与利用问题。在当下文化遗产研究领域，以"融贯学科"为基础的研究应用理论体系日渐流行。本书对传统口头文学类非物质文化遗产的传承与利用研究适合采用"融贯学科"的研究理论。

从研究主线看，本书遵循"发现问题—分析问题—解决问题"的思维逻辑，因此，应用理论由这三部分所涉及的学科理论"融贯"而成。与"发现问题"相关的是哲学、社会学、文化学等学科理论；与"分析问题"相关的是社会学、民族学、人类学、文化学等学科理论；与"解决问题"相关的是社会学、经济学、文化学、旅游学等学科理论。

五、研究框架

本书采用"以问题为导向"的研究方法，立足"融贯学科"应用理论体系，探讨传统口头文学类非物质文化遗产在社会记忆视野下的传承与利用，建构在传统口头文学类非物质文化遗产传承利用困境背景下传承与利用的总体思路和具体技术路线，希望以此为切入点探索传统口头文学类非物质文化遗产在社会记忆语境下传承与利用的理论发展。基于社会记忆视野下传统口头文学类非物质文化遗产传承与利用的核心思路，对应于研究方法的逻辑结构，本书共设九章，分为三大板块。

第一板块为研究的"发现问题"部分，作为全书基础部分，包括基础资料的分析研究、基础理论研究以及研究对象——凉山彝族玛牧的基本情况，包括第一章、第二章和第三章。

第一章，绪论。提出本书的缘起，厘清本书的研究对象、研究目标，在前人研究基础上，提出本书研究的理论、方法和框架结构。

第二章，基础理论研究。从社会记忆的延续性入手，基于社会记忆理论、场域理论以及谜米理论等相关理论对社会记忆的保持和传递进行解读，构建社会记忆保持和传递的理论基础。

第三章，凉山彝族非物质文化遗产玛牧。从玛牧的保持和传递入手，分析玛牧的基本内容、主要特征、分布流传区域，根据玛牧的影响讨论其价值。

通过分析当前形势，结合非物质文化遗产玛牧的传承危机，笔者提出了以玛牧为代表的传统口头文学类非物质文化遗产在传承利用方面存在的主要问题。

本书第二板块为研究的"分析问题"部分，这一部分是对凉山彝族玛牧的体化实践和刻写实践研究，涵盖对惯常生活的体化实践、仪式生活的体化实践以及对近代刻写实践的研究，包括第四章、第五章和第六章。

第四章，惯常生活的玛牧体化实践。从玛牧的体化实践基础——彝族语言入手，分析彝族惯常生活中玛牧的保持和传递，探讨玛牧记忆谜米的传递方式。

第五章，仪式生活的玛牧体化实践。从仪式场域、谜米传递入手，分析彝族仪式生活中玛牧的保持和传递，在结婚主题、调解主题的仪式场域内，探讨玛牧记忆谜米的传递方式及其影响。

第六章，玛牧的刻写实践。从玛牧的刻写实践关键——彝文字入手，分析归纳玛牧的刻写版本，探讨玛牧的近代刻写教育和现代刻写教育。

通过具体探讨研究对象非物质文化遗产玛牧的保持和传递，深入剖析玛牧作为社会记忆保持和传递的特点，总结以玛牧为代表的传统口头文学类非物质文化遗产的保持和传递规律。

本书第三板块为研究的"解决问题"部分，包括第七章、第八章。

第七章，非物质文化遗产玛牧的记忆之场。从场所与记忆的关系入手，结合场所精神、记忆之场等相关理论，探讨非物质文化遗产玛牧的记忆之场，通过梳理凉山彝族土司与玛牧的历史渊源，寻找非物质文化遗产玛牧现存的记忆之场——甘洛斯补边民小学土司遗址。

第八章，非物质文化遗产玛牧的旅游利用。将非物质文化遗产玛牧与旅游深度融合，探讨非物质文化遗产玛牧的旅游利用模式，探索非物质文化遗产玛牧传承与利用的可持续发展路径。

最后是第九章，结语与展望。该章对本书的研究进行总结，分析研究的不足,并对今后非物质文化遗产的传承与利用进行展望。

本书的研究框架见图1-1。

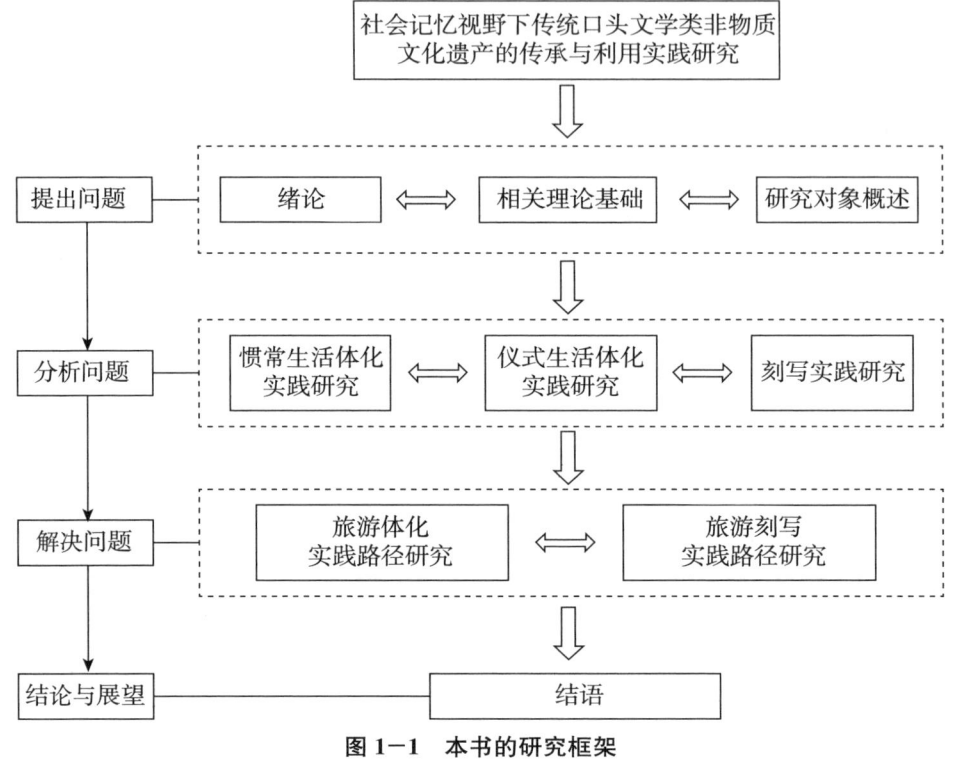

图 1-1 本书的研究框架

六、研究创新点

本书并非试图构造一种突破性的理论创新,而是针对一个类型,讨论社会记忆视角下传统口头文学类非物质文化遗产的传承与利用问题。运用融贯学科的研究方法,针对此类非物质文化遗产的传承与利用,提出一些能够解决实际问题的创新性观点。具体来说,本书在以下两个方面实现创新。

(一)研究视角创新

非物质文化遗产保护热潮迭起,但由于非遗种类繁多,保护方式不尽相同,保护程度亦有深有浅。感观性、实用性较强的非物质文化遗产易于传承与利用,研究成果也颇为丰富。然而,与前者相比,传统口头文学类非物质文化遗产的口头性、无形性特点增加了保护传承难度,至今尚未找到比较适合的保护传承方式。笔者通过调查研究发现，传统口头文学类非物质文化遗产具有社会记忆属性，故而社会记忆理论为本书研究提供了理论支撑。因此，本书在文献分析与实地调研基础上，从社会记忆研究视角探讨传统口头文学类非物质文化遗产的传承与利用。从社会记忆视角研究传统口头文学类非物质文化遗产是一个全新的理念，为传统口头文学类非物质文化遗产的传承与利用提供一个新的研究视角。

（二）研究内容创新

学界对于从旅游利用角度开展非物质文化遗产玛牧的研究寥寥无几。本书选择玛牧作为研究对象，集中探讨非物质文化遗产玛牧的旅游利用，这在学界尚属首例。希望通过本研究，唤起社会各界对非物质文化遗产玛牧的关注。

另外，本书对传统口头文学类非物质文化遗产的传承与利用进行探讨，弥补了传统口头文学类非物质文化遗产传承利用理论构建的不足。笔者根据文献法和实地调查研究，综合运用社会记忆理论、场域理论、谜米理论，再结合传统口头文学类非物质文化遗产的特点，大胆设想具有社会记忆属性的传统口头文学类非物质文化遗产的保持和传递，试图进一步填补社会记忆保持和传递的理论基础，如图 1-2 所示。

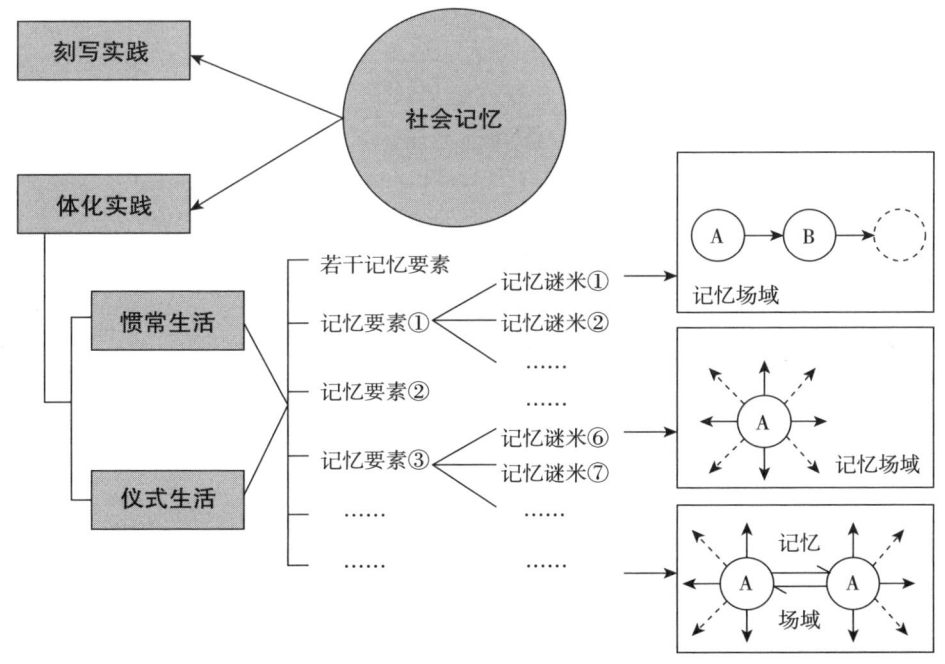

图 1-2　社会记忆保持和传递的理论设想

第二章 基础理论研究

非物质文化遗产保护传承是 20 世纪 50 年代以来逐渐形成的热门研究领域。在"重申报、轻保护"现实背景下，重视非物质文化遗产申遗成功后的发展，是非物质文化遗产保护传承的又一关键。随着非物质文化遗产传承利用研究的深入开展，不同类别非物质文化遗产的传承利用情况呈现显著差异。其中，传统口头文学类非物质文化遗产具有口头念诵、口耳相传的显著特点，也是社会记忆得以保持和传递的有效路径。社会记忆及其理论无疑对认知传统口头文学类非物质文化遗产具有科学的指导意义。

第一节 社会记忆理论发展脉络

记忆不仅具有心理尺度，也具有社会尺度。[①] 社会记忆研究始于欧洲，涉及三个不同来源。其一是 1925 年法国社会学家莫里斯·哈布瓦赫的"集体记忆"理论。哈布瓦赫被称为社会记忆研究的鼻祖，其代表著作《记忆的社会框架》和《论集体记忆》，是社会记忆研究思想的主要来源。其二是英国心理学家弗雷德里克·巴特莱特（Frederick C. Bartlett）关于记忆的论述，他指出，人类的记忆过程实际上是一个对过去的总结和重新梳理的过程。[②] 其三是德国学者阿碧·瓦尔伯尔格（Aby Warburg），他在克瑞兹林尔讲座中首次提及社会记忆的概念。瓦尔伯尔格认为，记忆是一个艺术性塑造过去的过程。

西方社会记忆研究大致经历三个阶段：第一个阶段是 20 世纪二三十年代的理论奠基阶段，这一阶段以莫里斯·哈布瓦赫为领军人物。在莫里斯·哈布

[①] Olick, J. K., J. Robbins. Social Memory Studies: From "Collective memory" to the Historical Sociology of Mnemonic Practices [J]. Annual Review of Sociology, 1998 (24): 105-140.

[②] Bartlett, Frederick C. Remembering Study in Experimental and Social Psychology [M]. Cambridge: Cambridge University Press, 1932.

瓦赫之前，记忆研究限于心理学、精神分析学领域，属于心理学研究范畴，研究焦点偏向于记忆的生理条件或心理条件，心理学家往往将个体置于理想的实验状态来探讨个体记忆的发生机制。直至1925年，法国社会学家哈布瓦赫提出记忆的社会属性，记忆研究才突破心理学界限，成为社会学研究的对象。哈布瓦赫1925年在《记忆的社会框架》中提出"集体记忆"的概念，指出集体记忆不是一个既定的概念，而是一个社会建构的过程。[1] 哈布瓦赫提出"集体记忆"这一概念绝非偶然，应该说，他对集体记忆的思考源于对老师涂尔干（Émile Durkheim）思路的延续和扩张。哈布瓦赫指出，"人们通常在社会中才能回忆、识别、定位记忆，社会中存在着一个包容个体思想的集体记忆、一个记忆的社会框架"[2]，他强调当下性，认为人们建构和叙述过去很大程度取决于当下的理念、期待、利益。他还提出记忆产生须有社会互动，认为社会交往是集体记忆的实现途径，集体记忆可共享、可传递。

需要指出，尽管哈布瓦赫是社会记忆研究的开创者，但是他过分强调"现代中心观"，忽略了社会记忆的连续性，对于一个群体是否具有记忆功能、该群体应当如何保持和传递记忆，并没有给予明确的论述。[3]

西方社会记忆研究的第二个阶段是20世纪80年代的"记忆潮"时期。第二次世界大战、纳粹大屠杀、美苏冷战等历史事件间接催化20世纪80年代的"记忆潮"。这一阶段以美国学者保罗·康纳顿、法国历史学家皮埃尔·诺拉和德国学者扬·阿斯曼、阿莱达·阿斯曼夫妇为代表人物。

美国学者保罗·康纳顿与莫里斯·哈布瓦赫关注点不同，他关注社会记忆的连续性与传递性，在《社会如何记忆》一书中直接指向社会记忆的保持和传递。[4] 康纳顿指出，社会记忆只有保证自身能够传递才具有意义，哈布瓦赫虽然将"集体记忆"作为研究中心，但是并不明白关于过去的意象和记忆是如何保持和传递的。康纳顿1989年提出"社会记忆"概念，强调社会记忆保持和传递的重要性，指出日常生活的纪念仪式、习惯操演和身体实践是关键。康纳顿还认为社会记忆具有习惯性特质，指出社会记忆或多或少由仪式操演来维持和传达。纪念仪式和身体实践主要涉及对记忆的操演和语言的表达，因两者皆

---

[1] Halbwachs, Maurice. On Collective Memory [M]. Chicago: University of Chicago Press, 1992.
[2] Halbwachs, Maurice. On Collective Memory [M]. Chicago: University of Chicago Press, 1992.
[3] 李红武, 胡鸿保. 国外社会记忆研究概述 [J]. 学习月刊, 2011 (12): 36.
[4] Connerton, P. How Societies Remember [M]. London: Combridge University Press, 1989.

具有体化特征,所以康纳顿将纪念仪式和身体实践统称为"体化实践"。与体化实践相对应,康纳顿在《社会如何记忆》中还探讨了另一种保持和传递社会记忆的社会实践——刻写实践。康纳顿认为,两种社会实践都依赖人的身体,区别只是两者对身体的依赖程度不同。其中,刻写实践能够独立于人的身体完成对记忆的保持和传递,通过记录捕捉和保存信息,传递的信息也因此被不可改变地固定下来;而体化实践完全依赖于人的身体,依靠特定姿势操演帮助身体记忆,通过亲身在场参与活动传递信息。此外,康纳顿还谈到与社会记忆相对应的社会忘却,指出对历史的记忆或忘却并不是由自然生理机能所决定,而是人们选择的结果,其中,权力问题、意识形态等因素影响颇深。

法国历史学家皮埃尔·诺拉是"记忆潮"时期的另一代表。诺拉关注社会记忆的"记忆之场",强调公共纪念场所是记忆的介质,这一观点对于社会记忆研究影响深远。诺拉认为,现代社会的记忆已然脱离惯常生活,此时记忆需要人为的外在之场加以保存。他还指出,纪念场所具有双重功能,一是回溯功能,能够唤起人们记忆回溯历史;二是前瞻功能,通过建造纪念场所将历史过去与未来发展相互衔接,通过人们参观纪念场所培养历史认同、确定未来发展。人类学者本尼迪克特·安德森也赞同诺拉的"记忆之场",认为国家设立的纪念碑、纪念馆、博物馆等纪念场所就是社会记忆的载体之一。①

德国学者扬·阿斯曼、阿莱达·阿斯曼夫妇也是"记忆潮"的重要代表人物。阿斯曼夫妇继承哈布瓦赫的"集体记忆"精髓,提出"文化记忆"理论作为重要补充,这里的"文化"概念远远超过其一般意义的范畴。② 阿斯曼夫妇根据记忆的时间跨度和意涵提出沟通记忆和文化记忆两个概念。沟通记忆指短时记忆,一般存在于三四代的有限时间跨度内;文化记忆指长时记忆,通常依靠外在媒介保存下来。③ 据此,本书讨论的社会记忆应该属于阿斯曼夫妇所指的文化记忆范畴。阿斯曼夫妇还指出,文字出现以后,文化记忆出现中心与边缘的划分,并提出活跃的功能记忆和被动的存储记忆两个概念,二者可以根据需要相互渗透、相互转化。本书认为,从社会记忆保持和传递角度来看,阿斯曼夫妇所指的活跃的功能记忆与康纳顿所指的体化实践有着非常相似之处,皆

---

① 本尼迪克特·安德森. 想象的共同体——民族主义的起源与散布 [M]. 吴睿人译. 上海:上海人民出版社, 2001.

② Assmann, Jan. Collective Memory and Cultural Identity [J]. New German Critique, 1995 (65).

③ 钱力成, 张翮翾. 社会记忆研究:西方脉络、中国图景与方法实践 [J]. 社会学研究, 2015 (6):217.

是指在现实生活中被惯用的记忆，而被动的存储记忆与刻写实践类似，皆是指处于现实生活边缘、通过记录储存的记忆。

在"记忆潮"时期，康纳顿的社会记忆理论中关注于社会记忆连续性的论述，堪称社会记忆研究的范式，在社会记忆研究中占据极其重要的地位。[①] 他认为，文化的连续性使得人们体验到了与过去事件和事物的因果关系脉络，人们的体验很大程度取决于过去的知识。记忆具有社会属性，围绕记忆，人们可以获得过去自身经历或未曾亲历的经验性知识。《社会如何记忆》出版后，社会记忆引起学界高度关注。[②] 同时，诺拉关注的记忆之场也是保持和传递社会记忆的重要载体。

西方记忆研究的第三个阶段是目前正在经历的阶段，处于"世界性记忆"时期，这个阶段的社会记忆研究遇到瓶颈，研究案例虽有所增加，但缺少理论扩展的空间。

通过梳理社会记忆理论的发展脉络可以认为，美国学者保罗·康纳顿是研究社会记忆保持和传递的第一人，他的社会记忆理论堪称社会记忆研究的范式。本书探讨非物质文化遗产玛牧的传承利用，在本质上即探讨具有社会记忆属性的玛牧的保持和传递。因此，本书将主要运用康纳顿的社会记忆理论探讨非物质文化遗产玛牧的保持和传递。

第二节 社会记忆的实践类型

在《社会如何记忆》中，保罗·康纳顿具体探讨了社会记忆如何在身体中积累或沉淀，他将社会记忆实践分为两种不同类型，即体化实践和刻写实践。康纳顿认为，两种社会实践都依赖人的身体，区别只是两者对身体的依赖程度不同。

一、体化实践

体化实践指回忆过去时，可以通过现在的言行自然重演，过去已经沉淀在

[①] 高萍. 社会记忆理论研究综述 [J]. 西北民族大学学报（哲学社会科学版），2011（3）：116－117.

[②] 钱力成，张翮翾. 社会记忆研究：西方脉络、中国图景与方法实践 [J]. 社会学研究，2015（6）：215－237+246.

身体里。身体为人们提供一个极为有效的记忆系统，虽然不留痕迹，但是记忆无处不在。

康纳顿认为体化实践是保持和传递社会记忆的重要方式，包括身体实践和纪念仪式。身体实践完全依赖于身体，通过身体活动传达信息。纪念仪式具有操演性，操演又是身体性的，因此，纪念仪式也依赖人的身体操演得以实现。①

（一）纪念仪式

纪念仪式的固定化与程序化，体现对过去的延续、纪念这样的延续。可见，仪式结构的变化潜力明显较小，仪式活动既可以被理解为一种编码准文本表象的形式，又可以被作为一种象征性集体文本来解读。

从一个方面说，仪式是一种操演语言。在仪式中，操演话语被编码于一成不变的姿势、手势和动作当中，身体在规定套路中被赋予这样或那样的姿势和动作，这种操演动作是一种显著的"说话"方式，使得仪式操演的记忆系统效用成为可能。

从另一个方面说，仪式是一种程序化的语言，记忆功能非常明显。大量研究证明，在世界各地的口头文学中，这种语言排比占有突出位置，它作为一种记忆手段具有重要意义。②仪式的程序化语言不仅表现于排比结构，而且表现于句法形式、发声音量、音调变化。类似于语言与语言之间事先固定，行为与行为之间事先固定，语言与行为之间也是事先固定。人们可以从这个语言预知下一个语言，从这个行为预判下一个行为。

纪念仪式的重演特征，对于塑造社会记忆，是一个极其重要的特质。这种重演包括日历的、口头的和手势的重演。周期性庆典是日历重演的重要表达方式，在每一年的同一个时间，按照事件重复发生的周期准时庆祝这个时间点，仪式时间具有无限的重复性。口头重演主要指仪式语言在言辞重复中的编码，这类口头重演体现的并非完整的重复，而是关于完整重复的概念；手势重演则指仪式手势始终相同。

（二）身体实践

身体实践是长期体化过程的无意识表现，具有习惯性特质。不同社会群体

---

① Connerton, P. How Societies Remember [M]. London：Combridge University Press, 1989.
② 保罗·康纳顿. 社会如何记忆 [M]. 纳日碧力戈译. 上海：上海人民出版社, 2000：68.

成员在群体内部以该群体特有的方式互相交际，不管这些信息传递的方式属于有意还是无意、信息的传递者是个人还是群体，这样的方式都是体化的。①

马克·布洛赫（Macr Bloch）曾说，社会记忆通常由家户中最年老的成员传递，对在世的最年轻一代的教育由在世的最年老一代承担。这种传递记忆的方式，似乎零敲碎打、无意识地将社会记忆传递给年轻群体，某种程度上维持着社会所固有的传统主义。

与刻写实践相比，体化实践更直接、更保险，记忆模式和记忆形态更具创新力，对社会记忆的保持和传递更为有效，其特别的记忆效果依赖于身体记忆的存在方式和获得方式，在身体的理解过程中不断地累积或沉淀。

二、刻写实践

只要被刻写下来，无论以何种形式刻写，都表明了一种记录记忆的意愿。本书认为刻写实践所保存的记忆更加准确，传播更为广泛。

从体化实践到刻写实践，实质上是从口耳相传到文本记录的发展过程。在口头文化中，对于事件的记忆形式大多采用由记忆专家向听众反复背诵的操演形式，若要后代有可能加以重复，这些大规模的操演性话语必须采用标准形式，口头诗的韵律享有记忆的特权，可以在记忆作品中取得一整套身体运动反射的合作。② 当刻写实践成为社会记忆传递主角，体化实践现场口述成为配角时，即兴创作愈加不易，以文本记录形式的传递似乎始终如一。社会记忆的传递也摆脱对韵律的依赖，用视觉记录取代听觉记录，不再需要记忆单独的陈述，只需把它作为人工作品放在手边，以备不时之需。

刻写文本具有自己的生命，一旦形成，便既不依赖刻写者，也不依赖任何阅读者。与体化实践不同，刻写实践体现一定的文化自治。刻写文本记录固定的文本形式，流通于大众视野，使得每个人都成为潜在的阅读者。

康纳顿指出，第一种类型的体化实践，是人与人、人与群体之间的信息传递过程，第二种类型的刻写实践，是人们用来储存和检索信息的现代手段，也可称为文本记录，通过印刷、索引、照片、录音带、计算机等进行保存传递。③ 社会交往、仪式生活等身体实践是社会记忆的第一生命，身体实践使得

---

① Connerton, P. How Societies Remember [M]. London: Combridge University Press, 1989.
② Connerton, P. How Societies Remember [M]. London: Combridge University Press, 1989.
③ Connerton, P. How Societies Remember [M]. London: Combridge University Press, 1989.

社会记忆的体化实践得以实现；刻写实践是社会记忆的第二生命，能够以文本形式准确、清楚地表述社会记忆。体化实践与刻写实践是社会记忆的两个重要组成，脱离体化实践口头表述的文化语境，刻写实践是没有生命力的，因为缺乏体化实践的社会记忆最终无法长久保存；而忽视刻写实践的社会记忆，仅凭口头念诵、口耳相传，记忆内容易于模糊含混，因而不利于社会记忆的长久流传。因此，社会记忆的体化实践与刻写实践相互补充、互为促进。

第三节 社会记忆的场域

社会记忆的保持和传递需要一个记忆场域，场域可以是一个具体的地点，也可以是一个抽象的所指。

一、场域

法国学者皮埃尔·布迪厄（Pierre Bourdieu）受到物理学磁场论启发，在社会学领域提出场域概念。布迪厄指出，社会世界高度分化，由相对独立的一个又一个社会小世界组成。一个社会小世界指一个小场域，具有必然性、逻辑性特点，是一个客观存在并且呈现某种规律的空间。小场域之间既互有区别，又互有关联。如果人们将整个社会视为一个大场域，那么它由相对独立的一个个小场域共同组成。

每一个小场域相对独立，边界既清晰又模糊，体现场域的异同，也是场域存在的依据。场域边界的划分具有经验性，每个小场域之间无法完全分离开来，互有关联，使得边界划分呈现模糊形态，只能以某个场域的场域效果停止作为判断。另外，场域的形成与否也需要经验研究，对于怎样形成、构成成分、效用区域同样需要具体探讨。

布迪厄认为，场域是一个由客观关系构成的系统。社会世界存在各种各样的关系，它们各自构成各自的场域关系系统。一个场域是其内部各种客观关系交叉拉列的网络形态，充满博弈与争斗，各种力量并存，极具生命力与活力。

二、惯习

尽管场域是一个由客观关系构成的系统，但在场域内活动的个体都是有知觉、有意识的人，同一场域内的人有着属于这一场域的性情倾向，称为惯习。惯习通过个体生存条件、社会经历潜意识内化于身，一旦形成，具有相对稳定性，表现某种倾向性。人的身体是惯习作为一种主观性心智结构和性情倾向的承载体，来自社会，又内化于身体，是个体的又是群体的，既具有个体性，又具有群体性、社会性。

布迪厄认为，惯习存在于个体自身，通过一代又一代的个体在社会中传递延续。因此，个体惯习的传递是社会惯习形成的基础，社会惯习由无数个个体共同体现。

布迪厄还认为，场域与惯习是一种通过实践而生成的动态关系。在实践中，同一场域的个体由于生存条件、社会环境相似，易于形成类似的惯习。通常，一个场域对应一个惯习，场域与惯习互相交织、互为表里。同一场域内，场域形塑惯习，惯习成为体现个体所属场域的固有属性。因此，不同的场域具有不同的惯习。

综上，对于社会记忆而言，场域是一个能够传递社会记忆的空间。这一记忆场域形塑着存在于场域内个体的记忆惯习，个体的记忆惯习成为体现这一记忆场域的固有属性。记忆场域与记忆惯习相互对应，两者皆影响社会记忆的传递。记忆场域是传递的社会空间，记忆惯习是传递的性情倾向。

三、记忆之场

法国著名学者皮埃尔·诺拉在其主编的《记忆之场——法国国民意识的文化社会史》[①]（以下简称《记忆之场》）中创造了"记忆之场"一词。记忆之场的"场"具有实在性、象征性和功能性，记忆之场由场所和记忆两个词共同构成。《记忆之场》第一部于1984年出版，第二部于1986年出版。其中，《记忆之场》第二部偏重于"非物质性"的记忆、遗产及其保护。随着1984年和1986年两部《记忆之场》的问世，人们开始广泛运用"记忆之场"一词，主要指称物质性的纪念场所。

诺拉的《记忆之场》阐述了从记忆环境到记忆之场的变迁过程，认为处于现代社会的记忆已然脱离惯常生活，此时记忆需要人为的节庆活动、博物馆等一系列物质载体加以保存和延续。记忆之场成为记忆的场域，博物馆、节庆活

---

① Nora, P. Rethinking the French Past: Realms of Memory [M]. Trans. by Arthur Goldhammer, New York: Columbia University Press, 1996.

动成为人们寻找记忆的切入点。

四、场所精神

"场所"作为现代建筑发展的一个核心概念,于20世纪50年代出现,至20世纪70年代被广泛运用于建筑领域。诺伯舒兹(C. Norberg-Schulz)是最早系统阐述场所理论的学者,他认为,场所是在世界活动中的人的空间反映,通过人的活动,空间被赋予特殊的意义,场所给予个人或集体以空间的安全感和身份感。① 因此,场所是一个由自然和人为因素构成的综合体。这个综合体决定了一种"环境的特性",这种特性由经济、社会、政治以及其他文化现象所决定,② 即场所的本质。场所不仅是一个实体空间,反映某一特定区域内人们的生活方式及其所处环境特征,还具有以地方特性为基础的场所精神。③ "场所精神"(genius loci or spirit of place)最早由诺伯舒茨于1979年提出,这一概念源于德国哲学家海德格尔(Martin Heidegger),海德格尔认为物集结世界,人需要诗意的栖居。场所精神根植于诗意栖居的空间结构,是人类与所处环境之间产生的内在共鸣。它融合人类与所处环境共同经历的历史、情感和记忆,赋予场所精神意识。④

诺伯舒兹的场所精神源于古罗马宗教理念,"每一种独立的本体都有自己的灵魂守护神灵,这种灵魂赋予人和场所生命,并且决定其特性和本质"⑤。场所精神根植于人类栖居的自然场地,是一个蕴含人类思想、情感烙印的"心理化地图"⑥。诺伯舒兹强调"场所精神"具有顽强的稳定性,存在的内涵具有深厚的根源。⑦ 也有观点认为,个体产生对场所的认同感源于场所充满具有

---

① Norberg-Schulz, C. Genius Loci: Towards a Phenomenology of Architecture [M]. London: Academy Editions, 1980.
② 诺伯舒兹. 场所精神——迈向建筑现象学 [M]. 施植明译. 武汉: 华中科技大学出版社, 2010: 168.
③ 刘容. 场所精神——中国城市工业遗产保护的核心价值选择 [J]. 东南文化, 2013 (1): 19.
④ 周坤, 颜珂, 王进. 场所精神重解: 兼论建筑遗产的保护与再利用 [J]. 四川师范大学学报 (社会科学版), 2015 (3): 68.
⑤ 诺伯舒尔兹. 场所精神——迈向建筑现象学 [M]. 施植明译. 武汉: 华中科技大学出版社, 2010: 18.
⑥ 李永红, 赵鹏. 默语倾听, 兴然会应——在地段特征和场所精神中找寻答案 [J]. 中国园林, 2001 (2): 29—32.
⑦ 诺伯舒兹. 场所精神——迈向建筑现象学 [M]. 施植明译. 武汉: 华中科技大学出版社, 2010: 185.

意义的真实经验或发生过动人的事件。

场所精神是一种源于世代传承的集体记忆。这种记忆能够潜意识地引导人们的行为，帮助人们获得心理的体验。应该说，场所精神造就了人们精神层面的集体潜意识。

第四节　社会记忆的谜米

与细胞是生物体基本的结构和功能单位相似，谜米被认为是社会记忆的重要载体，社会记忆的保持和传递主要依赖于谜米的保持和传递。

一、谜米的概念

谜米（meme）又译模因、米姆等，源自希腊语"mimema"，是文化传递的基本单位、模仿行为的基本单位，该词最早出现在道金斯（Richard Dawkins）的《自私的基因》（1976）一书中，并被收录入2001年版的《新牛津英语词典》，指文化的基本单位，通过非遗传的方式，特别是模仿而得到传递。谜米被视为除基因之外的另一种独立存在的复制因子，通过复制，谜米以语言、行为等方式无意识间传递文化。苏珊·布莱克摩尔（Susan Blackmere）在《谜米机器》一书中指出，人类的一切学习都是模仿。[①] 模仿时，势必会有某种东西从一个人传递给另一个人，然后再从另一个人传递给下一个人。在传递过程中的这种东西即叫谜米。谜米可以是一种思想、一个行为或是一则教诲，通过相互模仿得以传递。

道金斯指出，谜米是一种编码于人类大脑或书籍等人工制品中的文化因子，谜米传递实际是一个复制模仿过程。只要复制、只要模仿，谜米就会在不同人群之间传递，或许人们不能直接感知这一过程。

二、有效的谜米

在所有可能的谜米中，只有少量谜米能够成功复制传递，这些少量谜米被

---

① 苏珊·布莱克摩尔. 谜米机器——文化之社会传递过程的"基因学"［M］. 高申春等译. 长春：吉林人民出版社，2011：7.

称为有效谜米。只有有效谜米才能从人的头脑中被复制到印刷品,从印刷品上被复制到其他印刷品上,或是作为说话的声音被复制到光盘上。衡量谜米有效与否的三个指标分别是保真度、多产性和长寿性。① 保真度即能否准确复制谜米;多产性即能否大量复制谜米;长寿性即谜米保存时间的久远与否。布莱克摩尔指出,印刷术的诞生对于谜米的保真度和多产性至关重要。② 诚然,以印刷术为基础的刻写实践确实能够很大程度地保证谜米的保真度和多产性。

综上,有效的谜米应该是那些高度真实而又长期保持传递的记忆谜米。作为一个有效谜米,必须能够被精确地加以复制,复制品必须数量巨大,并能够"存活"很长时间。因此,社会记忆的谜米必须成为有效的谜米——具有保真度、多产性、长寿性特征,才能实现社会记忆的保持和传递。

三、谜米的传递

谜米传递的关键是模仿,以有效谜米作为前提。模仿包括观念和行为以任何方式从一个人向另一个人的传递过程。桑代克(Edward L. Thorndike)将模仿定义为:通过观看某人的某一行为而学会这一行为的过程,即在模仿过程中,有某一新的行为方式通过从别人身上复制过来而被模仿者习得。模仿既可以通过语言、阅读、教导等方式来传递谜米,也可以通过复杂的技能或行为方式来传递谜米。

谜米传递具有两个特征:一是其传递具有变异性,比如任何一个故事在被转述两次时都不可能以完全相同的方式被传递。二是传递具有选择性,在传递过程中,人们更易传递容易记忆的谜米。

语言和文字是谜米传递的重要载体。口语化的语言能够增强谜米的多产性,语言的声音、单词、语法增强了谜米的可记忆性。在纸上书写文字符号的技术,促使大量文献的广泛传递,发明极大地提高谜米的多产性,以语音为基础形成的文字系统,能够推动巨大数量的谜米被储存于其中,以较少的努力传递更多的谜米。

在现今人类社会生活中,有些谜米是从父母向子女传递的,费尔德曼(Robert S. Feldman)将这种传递方式称为纵向传递。与纵向传递相对应,横

---

① 苏珊·布莱克摩尔. 谜米机器——文化之社会传递过程的"基因学"[M]. 高申春等译. 长春:吉林人民出版社,2011:100.
② 苏珊·布莱克摩尔. 谜米机器——文化之社会传递过程的"基因学"[M]. 高申春等译. 长春:吉林人民出版社,2011:381.

向传递指同辈群体之间的相互传递过程。侧向传递指发生于叔侄之类关系中的传递过程。在谜米纵向传递方式下，语言仅仅是被人们用来与自己的父母或子女进行沟通的工具；在横向传递方式下，同一代人之间，观念可以从一个人传向另一个人，再传向第三人，如此类推；在侧向传递方式下，属于同一家族不同家庭的代与代之间，谜米的传递呈现斜线发展趋势。当然，在谜米实际传递过程中，人们倾向于模仿最好的模仿者，所以，纵向传递、横向传递和侧向传递同时存在。在传统狩猎采集社会中，社会生活变化非常缓慢，谜米传递主要以纵向为主；在现代工业化社会中，谜米传递主要以横向为主。

在现代社会中，谜米的纵向传递越来越让位于更加迅速地横向传递，甚至可以说横向谜米传递形式几乎淹没了纵向传递形式。伴随科学技术的迅猛发展，人们可以从诸如电视、广播、报纸、因特网等更多渠道获取新知识、新观念，各种不同观念的碰撞，使得来自传统社会的谜米传递受到不同程度的挑战，因此，社会记忆的保持和传递不容乐观。

四、记忆的要素

特别需要指出，一个有效谜米传递的信息十分有限，无数个内容相关的谜米组合在一起才能相对完整地表达信息。一个记忆要素或记忆主题由无数个内容相关的谜米共同构成，这些谜米围绕同一主题共同传递相对完整的信息。因此可以认为，无数个内容相关谜米共同构成一个记忆要素，数个记忆要素共同构成一个社会记忆。社会记忆在保持和传递过程中，以记忆要素为单位，在不同场域传递不同主题的记忆谜米。

第五节　本书相关概念界定

一、非物质文化遗产

"非物质文化遗产"（the Intangible Cultural Heritage）这一词汇最早出自联合国教科文组织，于 2003 年通过的《保护非物质文化遗产公约》中被正式确定。相关概念则可以上溯至 20 世纪 50 年代日本政府提出的"无形财产保护法"——这一从有形文化财概念延伸出的无形文化财概念，在内涵和外延上与

"非物质文化遗产"概念基本相同,是"非物质文化遗产"概念的主要渊源之一。

关于"非物质文化遗产"的定义,不同国家、不同机构有所差异。本书所探讨的非物质文化遗产玛牧属于《中华人民共和国非物质文化遗产法》[①]界定的"传统口头文学以及作为其载体的语言"类型。这一类型的非物质文化遗产具有社会记忆属性,凭借载体语言,依靠人们口耳相传、手抄刻写世代传承。

二、保护性旅游利用

本书提出"保护性旅游利用"这一概念,主要指在保持非物质文化遗产的本真性、以保护作为根本前提的情况下,通过旅游利用实现非物质文化遗产的活态化。本真性与旅游利用并不排斥,前者是后者之本,后者是前者的延伸,即科学合理的旅游利用可以保持非物质文化遗产的本真性。保护与旅游利用并不矛盾,找准平衡点,把握适度原则,便可以将非物质文化遗产融入旅游生活,实现非遗活态化。

本章重点梳理了社会记忆理论发展脉络,以康纳顿社会记忆理论为主线,结合与社会记忆传递相关的两个重要概念——场域与谜米,讨论社会记忆保持和传递的可行路径。根据文献研究法和实地调查研究,再结合传统口头文学类非物质文化遗产的特点,笔者大胆设想了社会记忆保持和传递的理论构建,试图进一步填补社会记忆保持和传递的理论基础空白。

社会记忆分为体化实践和刻写实践两种类型,其中刻写实践主要通过刻写文本传递记忆谜米。一是利用刻写文本开展刻写教育,主要针对学校教育,向学生传递谜米;二是刻写文本面向社会,向社会大众传递谜米。

需要指出,康纳顿将纪念仪式和身体实践统称为体化实践,认为纪念仪式和身体实践是社会记忆保持和传递的重要方式,然而不同的社会记忆,在实践中的保持和传递往往不仅仅只通过纪念仪式来完成。因此,根据研究对象玛牧的特点,本书在讨论玛牧体化实践时,将其体化实践分为两个部分,一是惯常生活的体化实践,二是仪式生活的体化实践。

---

① 2011年6月1日施行的《中华人民共和国非物质文化遗产法》将非物质文化遗产分为六个方面:(1)传统口头文学以及作为其载体的语言;(2)传统美术、书法、音乐、舞蹈、戏剧、曲艺和杂技;(3)传统技艺、医药和历法;(4)传统礼仪、节庆等民俗;(5)传统体育和游艺;(6)其他非物质文化遗产。

在惯常生活和仪式生活中，社会记忆以若干记忆要素呈现，各个记忆要素具有不同主题，每一个记忆要素由若干具有共同主题的记忆谜米构成。根据记忆要素不同，围绕不同主题的记忆谜米在各自相应的记忆场域内传递。社会记忆的谜米传递呈现三种方式，一是在惯常生活记忆场域中，一对一的谜米传递；二是在仪式生活记忆场域中，一对多的谜米传递；三是在仪式生活记忆场域中，多对多的谜米传递。

后文将以这一思路为主线，展开玛牧保持与传递的相关论述。

第三章 非物质文化遗产玛牧

第一节 玛牧的溯源

玛牧又叫"玛牧伟尔""玛牧特依",汉译为教育经典、训世经等。在彝语中,"玛"为教、劝、训,"牧"为善、做,"特依"指经书、经典,故《玛牧特依》指教人为善、劝人做善,教育人们做人做事的经书典籍。玛牧是流传于大小凉山彝族主要聚居地的最重要的传统教育经典,集彝族先民的智慧、知识、经验之大成,是彝族先民价值观、人生观、道德观的总括,具有深厚的社会基础和广泛的群众性,对于凉山彝族传统文化的形成、思想主张的培养起着重要作用。

在过去,彝族著书立说、传抄文献一般都不署名或者标注时间,使得玛牧的作者和成书年代众说纷纭。根据彝族民间传说,有人认为玛牧是兹米阿基的二女儿阿妞子普所写;也有人认为,玛牧是古代一位叫阿卡拉惹的人所著;还有人说,玛牧是阿都尔普所著,然而民间传说并无实据可考。木乃热哈认为,从玛牧所反映的彝族社会历史、等级关系、思想观念、辩证法、文明程度、风俗习惯、伦理道德、人生观、价值观等内容来看,传说中的三位作者可能是玛牧形成的收集者、整理者和完善者。根据玛牧的内容,可以判断其产生于凉山彝族地区的兹莫统治时期(大概汉朝时期),而目前发现的最早版本是清朝时期的木刻本。

玛牧以格言、比喻、谚语形式,对不同阶段、不同群体、不同年龄、不同性别的人群分别提出了不同的要求和准则,蕴含大量人生哲理、家庭伦理、社会秩序等观念,是一部贯穿整个生命历程的行为规范和处事准则,也是凉山彝族民间口头文学的典型代表,于2014年11月列入第四批国家级非物质文化遗产代表性项目名录(图3-1)。

图 3-1　玛牧列入国家级非物质文化遗产代表性项目名录的标识牌　　拍摄：作者

第二节　玛牧的基本内容

玛牧在凉山彝族文化中的地位类似于汉民族的"三字经"，而内容比"三字经"还要宽泛得多，包括道德品行、伦理准绳、人际关系、行为规范等诸多方面，内容丰富，与社会生活息息相关，教育遍对象及全社会，同时又针对性强、实用性强。

一、玛牧的主要内容

（一）阐述哲理性的人生规律

玛牧以经典史诗的章节形式，按照彝族男性从小到大、从大到老的年龄线索，分阶段深刻阐述了现实之中富有哲理性的人生规律，如"一轮十三岁，长肉未结实，椎骨未定型，人小心幼稚，马驹踩不稳，人小思玩乐，一日跑九处……二十五六岁，生龙活虎样，随人能跟上，自逃能脱身，我饱以为别人饱，我饿以为别人饿，若智又若愚……"

（二）矛盾论

玛牧揭示了世界上的矛盾无所不在，世间万物皆可对立转化的道理，如"天地之二者，日月相对立，星月来联通，天地便相守；君与民之争，粮谷起

纷争,用马来冲解,君民则相和;亲与戚两家,聘礼伤和气,牛羊来调和,亲戚则相悦……"

(三) 阐述自然规律

玛牧阐述了世间万物皆有自己的生存和生活规律的道理,如"山上有树生长才美丽,沟谷有水流淌才美丽,原野有草碧绿才美丽"。

(四) 阐述社会阶层

玛牧阐述了彝族社会里兹、莫、毕、匠、卓五种社会阶层的基本情况和相应职责,如"为君不开明,臣民四处散""君来毕不迎""呷不学技,铁锤砸膝盖"。

(五) 倡导平等

玛牧提倡人人平等,如"主子靠奴仆,莫要欺奴仆,也莫重主子,主子是个人,奴仆也是人……"

(六) 提倡勤奋致富

玛牧说明了不义之财不要贪的道理,如"人类勤俭好,勤俭会致富;牲畜喂盐好,喂盐会长膘;土地施肥好,施肥会丰收""贪财不成财,贪食不成食,钱财只一天,友谊是一生"。

(七) 强调学习的重要性

玛牧阐述了人需要学习和终身学习的道理,如"年轻时不学,老来空后悔""不懂就要学,不学就不会""知识由学习的人所掌握,牛羊被放牧的人所拥有,粮食被耕作的人所拥有。"

(八) 规劝世人谦虚谨慎

玛牧向世人提出不要骄傲自大、不要盛气凌人的道理,如"不要看不见自己的缺点,只看见别人的错误""不要以为自己最厉害,说不清更厉害的还没有到"。

(九) 倡导文明礼貌

玛牧向世人提倡文明礼貌,如"世间的人们,礼待朋友者,所往朋友多,礼待兹莫者，兹莫器重你，礼待家族者，家族敬重你，礼待亲家者，亲家乐联姻……"

（十）提倡尊老爱幼、团结互助

玛牧讲述了尊老爱幼、勤劳为本、诚实守信、团结友爱的道理，如"不要看不起小孩，小孩会长大；不要只看得起大人，大人会变老。"

（十一）坚决反对偷盗淫贱

玛牧反对偷盗和淫贱行为，如"子孙后代们，儿子莫起偷盗念，女子莫怀私奔心……"

（十二）交友之道

玛牧提出了少树敌、多交友之道，如"朋友多为好，敌人少为益，百友不为多，敌一莫谓少……"

综上所述，玛牧内容涵盖广泛，主要涉及教育学、哲学、政治学、伦理学等，下面我们从以下几个视角展开讨论。

二、玛牧的分析视角

（一）教育学角度

1. 教育对象

从教育学角度观察，玛牧的教育对象包含彝族社会各阶层人士，包括兹、莫、毕、匠、卓。兹是君，对于兹的教育，主要要求其注意随时律己，有居安思危的思想，重视民意，因为水可载舟，亦可覆舟。莫是臣，对于莫的教育，主要强调其应重视学习，博学多才，具备辅佐兹理好政事的能力。毕是祭师，对于毕的教育，主要要求其勤奋苦读，若不学习，经书诵不通，久而久之便会无人问津。匠是匠人，对于匠的教育，主要是要求其通过学习提高技术技能。卓是民，对于卓的教育，也主要强调其只有通过学习才能耕耘收获。彝族先民在长期历史实践中，认识到学习对于知识的形成与积累的重要作用，指出必须学好知识，通过学习、实践，才能获得福运之本。

2. 教育方法

玛牧的教育方法总结而言，即循循善诱、以理取胜，通篇行文像一位慈祥的老人对晚辈述明人生的哲理和经验教训，用通俗易懂的语言讲述诸多人生哲理。玛牧的教育方式主要是道德教育，不是通过强制手段，而是依靠说服、教育、示范和社会舆论加以引导。

3. 教育内容

玛牧的教育内容从自然规律、人生观、事业观、道德观以及矛盾二元论等多角度展开，以男性一生在不同年龄阶段的生理特征和行为特点为主线，运用富有哲理的尔比尔吉概括总结各个年龄阶段应当具备的"德"与"行"，教导规劝人们如何处世待人。

（二）哲学角度

玛牧通篇充满朴素的辩证唯物主义思想，涉及自然规律、社会规律、矛盾论等。其强调一切事物都处在矛盾运动中，矛盾无处不在、无时不有，并论述人类社会和自然界各种事物都有一定的存在形式和规律，揭示物质决定意识、意识反作用于物质的辩证唯物主义观点，赞扬学而知之的唯物主义观点，批判生而知之的唯心主义观点。

（三）政治学角度

玛牧从一定程度上反映了凉山彝族的政治组织形态。例如，玛牧揭示了在古代彝族社会，共有兹、莫、毕、匠、卓五个等级。同时，玛牧提倡平等，反对特权；反对战争，追求和平。

（四）伦理学角度

玛牧是彝族传统伦理道德的经典之作，采用大量格言谚语、尔比尔吉充分阐述伦理道德，体现彝族社会价值取向、道德观念和伦理思想的精神文化内涵。

玛牧文本涵盖文明礼貌、尊老爱幼，凸显对于礼节的重视、对真善美与假恶丑的鉴别；强调与人为善、忠诚老实，指出"善"是一种高尚的美，是一种良好的道德品质，人与人之间应当以诚相待、以善相处；注重团结友爱、相互尊重，重视血缘关系和爱亲之情，相信团结就是胜利的真谛；提倡光明正大、勤俭富家，强调道义，教导人们莫做不义之事，极力倡导勤能致富；特别强调谦虚谨慎、勤奋好学，揭示人类知识智慧源于社会实践和学习的真理，教导人们戒骄戒躁、踏踏实实，不满足于一知半解，不断求学进步。

第三节　玛牧的主要特征

我们可以从不同角度分析玛牧的特征，诸如语言风格、文本结构、内容特征、主题色彩等等。

一、文学诗性特征

从体裁上看，玛牧属于谚语体文本，其语言朴实、明快优美，音节铿锵、朗朗上口，便于记诵。文本创作者采用大量比喻、拟人、夸张、对比、排比等修辞手法，形象生动；文字音韵优美，音、字、词、句按一定规律排列组合形成韵律，首韵、腹韵、尾韵交替组合，悦耳动听，音乐感强，诗歌特征明显；文句语言精练，以简短语言表达对人类社会和自然世界的经验和认识。

二、哲理性特征

玛牧涵盖历史进程、等级关系、思想观念、文明程度、风俗习惯、伦理道德、辩证法、习惯法、世界观、人生观、价值观等丰富的内容，充满唯物主义辩证思想，指出事物处于矛盾、运动、变化、发展之中，应该一分为二看问题，用发展眼光看世界。在反映世间人际关系的同时，也有不少的语句涉及自然规律，要求人们遵从自然规律行事，具有极强的哲理性。

三、分年龄段规范人的行为习惯特征

玛牧的文本结构以年龄为经线、道德情操为纬线，交叉而成。文本以每13个虚岁为一个年龄段，把1至99岁的人生历程分为多个年龄段，论述人生不同时期的不同生理和心理特征，随之提出不同的道德规范和行为准则。

四、宗教特征

玛牧体现了彝族浓厚的宗教意识形态。从自然崇拜到灵魂崇拜，从多神崇拜到图腾崇拜、毕摩信仰，都是彝族先民宗教思想在玛牧中的表达。例如，玛

牧关于女性生育魂的描述，反映了彝族先民的灵魂崇拜；玛牧关于毕摩的内容，体现了彝族先民的原始宗教信仰。

五、社会特征

玛牧内容题材大多与彝族传统社会紧密联系，取材源于社会生活。在玛牧中大量提到的兹、莫、毕、匠、卓，正是彝族传统社会的五个阶层，其分别描述不同阶层的社会分工和行为规范，并通过思想上的原则指导、心理感召、情感熏陶，依靠舆论和习俗的维护，使人们逐渐形成一定的信念和习惯，从而自发地调整人与人、人与社会之间的各种关系。

第四节　玛牧的流布区域

玛牧作为凉山彝族民间文学最为成熟的教育典籍，传播历史悠久，主要通过背诵、口耳相传、手抄木刻等形式流传于使用彝语北部方言的所有彝族聚居区，并以四川凉山彝族自治州北三县①和东五县②为中心，辐射到凉山州内其他各县以及四川甘孜九龙、泸定，四川雅安石棉、汉源，四川乐山峨边、马边，四川攀枝花米易、盐边等地区。

民主改革以前，玛牧主要以口头流传为主，文本流传为辅。自民主改革之后，随着现代化进程加快，彝族聚居区全面开放，彝语的使用日渐边缘化，民众对玛牧的学习热情大为减退，玛牧开始出现传承危机，玛牧流布区域日益缩减，面临濒危境地。目前喜德县是玛牧流传相对较广的区域，尚有民间传承人能够相对完整地口述玛牧的内容。除此之外，凉山州其余各县虽有零星流布，但形势不容乐观。加之玛牧是传统口头文学，在流传过程中，由于传递者能力的差异，久而久之便形成地域差异；同时，由于流传时间久远，在流传过程中传递者不断加入个人思想，使得玛牧在同一流传区域内也略有差异。

---

① 包括喜德县、越西县和甘洛县。
② 包括昭觉县、美姑县、金阳县、雷波县和布拖县。

第五节　玛牧的影响

从古至今，玛牧是凉山彝族社会影响力最大的民间文学典籍，是规范凉山彝族社会内部人际关系、人与自然相处的行为准则和伦理道德指南，堪称指导彝区社会发展的思想武器。

玛牧内容涉及衣食住行、农耕放牧、学习生活、为人处事、行为道德、内涵修养、思想情操等方方面面，在传统彝族社会普及率最高。就一个传统的彝族普通家庭而言，家中不一定都有玛牧文本，但任何一个家庭的家长都会根据家庭实际情况，选择适合的玛牧句段碎片化地教育孩子。所以，在传统彝族社会中成长的小孩从小便耳濡目染玛牧经典。步入现代社会，彝族农村家长对自己孩子的家庭教育或多或少仍有玛牧成分。当代每一个公平公正具有调解纠纷能力的德古，基本都是熟练掌握、运用玛牧的彝族民众，他们的语言、行为、道德思想、为人处事方式都会对周边一定范围的人们产生自然而然的影响。

从玛牧手抄文本流传轨迹来看，在传统彝族社会，只有土司贵族、社会名流得以持有，可见玛牧在凉山彝区统治阶层有着持续、强大的影响力。然而，根据调查，目前流传于民间的各种玛牧手抄文本已经几乎无人传抄，原稿大部分正在经历遗失、损坏和丢弃，只有少量珍贵手抄文本尚存。因此，玛牧的影响力也在一定程度上受到限制。

第六节　玛牧的价值

玛牧作为凉山彝族传统口头文学的重要经典，具有较高的教育价值、道德规范价值和科学研究价值。

一、教育价值

玛牧是凉山彝族人民在长期的生产生活实践中逐渐形成的教育经，其教育形式多种多样，无须固定教育场所和教育时间，其目的在于教化人们改正错误行为，教会人们如何做人。

玛牧的教育内容极其丰富，思想内容贴近彝族人民惯常生活，教育方式符合彝族人民思维习惯。玛牧教育成功的关键,在于它与彝族人民的惯常生活联系紧密,教育源于生活,融于生活。

玛牧汇集彝族先民的思想和经验,以格言、比喻、谚语形式展现,易于传诵,朗朗上口,从小事情讲大道理,深入浅出,具有教化行为、启迪思想的教育价值。

二、道德规范价值

玛牧是一部影响凉山彝族世界观、人生观、价值观形成的教育经典,是凉山彝族社会人与自然、人与人之间关系的行为准则和道德规范。在传统彝族社会中,玛牧代表彝族人民普遍的思想道德尺度,其倡导文明礼貌,提倡尊老爱幼、团结互助,反对偷盗淫贱等,是道德规范价值的体现。

步入现代社会,玛牧的道德规范价值愈加突显。其倡导守诚信、崇正义、尚和合,是调节社会关系的思想保障,也是促进社会和谐、鼓励人们向上向善的强大助力。在社会道德建设中,理应充分展现玛牧重要的道德规范价值。

三、科学研究价值

玛牧作为一部长期流传在彝族民间的口头文学,有着深刻的社会根源和思想渊源。历史上,玛牧维系着彝族社会几千年的社会秩序,在保持彝族社会稳定方面发挥着不可替代的"德治"作用。同时,玛牧影响着彝族民众道德观、人生观、价值观的形成,在社会学、人类学、民族学、哲学等方面具有重要的科学研究价值。

在凉山彝族社会中,重视训世践履是社会认可玛牧的显著特征,① 每一个彝族社会成员都躬身力行,在体化实践与刻写实践中体现玛牧的实践价值。彝族民众的体化实践贯穿于其社会生活,而他们的社会生活也可以分为两部分:一是惯常生活,一是仪式生活,惯常生活和仪式生活共同构成彝族民众全部的社会生活。② 因此,对于玛牧体化实践的探讨,我们将从惯常生活和仪式生活两个部分展开,分别讨论彝族民众的惯常生活、彝族的仪式生活。

---

① 苏克明等. 凉山彝族道德研究 [M]. 成都:四川大学出版社,1997:前言14.
② 巴莫阿依. 大凉山彝族的仪式生活 [J]. 凉山民族研究,1996:131.

第四章 玛牧的体化实践：彝族人的惯常生活

彝族人民的惯常生活是玛牧体化实践的重要组成。这里所指的惯常生活既包括彝族人民的社会交往，也包括其生产生活。玛牧最初来源于对彝族社会零散的生活经验的总结，与彝族人民的惯常生活息息相关，是源于彝族人民生活实践的智慧结晶，体现于彝族人民惯常生活的方方面面。作为玛牧体化实践的重要部分，我们有必要厘清玛牧在彝族人民惯常生活中的记忆媒介、记忆要素、记忆场域及其相应的记忆谜米。许多民族文化记忆都是通过面对面、口耳相传的方式得以传递的，其中，语言是社会记忆产生、保存和流传的重要手段。[①] 彝语言作为彝族人民社会交往、生产生活的重要工具，是玛牧体化实践的重要基础，在玛牧的谜米传递中起着重要的媒介作用。

第一节 彝族人体化实践的基础——彝语言

语言是思想的直接体现，是人类从野蛮时代进入文明时代的显著特征，也是谜米传播的基础。语言是界定一个民族及其边界的文化符号，也是一个民族具有归属感的象征指引。彝语言作为彝族人民社会交往、信息沟通的重要载体，同样承载着彝族这一共同体历史的、现实的一切知识的总和，通过彝族语言的表达，彝族人民鲜明的民族特点得以体现，通过彝族语言的交际，彝族群体特有的世界观得到展现。

彝语属汉藏语系藏缅语族彝语支，分布在云南、四川、贵州三省和广西壮族自治区，共有6大方言区，5个次方言，40多个土语。[②] 使用东部方言的彝

[①] 李波，伍进. 聚居少数民族传统文化的社会记忆载体探析 [J]. 贵州社会科学，2013（8）：46.

[②] 马锦卫. 彝文起源及其发展考论 [M]. 北京：民族出版社，2011：6.

族人民自称尼苏普、聂苏普、呐苏普、果普、阿勒普等,以云南寻甸、禄劝和贵州威宁彝语为代表,有带鼻冠音的浊塞音和浊塞擦音,下分有黔西次方言、滇东北次方言和盘县次方言。使用东南部方言的彝族人民自称尼普、阿西普、阿则普等,以路南、弥勒为代表,语音辅音有清浊,没有前附鼻音和儿化韵。使用西部方言的彝族人民自称剌罗普、弥撒普,以滇西巍山彝语为代表,下分西山土语和东山土语,大理白族自治州巍山彝族自治县是西部方言最大的聚居区。使用南部方言的彝族人民自称尼苏普,以石屏彝语为代表。使用中部方言的彝族人民自称栗扑、剌罗扑、倮罗扑,以大姚彝语为代表,两个土语的辅音基本相同,元音分松紧,有单元音和复元音。使用北部方言的彝族人民自称诺苏,涉及大小凉山及其相邻10余县市,以凉山彝语为代表,辅音有清浊,复辅音有声母,包括圣乍、依诺、田坝、所地等土语。北部方言以两江一河地域基础划分,依诺和田坝土语彝族人民支系几乎全部居住在地波伙依(大渡河)内岸,所地彝族支系居住在阿合史依(金沙江)内岸,圣乍彝族支系居住在雅砻江和安宁河两岸①。依诺土语彝族支系主要生活在"大裤脚"地区,分布于美姑、雷波、竹核、古里、越西申果庄,甘洛斯觉、吉米、普昌,乐山市峨边、马边等地区;圣乍土语彝族支系主要生活在"中裤脚"地区,分布于喜德、盐源、冕宁、木里、昭觉比尔区和新城镇,西昌四合、巴汝、西乡、礼州、盐中和越西大部分地区,甘洛玉田、海棠,丽江市宁蒗、永胜,迪庆香格里拉,甘孜泸定、九龙等地区;所地土语彝族支系主要生活在"小裤脚"地区,分布于布托、普格、德昌、会理、会东、宁南,昭觉俄尔和四开,西昌大兴、大箐、西溪,金阳南瓦、灯厂、对坪,攀枝花米易、盐边,昭通市巧家等地区。②

凉山彝族地区属于北部方言区,北边以大渡河为界,东边和南边以金沙江为界,西边以雅砻江为界,两江一河的自然屏障使凉山彝族聚居区长期处于一种封闭状态,③加之高山大川的阻隔,没有形成共同的标准语,各土语间有一定程度的差异,相互之间沟通交流存在一定的制约。国务院于20世纪80年代在凉山彝族地区推行《彝文规范方案》④,从一定程度上起到良好规范作用。但在彝语使用方面,特别是在惯常生活中,凉山彝族早已习惯使用自己的土

---

① 马尔子. 川西南彝族地区历史概貌及都市化发展途径 [J]. 凉山民族研究, 2002: 2.
② 巴且日火, 陈国光. 凉山彝族习惯法调解纠纷现实案例 [M]. 北京: 中央民族大学出版社, 2012: 5-6.
③ 马尔子. 凉山彝族语言文字及其语言文字自治权面临的困境 [J]. 凉山民族研究, 2007: 100.
④ 《彝文规范方案》以彝语北部方言为基础方言,以喜德语音为标准音。

语，玛牧在凉山彝族人民惯常生活中的体化实践又主要依赖土语践履，各土语间沟通交流的顺畅程度直接影响玛牧在整个凉山彝族地区的谜米传递和训世践履。正因为此，玛牧国家级传承人沙马史体在原版玛牧基础上，增加许多与现代社会息息相关的玛牧教育言语时，仍然慎之又慎：

  我把感觉有价值、有意义的语言记录下来，背诵下来，加以规范，再结合身边的现实问题，创作出经典的语言、教育人的语言。我始终把握一个点：凉山彝语有很多个次方言区，因为发音不同，语言会有一些区别，特别在音调上、具体词语上会有所不同，不同的语言环境中，有些词语意义不同，这里的这个意思到那里也许意思就改变了，所以我特别注意这个问题，用语、用词都顾及整个凉山彝语的语境，把握好全方位，以免闹出笑话来。①

由此可见，语言是人们沟通交流非常重要的媒介载体，作为民族共同体历史的、现实的知识载体，统一标准语在谜米传递过程中显得尤为重要。彝语言是彝族人民体化实践的基础，规范彝语、统一标准音、掌握彝语特点，是玛牧体化实践的权重要素，玛牧在凉山彝族人民惯常生活中的体化实践通过标准彝语这一载体得以实现。

第二节　玛牧的记忆要素

  在社会记忆的体化实践中，惯常生活的零散经验形成数个记忆要素，每一个记忆要素存在一个与之对应的记忆主题，若干类似的记忆谜米共同交织构成一个记忆主题，记忆谜米依靠语言在记忆场域中不断地保持与传递。教育经典玛牧最初源于彝族民众惯常生活零散的生活经验，社会交往、生产生活是玛牧数个记忆要素的溯源，探究玛牧的记忆要素可以理解玛牧记忆谜米的形成，也可以把握彝族人民惯常生活中的记忆主题。

  在惯常生活体化实践中，彝族人民的社会交往、生产生活都蕴含着玛牧的记忆要素，正如传承人沙马史体所说："玛牧语言经典严肃，教育和学习在彝族民间无所不在，玛牧在各种场合都可以讲说，涉及面特别广，讲说的内容也

---

① 引自对玛牧国家级非物质文化遗产传承人沙马史体的访谈记录。

不一样，讲说者会选择适合的内容，根据不同的问题，讲说不同的玛牧，对症下药教育他人。"① 可见，玛牧的记忆要素不仅源于彝族民众的生产生活、社会交往，并且由数个不同的记忆主题构成。

教育经典玛牧是凉山彝族家喻户晓的长篇诗体经典，对其了解程度的多少是凉山彝族用来衡量一个家族或个人修养好坏的标准。② 玛牧教育经典采用教育口吻开篇，"居木的子孙"是教育诗体伊始警句，全篇共提及一百零一次。彝文典籍《勒俄特依》记载：石尔俄特时，生子有三人，石尔俄特一，俄特俄勒二，俄勒却布三。却布育三子，却布居斯绝，却布居尔绝，却布居木有后代。在彝文典籍和家支谱系中，"居木"是人类结束群婚时代之后的第四代子孙，笃慕吾即居木武吾，被凉山彝族确认为自己的一位先祖。根据彝文典籍与传说描述，先祖笃慕吾为躲避泛滥的洪水，率众聚集在今乌蒙山一带，洪水退后，笃慕吾主持祭祀，实行六祖分支，由他的六个儿子分率六部，向不同方向迁徙发展，六部择址定居后，开垦经营、繁衍后代，经过数代发展再次祭祖分支，支系越来越多，各支系逐渐建立起兹、莫、毕、匠、卓的等级结构，形成以父系宗族为核心的政权模式。③ 从记忆要素角度分析，玛牧具有浓厚的时代特征。

一、记忆要素——年岁时段

根据凉山彝族一生之分期，玛牧教育彝族人民"什么年龄做什么事，什么事不能做"④。马长寿先生也曾对凉山彝族一生的分期展开论述："自婴儿出生至三岁终，坐母怀中，吸乳而生，此为随母期。自三岁以长，至十二岁，摘乳哺饭，颠踏而行，此时为玩童期。罗语文男曰阿宜，女曰阿奶。十三至二十五岁，为成年男女期。罗语文男曰达史，女曰息烈。男恋女爱，游猎跳蹴，此其时也。自二十五至三十岁为壮年男女期，罗语文男曰傻烈，女仍曰息烈。结婚生子，参战旅行，此为一生之黄金时代。自三十至五十岁为半老期，罗语文曰提利。五十以往为老年期，罗语文曰髦叟。由年龄言，自二十至三十岁之间，为罗彝一生长幼分期之时。彝谚有云：二十岁犹子女，三十岁始成人。"⑤玛牧

---

① 引自对玛牧国家级非物质文化遗产传承人沙马史体的访谈记录。
② 马尔子. 凉山彝族语言文字及其语言文字自治权面临的困境 [J]. 凉山民族研究，2007：101.
③ 中国彝族通史编委会. 中国彝族通史纲要 [M]. 昆明：云南人民出版社，1993：28.
④ 引自对玛牧国家级非物质文化遗产传承人沙马史体的访谈记录。
⑤ 马长寿. 凉山罗彝考察报告 [M]. 李绍明，周伟洲等整理. 成都：巴蜀书社，2006：373.

根据凉山彝族从出生、成长、成熟至衰老的自然发展规律，细腻描述人从无到有、从出生到衰老的各个年岁时段的生理特征和思想特点，教育人们遵循事物发展规律，在适当的年岁完成应当的事情，透辟凝练，令人印象深刻，如：

> 居木的子孙
> 人生天地间
> 出生一两年
> 慈母怀中抱
> 手抓母胸脯
> 脚随母亲撵
> 时刻伴娘亲①

这一段玛牧意在描述彝族民众随母时段的发展规律，告诉居木的子孙后代们，人出生于天地之间，出生后一两岁时，母亲怀中坐，伸手抓母胸，撵脚随母跑，一刻也离不开母亲。马长寿曾这样描述彝族的随母期，称"罗彝幼时混混沌沌无知无识之时期，生后一岁二岁时，蒙蒙复蠕蠕，于父分辨叫，于母寸步岁，母则怡怡笑，则此随母期之婴儿生活也"②。

除随母期外，玛牧的年岁时段训世还包括彝族的玩童期、成年男女期、壮年男女期、半老期和衰老期，由于篇幅有限，这里不再一一展开叙述。

综上所述，年岁时段在彝族人民的惯常生活中实践性最强，是玛牧重要的记忆要素。

二、记忆要素——农牧生产

汉武帝于元鼎六年（公元前111年）在凉山彝族地区建立越巂、犍为两郡，这一地带的彝族先民在两千年前已经定居下来进入农耕生产生活阶段。③彝谚云："人类不能不吃粮食，不能没有牛羊。"很长一段时期内，凉山彝族的社会生产以犁耕农业和畜牧为主。依随海拔高低、气候和地形特点的不同，凉山犁耕可以分为河谷沟坝、二半山地、高山地三种类型。其中，河谷沟坝、二

---

① 雷波县语言文字工作委员会. 彝族训世经［M］. 北京：中国文联出版社，2013：6.
② 马长寿. 凉山罗彝考察报告［M］. 李绍明，周伟洲等整理. 成都：巴蜀书社，2006：374.
③ 中国西南民族研究学会. 西南民族研究·彝族研究专辑［M］. 成都：四川民族出版社，1987：47.

半山地的水田占全部耕地的7%。海拔2000～2500米的二半山地占全部耕地的63%，只能播种旱地作物。海拔2500米以上的高山地占全部耕地的30%，只能采取零星轮歇耕种的方式，即轮种法，彝语称息田法，如有田三块，一块今年种麦，明年即荒，后年种荞；一块今年种荞，明年即荒，后年种麦；一块今年荒，明年种荞，后年又荒。彝族民众通常将息田法与火田法并行，"冬腊之月，百草俱枯，彝农举山泽而焚之，草禾茎根，皆成灰烬，遂落于田"①。彝族民众采用的耕地工具（图4-1）一般具有适宜坡地粗放耕作的特点。

图4-1　彝族农耕工具　来源：何清

彝语称农事曰"牛拇"，即牛作之意，彝语古称牛曰"勒"，原指祭祀盟约之牛，耕牛及月令之牛月始称牛，形与音皆从汉族，牛遂成为彝农之主要的活的工具。② 彝族山地耕种用黄牛，坝区耕种用水牛，因凉山彝族生活居住地理环境大多处于山地间，黄牛遂受到凉山彝族社会的普遍重视（图4-2）。彝谚有云："黄牛是主人的命根，没有黄牛，农业生产就要下降，耕作落后，就是没有黄牛。"③ 牛对于凉山彝族民众的重要性，在后面章节关于彝族民众纠纷调解赔偿习惯中亦可见一斑。

---

① 马长寿. 凉山罗彝考察报告 [M]. 李绍明，周伟洲等整理. 成都：巴蜀书社，2006：487.
② 马长寿. 凉山罗彝考察报告 [M]. 李绍明，周伟洲等整理. 成都：巴蜀书社，2006：484.
③ 胡庆钧. 凉山彝族奴隶制社会形态 [M]. 北京：中国社会科学出版社，1985：54.

图 4-2　彝族民众的牛耕劳作　来源：何清

"以凉山罗彝今时之生活言，第二种主要生产，当为畜牧。"[①] 彝谚云："汉族计财富以田亩，彝族计财富以牛羊。"畜牧是凉山彝族的又一社会生产力，愈到高山，耕地愈少，畜牧愈为重要，位于海拔 3500—4000 米的高山平原黄茅梗就是著名的高山牧场。马是彝族的重要家畜，马分四等，第一等为贵马，第二等为跑马，第三等为骑马，第四等为驾马；第一、二等用于祭祀、比赛、田猎、战争，第三等用于骑坐，第四等用于运物，故马在凉山彝族社会价值颇高——贵马一匹可易骑马、驾马五匹，骑马一匹可易牛两头，牛一头可易羊七八只。[②] 牲畜中除马受到特别重视外，牛、羊、猪基本是粗放。彝族民众一般在室内设栏为棚圈放牲畜，栏杆相隔，以羊和猪最多。牛、羊、猪不仅可以提供肉和乳，其皮革经过鞣制后还可制成衣履。绵羊毛可用于妇女织衣裙、男子擀披毡。根据海拔和季节，彝族民众牧羊习惯托养：矮山羊户，五月把羊赶上高山，交予高山户代为牧养；高山羊户，九月赶羊下矮山，交予矮山户代为牧养。彝谚云："有羊子不会受穷。"可见，畜牧为凉山彝族保障生活饱暖，在凉山彝族社会传统生产中具有十分突出的重要地位。

正因凉山彝族民众与农牧生产的历史渊源，农牧生产与彝族民众生活的息息相关，玛牧在训世诗体中才会屡有展现，描绘农牧生产场景，揭示农牧生产规律，如：

居木的子孙
畜圈若狭小

[①] 马长寿. 凉山罗彝考察报告 [M]. 李绍明，周伟洲等整理. 成都：巴蜀书社，2006：488.
[②] 马长寿. 凉山罗彝考察报告 [M]. 李绍明，周伟洲等整理. 成都：巴蜀书社，2006：489-490.

母猪系颈绳
土地若狭小
母牛穿鼻绳
山与谷狭小
牧人无坐地
道路若狭窄
骏马也伤心
日月若失常
庄稼难成长①
....
居木的子孙
山地筑埂撒荞麦
平坝筑埂插稻秧②
....
居木的子孙
吃食靠耕牛
穿着靠绵羊③
....
居木的子孙
洋芋适沙土
苦荞宜松土
甜荞适瘦土
适宜只一年④

  其中，我们发现，荞麦这一农作物在玛牧中出现数次，如"山地筑埂撒荞麦""苦荞宜松土""甜荞适瘦土""晒荞不吆鸡""筛荞无废糠"等等。荞麦在凉山彝族社会各类作物中种植历史最为悠久，是维持彝族民众生命、繁衍的主要粮食作物，每逢红白喜事必有荞麦，彝谚有云："人间母亲大，牲畜牛羊大，粮食荞麦大。"荞麦生长期短，能够在贫瘠的酸性土壤中生长，抗逆性强，极

---

① 雷波县语言文字工作委员会. 彝族训世经［M］. 北京：中国文联出版社，2013：4-5.
② 雷波县语言文字工作委员会. 彝族训世经［M］. 北京：中国文联出版社，2013：40.
③ 雷波县语言文字工作委员会. 彝族训世经［M］. 北京：中国文联出版社，2013：46.
④ 雷波县语言文字工作委员会. 彝族训世经［M］. 北京：中国文联出版社，2013：70-71.

耐寒瘠，春夏两季播种，夏秋两季收获。彝文典籍《依博古居》记载：

> 撒种日如下阵雨，种荞七日后，去看荞麦地，成荞成苗头，苗头如楝楝，成荞成中杆，中杆分九枝，成荞成荞根，荞根粗又壮。七日又十三，表姐表妹相伴去，去耗荞麦时，要除阿荷草，阿荷背荞绳，要除蒿草，蒿草伴荞麦，要除去蕨草，蕨草是荞帽。后来，七日又十三，表姐妹相伴割荞麦，镰刀割荞根，荞根齐崭崭，荞麦片片倒，十禾为一束，十七为一簇，立簇红压压，黄荞籽饱满。后来，七日又十三，表哥弟相伴背荞麦，以白皮带作为背荞绳，以披毡作为背荞垫，背至坝子上，族人拿木棍，姻亲拿连枷，木棍断荞秆，连枷断荞中，荞粕荞籽分，粕分抛坝外，籽分坝内堆，荞秆成荞粕，荞粕成荞籽，斗量量荞麦，装在口袋里。用马驮荞麦，驮马成群队，赶马成排排，荞麦装荞囤，荞囤满当当。成公者结籽，成母者开花，荞花遍地开。粮食神灵哟，荞麦上品煮，美食佳肴餐，中间雪白色，有荞拿荞煮，以荞饭祭祀。粮食神灵哟，别人荞麦地埂下，埂下荞麦不成荞，他家荞麦地埂上，埂上荞麦黑压压。粮食神灵哟，与人魂魄相依相伴，永不分离兮。①

可见，荞麦是彝族民众传统生死不离之粮食。彝族民众逢年过节都会以荞麦祭祀诸神，祈福免灾；彝族人生礼仪各个阶段，如出生、满月、换童裙、嫁娶、丧葬等环节也会使用荞麦；彝族接待宾客亦会使用荞麦；此外，在彝族的毕摩仪式活动中，荞麦无时不在，无处不用。可以说，彝族民众在世食荞麦，病时以荞医，逝世带荞去，生死不离荞。② 在彝族传统社会中，荞麦的地位举足轻重，是彝族的粮食神灵、荞麦神灵。

综上所述，农牧生产是凉山彝族重要的生存方式，农牧生产可以解决彝族民众现实的温饱问题。玛牧以诗体形式生动、形象描绘彝族农牧生产场景，揭示农牧生产规律，提纲挈领训导世人。关乎生计的农牧生产在彝族惯常生活中极为重要，是玛牧训导子孙如何生存繁衍的重要记忆要素。

三、记忆要素——姻缘

凉山彝族认为婚姻为宇宙间之自然现象，宇宙现象都是成双配偶，即皆婚

---

① 据毕摩彝文典籍《依博古居》记载的"拉依澈依"段落翻译。
② 参考昭觉县文化局俄比解放《彝族民俗仪式中的荞麦》一文。

姻现象。据《凉山罗彝考察报告》记载：

> 苍苍者天与碧绿之地为宇宙间最伟著的婚姻配偶。白云黑云为其媒翁，将皇天与大地缀合为一体。皇天遣发虹神送下倾盆的大雨即为聘金。山与石为婚偶，所以石居在山岳之怀中。杉松为山石之媒翁，麋鹿即为山送与石之聘礼。河与溪为婚偶，所以山溪终流在河巢。水藻为河溪之媒翁，鱼与蛙即为其聘礼。其他自然物，如泥土、河沙、松杉、青杠、犬羊、虎豹等无一不有婚偶现象。
>
> 人类为宇宙现象之一。人取法乎天，所以远古人类即有婚姻事实。在洪水时代以前，石与雁为婚而生阿姬，雁与黑海婚而生奶倢。如此辗转婚配而生蒲媒年绮。年绮与崖鹰为婚而生尼智哥阿罗。此为荒古史中第一个神人同体之伟大人物。有此伟大人物始有宇宙间之日月星辰。宇宙无人类之时，皇天风之女与地下风为婚，地下风之女与富耶叶为婚，富耶叶之女与红耶叶为婚，红耶叶之女与水中鱼为婚，水中鱼之女与田舍郎为婚，田舍郎之女与雯治国为婚，雯治国之女与天公爵为婚而生雯治子，此为荒古史中第二个神人同体之伟大人物。有此伟大人物始有人世间之十二种生物变化奇迹。
>
> 洪水一降，地上人类尽成为浮尸，仅有觉穆子第三促居在地上最高一山巅。然他犹不忘婚姻，设法与天公爵之女为婚，而始衍生现有地上之人类。①

这是彝族的婚姻观念，他们认为宇宙万物皆有婚配，成双配偶衍生原始人类。彝族的祖宗，从远古到近古，婚配至今，现今世人的姻缘乃取法于天，取法于古人，彝族通过姻缘传衍不息。

彝谚有云："亲还子之债，娶一媳还之，娶媳给子即尽责；子还亲之债，请毕摩祭之，扫祢荐酒即尽孝。"在凉山彝族社会中，子女成年之时，父母期望其在此时成家立业，且为儿子娶媳是父母应尽的责任。成家者若男有室，若女有家。男子娶妻，父母出重金为其娶妇人，分爨而居，自谋衣食，开始独立生活；女子出嫁，由舅舅扶送至夫家，经营衣食，抚育子女，开始主持家政。"立业与兴家之道，始于婚姻。婚姻之礼，父母主之，舅兄送之，罗彝生活中

---

① 马长寿.凉山罗彝考察报告［M］.李绍明，周伟洲等整理.成都：巴蜀书社，2006：404-405.

之家道人道，以此为大。"①

迄至民主改革以前，凉山彝族姻缘关系的建立通常以男女阶级或门第对等为前提，实行严格的等级内婚制，大体以宗族为婚姻单位，同宗族男女禁止婚嫁。"罗彝婚制，由阶级而言，为级内婚制。黑男仅能与黑女相婚，白男仅能与白女相婚……黑彝之中又有有爵、无爵与强弱之分。白彝亦有贫富之分，斯级之中又分小级。"②彝族民众认为姻缘是力量之结合，婚姻常为纵横捭阖的工具，并常常引起社会势力的变化，倘若一强势宗族生四子，四子可联婚等同阶级、等同力量的四异宗族，即姻缘关系将五个宗族的势力联合为一股势力，势力强弱由此改变。女子出嫁亦如此。可见，彝族重视姻缘，利用玛牧教育子孙后代如何妥善处理姻缘关系，不仅在于子孙的繁衍，还在于助力宗族势力的发展。如：

> 居木的子孙
> 姻与亲两家
> 姻为亲之表
> 亲为姻之里③
> ············
> 居木的子孙
> 一对好父母
> 奠定子孙业
> 为儿娶媳妇
> 日好则建房
> 夜好则嫁女
> 婚娶为接代
> 接代红艳艳④
> ············
> 居木的子孙
> 婚娶日子好
> 祈福人丁兴

---

① 马长寿. 凉山罗彝考察报告 [M]. 李绍明，周伟洲等整理. 成都：巴蜀书社，2006：406.
② 马长寿. 凉山罗彝考察报告 [M]. 李绍明，周伟洲等整理. 成都：巴蜀书社，2006：408.
③ 雷波县语言文字工作委员会. 彝族训世经 [M]. 北京：中国文联出版社，2013：6.
④ 雷波县语言文字工作委员会. 彝族训世经 [M]. 北京：中国文联出版社，2013：32—33.

姻亲人丁旺
格菲笑盈盈①
……
居木的子孙
勿计姻亲仇
若计姻亲仇
姻亲变仇敌②
……
居木的子孙
若与姻亲吵
无处来娶妻
夫妻若争吵
没有贴心人③

玛牧训诫子孙后代重视姻缘关系、教育世人如何正确处理姻亲关系，避免姻亲矛盾，期望后世子孙姻亲和谐、姻缘美满、人丁兴旺、世代繁盛。

综上所述，在凉山彝族传统社会中，彝族民众认为姻缘是一种成双配偶的自然现象，承袭于天，取法于古人，通过姻缘的结合可以人丁兴旺、子孙传衍，有时亦可增厚宗族势力。玛牧以教育口吻说明姻缘关系的自有规律，分析姻与亲的关系、姻与亲矛盾的根源，阐述正确处理姻亲关系的方式，避免姻亲矛盾，实现家族和谐兴盛。姻缘地位无可取代，繁衍子孙意义重大。在彝族民众惯常生活中，姻亲关系占比较重，因此可以认为，姻缘是玛牧教育世人重要的记忆要素。

四、记忆要素——地缘

彝族是山居民族，由于地形地貌制约，彝族民众一般散居在二半山，在一固定的土地之上聚族而居，形成一个附于地域的居住村落。彝族村落的分布特点是大分散、小聚居，村落大则二三十户人家，小则三五户人家。村落住户有

---

① 雷波县语言文字工作委员会. 彝族训世经［M］. 北京：中国文联出版社，2013：35.
② 雷波县语言文字工作委员会. 彝族训世经［M］. 北京：中国文联出版社，2013：27.
③ 雷波县语言文字工作委员会. 彝族训世经［M］. 北京：中国文联出版社，2013：48-49.

时为一宗族，有时为两个以上宗族，族聚有多时，可至十余家宗族，相互之间交错杂居。彝族民众平时忙于劳作，加之地理环境限制，相互往来以地域近邻为主，地缘关系较为明显，彝谚有云"邻居便是家支，同路便是朋友"，正是这和紧密地缘关系的见证。然而，彝族形成之初，地缘关系并非都是如此和谐，马长寿先生曾有记载："区域社会之邻宗族，因历史过程不同之故，彼此之疆界牧场，厘然有分。罗彝邻封二族，常因争界争牧场之由，互生冲突。同一村落中的诸黑族，恩怨异致，好恶不一。若为相婚者，则代代亲善，世为婚姻，二族人民遂亦永久共居一地，共生共荣，成为区域上的兄弟之邦，芳邻永缔。若为相仇者，彼此又毫无战争合作关系，二族可日兴干戈，永无止息。"①战争不息或和平相处，直接决定彝族民众的生活状态。迄至民主改革以前，居住于山地环境的彝族比较依赖地缘关系，邻里关系和谐是其地域近邻的相处准则。彝谚云"远亲不如近邻"，恰恰说明邻里关系在彝族民众惯常生活中的重要性。故而，劝诫邻里和睦相处，正确处理邻里矛盾，是玛牧教育世人的又一思想，如：

> 居木的子孙
> 勿打邻家狗
> 打狗伤主面②
> ············
> 居木的子孙
> 不交近处友
> 四邻不安稳③
> ············
> 居木的子孙
> 若与邻居闹
> 没有解愁人④

玛牧教育子孙后代不能轻视邻居，不要与邻里发生争斗，应当清楚认识邻

---

① 马长寿. 凉山罗彝考察报告[M]. 李绍明，周伟洲等整理. 成都：巴蜀书社，2006：262－263.
② 雷波县语言文字工作委员会. 彝族训世经[M]. 北京：中国文联出版社，2013：7.
③ 雷波县语言文字工作委员会. 彝族训世经[M]. 北京：中国文联出版社，2013：43.
④ 雷波县语言文字工作委员会. 彝族训世经[M]. 北京：中国文联出版社，2013：49.

里关系,强调邻里关系的重要性。

综上所述,地缘邻里是凉山彝族传统社会的又一重要关系,地缘关系在某种程度上决定着凉山彝族的生存状态,战争或和平,取决于地缘关系的相处之道。玛牧教育子孙后代,应当重视地缘邻里关系,提倡地缘邻里和谐共处,揭示地缘关系相处之道,训诫子孙应当与邻里互为表里、互敬互助,共谋发展。在彝族民众的惯常生活中,特别是对于居住在二半山、高山地域的彝族,地缘关系非常重要,"远亲不如近邻"体现得尤为明显。玛牧揭示邻里关系的重要性,倡导邻里和谐相处,其本质在于为世人营造一个良好的生存状态。因此,地缘是玛牧教育世人正确处理邻里关系的重要的记忆要素。

五、记忆要素——人缘

凉山彝族常以对玛牧的熟知程度来衡量一个家族或个人的修养水平。彝族的玛牧类似于汉民族的"三字经",强调学习、勤俭的重要性,道德情操的规范性,为人处世的原则性。玛牧包含大量有关个人修养、为人处事的规范准则,其中,个人修养能够决定一个人的品行,品行好坏影响他人的看法,这是人缘的一个方面;另一方面,为人处世能够决定一个人人缘的好坏。因此,玛牧在个人修养、为人处世方面的训世教育,能够提高个人的品德修养,营造良好的人际关系,促进人与人之间的和谐共生,如:

> 居木的子孙
> 庸者无不吃
> 能者无不学①
> ……
> 后世子孙们
> 人若会处事
> 嘴巴如幺儿
> 若不会处事
> 口舌生仇敌②
> ……

---

① 雷波县语言文字工作委员会. 彝族训世经 [M]. 北京:中国文联出版社,2013:10.
② 雷波县语言文字工作委员会. 彝族训世经 [M]. 北京:中国文联出版社,2013:11—12.

居木的子孙
做人需勤俭
勤俭能致富①
············

后世子孙们
男子勿偷盗
女子勿私奔
人格丧失后
男子损名誉
女子背恶名②
············

居木的子孙
朋友多就好
敌人少才好
百友不算多
独敌不算少③
············

后世子孙们
恶语勿向友
恶语若向友
一日弃朋友
十日无朋友④
············

居木的子孙
我来护朋友
朋友来指路⑤

玛牧教育后人培养良好个人修养，指出与世人交往的处事准则，引导其多

---

① 雷波县语言文字工作委员会. 彝族训世经 [M]. 北京：中国文联出版社，2013：13.
② 雷波县语言文字工作委员会. 彝族训世经 [M]. 北京：中国文联出版社，2013：14—15.
③ 雷波县语言文字工作委员会. 彝族训世经 [M]. 北京：中国文联出版社，2013：19.
④ 雷波县语言文字工作委员会. 彝族训世经 [M]. 北京：中国文联出版社，2013：43.
⑤ 雷波县语言文字工作委员会. 彝族训世经 [M]. 北京：中国文联出版社，2013：56—57.

交朋友、广结善缘。彝语有云:"在家敬亲,出门交友。"彝族民众观念中的朋友,指同辈中亲戚与非亲戚之志同道合者。朋友在彝族民众的惯常生活中甚为重要,玛牧提倡交友、力戒树敌,告诫世人交友的禁忌,揭示朋友这一人际关系的相处之道为应当相互尊重、真诚礼待,钱财只一时,朋友是一生。在待人接物中,推崇心灵美、语言美、行为美,提倡与人交往互谅互让、宽厚待人,培养彝族民众真善美与假恶丑的爱憎观。

综上所述,在凉山彝族传统社会中,彝族民众非常重视个人修养的培养,为人处世是否得当,尤其尊重品德修养好、善于为人处世之人。玛牧以教育规范的语言告诫子孙热爱学习,善于说话,勤俭持家,坦诚守信,不做庸人,有谋有略,注重伦理道德,修身养性,努力提高个人修养,同时传授为人处世之道,如与人交往大方待客,懂得团结协商,广结朋友,重视友情,建立可信、可赖的人缘关系。在彝族民众的惯常生活中,人缘是其生活的必要组成,人缘的好坏既依赖于个人修养的高低,又依赖于为人处世的技巧,个人修养和为人处事是良好人缘的前提条件。因此,重视人缘教育显得尤为重要,人缘是玛牧教育世人的重要的记忆要素。

第三节　玛牧的记忆场域

社会记忆的要素在其场域中形成诸多社会记忆谜米,这些社会记忆谜米通过社会记忆场域保持与传递。玛牧的记忆要素同样在社会记忆场域中形成诸多玛牧记忆谜米,通过社会记忆场域保持与传递。通常,一个社会记忆有着一个或多个记忆场域,社会记忆场域不同,社会记忆谜米也会随之有所不同,这与社会记忆的要素或社会记忆的主题不无关系。在上面的章节中,笔者讨论了玛牧中年岁时段、农牧生产、血缘、姻缘、地缘、人缘等记忆要素,它们共同构成玛牧的诸多记忆主题。且从记忆主题构成来看,玛牧的记忆谜米呈现多样性。玛牧的记忆场域不止一个,而是多个记忆场域共同组合而成,是保持和传递玛牧各种记忆谜米的所有场域之和。

玛牧国家级传承人沙马史体曾经讲述他学习玛牧的经历:"在老人去世的地方、举办婚礼的地方、调解纠纷的地方,老前辈们在说玛牧的时候,我就会下意识地把它们学回来,背诵下来,写在纸上或者香烟盒子上学习。"① 可见,

---

① 引自对玛牧国家级非物质文化遗产传承人沙马史体的访谈记录。

玛牧的记忆场域，时为场合，如在婚筵时、在祭祢时、在集会时；时为地点，如在烈日柴堆上，在豆棚瓜架下，在围坐锅庄边。马长寿曾这样描述记忆谜米的传递："罗彝少年无事之时，攒围着有经验的老人，听取各种有用的格言。"① 这里没有限定场域，在探亲访友时，在参加婚礼时，或在参与祭祀时，等等，因此，玛牧的记忆谜米时常在相对不固定的场域保持与传递。

在凉山彝族社会，相对固定的记忆场域只有一个——火塘。火塘建造在彝族民众家中，是每个彝族家庭主房的重要组成，由三块锅庄石、三块弧形石板和一个圆土坑组成（图4-3）。马长寿曾这样描述称："罗彝室内主要之陈设则为石锅庄三个，罗彝称为'锅磉'。"②

彝家火塘，一般在主体房修建完工后，择日设计制作，设于堂屋的上方。火塘土坑，彝语称"嘎库"，直径两尺，三块锅庄石分别确定在土坑三个特定点，上方的锅庄石靠近彝屋的顶梁柱，另两个锅庄石一左一右设立于下方，三个锅庄石之间基本等距离，形成一个等边三角形的空间，锅庄石的下端必须牢牢砌筑在土坑里，用三块弧形石板填筑于三个锅庄石各侧以夹紧固定。制作火塘的石料不能选择顽石，因其在烧火时会发生炸裂，而应选择易碎不坚的石头，彝语称为"尔素"，这种石料不会炸裂，貌似柔绵却越烧越坚。讲究的彝家，一般会设置现代火塘，其制作精美、造型独特、石刻精湛（图4-4、图4-5）。

图4-3　传统彝家火塘　来源：吉伍依作

---

① 马长寿. 凉山罗彝考察报告 [M]. 李绍明，周伟洲等整理. 成都：巴蜀书社，2006：381.
② 马长寿. 凉山罗彝考察报告 [M]. 李绍明，周伟洲等整理. 成都：巴蜀书社，2006：147.

马长寿曾这样描述火塘对于彝族民众的重要性:"每一家庭之成立以一住宅及一锅庄为其重要标志。住宅所以安寝,锅庄为烹饪、团聚及招待宾客之所在。尤其是锅庄所在之火塘建筑富有充分的社会意义。火塘建筑之后,便表明此一对青年夫妇业已成家立业。男女双方之兄弟姐妹朋友来此算是宾客,即男子之父母来到火塘,亦坐在宾位的'嘎拉得觉'之上,成为嘉宾。"① 可以看出,火塘在彝族家庭中占据核心位置,火塘与彝族民众的生活息息相关。

火塘在彝族社会生活中的特殊地位最初源于彝族对火的崇拜。崇火习俗与彝族民众的日常生产、生活密不可分。凉山彝族大多居住在二半山、高寒山区,气温偏低、昼夜寒冷的生存环境使得火成为彝族生命中不可或缺的组成,取火化腥臊、燃火驱寒潮。彝族赖以生存的农业生产,主要是砍倒树木焚烧以取灰肥的火耕耕作。彝谚云:"人不出门不出名,火不烧地地不肥。"彝族采集狩猎需要火,放牧牛羊马群时也需要燃起篝火取暖、炙热食物、驱赶兽群。火最初是彝族民众赖以生存和发展的自然物,后来逐渐又衍生出诸多功能,彝族认为火是神圣的,是纯净的,是具有人性的,因而崇尚火。火塘对于彝族民众的日常生活也极为重要,主要用于烧、煮食物和烤火取暖。在火塘里烧熟肉食、荞馍和土豆等食物,三个锅庄石支撑一个大铁锅烹煮各种食物,是彝族的餐饮习俗,同时也成就了火塘在家庭生活、社会交往、宗教活动中的中心地位(图 4-6)。

图 4-4　现代彝家火塘　　拍摄:作者

---

① 马长寿. 凉山罗彝考察报告 [M]. 李绍明,周伟洲等整理. 成都:巴蜀书社,2006:257-258.

第四章　玛牧的体化实践：彝族人的惯常生活

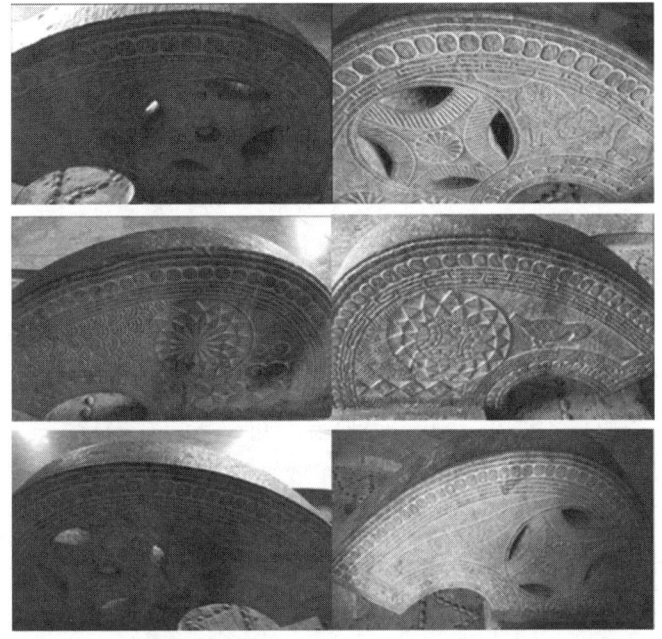

图 4-5　现代火塘锅庄石的各种石刻造型　拍摄：作者

图 4-6　喜德县公园火塘雕塑　拍摄：作者

火塘是彝族家庭的中心，一旦落成，屋内各个方位就以火塘为中心，有了各自的名称和空间。[①] 彝谚有云："三个锅庄石都若有所思，上方的把握全家的大局，左方的思索屋内的细节，右方的思考待客的方略。"火塘的上方称

---

① 参见吉伍依作. 彝人的火塘习俗［J］. 看凉山，2016 年第 4 期.

"嘎哈",上方锅庄石与左侧锅庄石之间所对应的空间称为"里摩得觉",这是彝家招待宾客时主人的位置;上方锅庄石与右侧锅庄石之间所对应的空间称为"嘎拉得觉",这是客人的位置;左右两个锅庄石所对应的空间称为"嘎基",这是生火、做饭等活动的空间。当彝家招待宾客时,男主人一般坐在上方锅庄石的左侧即"里摩得觉",与客人发烟、斟酒、聊天,女主人坐在下左方锅庄石旁烧火做饭,其余主家成员都坐在男主人和女主人之间的"里摩得觉"空间;客人当中最德高望重者会被迎请到上方锅庄石右侧的"嘎拉得觉",其余客人依次在"嘎拉得觉"空间落座。彝家火塘的空间分布有着严格的规定,主客双方都应按照习俗规矩行事。

彝谚语:"生于火塘边,死于火堆上。"可以看出,彝族与火、火塘的"生死之交"[①]。彝族民众白天都会出门劳作或放牧,早晚才是家人团聚的时刻,茶余饭后,一家人围坐于火塘,或安排农事、捻线缝衣,或教育孩子学习民歌民谣、民间器乐、民间文学,古老离奇的神话、富于哲理的教育、追根溯源的长诗都在烟火缭绕中款款而叙(图4-7)。

图4-7 记忆场域——火塘 来源:邹森 白新华

马长寿曾这样写道:"傍晚时,父子兄弟共围坐一熊熊之火在对酌。此时,其父又特将樽俎之仪,宾客之礼,奠祭之法,陈述于子弟,即家乘家谱,以及先民的荣誉战争与劳苦徙殖等故事,亦在此酒酣耳熟之际,背诵出来,滔滔不

---

① 凉山彝族奴隶社会博物馆. 千年凉山——散落在羊皮卷中的文明[M]. 成都,四川文艺出版社,2004:102.

绝。子弟听取此种报告之后，并不敢等闲观之，更不敢非笑，而须庄严地听，听而后作。"① 勒俄特依传承人也如此说道："火塘是彝族家庭文化的核心，地点相对固定。白天放牧的、劳动的，各自忙，只有早晚才有共同时间一起坐下来。在农村，民间故事、玛牧、勒俄、民谣、谈论农事、规划生产等都是在火塘边传承下来的。教育人、表扬人也是在火塘边；夫妻之间商量事情也是在火塘边。"② 此外，在彝族婚丧嫁娶的各种场合，主客双方还会坐在火塘边对应的空间内展开民歌对唱、玛牧演说、克智论辩、史诗说唱等活动，活动往往要分胜负、定输赢，胜者无限荣光，树立优秀榜样，自然形成一个相互学习、共同进步的社会记忆场域。

综上所述，可以得出结论：火塘是彝族家庭的核心，是彝族重要且相对固定的社会记忆场域。诸多记忆谜米在这一记忆场域保持和传递，构成凉山彝族的火塘文化。玛牧记忆谜米通过火塘这一记忆场域保持和传递，根据场合、人物的不同，记忆谜米的传递方式也会有所不同。笔者将在下节展开讨论。

第四节 玛牧的记忆谜米及其传递

一、玛牧的记忆谜米

在彝族民众的惯常生活中，玛牧的记忆谜米是其记忆要素在社会记忆场域中保持和传递的符号系统。玛牧记忆谜米依赖于彝族语言的发音、声调在社会记忆场域中保持和传递，是玛牧记忆要素在彝族语言中谜米元素的具体展现，无数个主题相似的玛牧记忆谜米共同构成一个玛牧记忆要素。根据玛牧的记忆要素分类，玛牧的记忆谜米分为"年岁时段""农牧生产""血缘""姻缘""地缘""人缘""等级分层"等主题单元。

二、玛牧的谜米传递

谜米的传递是从一个人的大脑复制到另一个人大脑的过程，是一个人模仿

---

① 马长寿. 凉山罗彝考察报告[M]. 李绍明，周伟洲等整理. 成都：巴蜀书社，2006：381.
② 引自对勒俄特依传承人的访谈记录，该传承人不仅精通勒俄特依，也通晓玛牧特依，还是一位有名的德古。

另一个人的过程。在彝族社会生活中，玛牧的记忆谜米根据不同的记忆主题，在不同的记忆场域得以保持与传递。玛牧记忆谜米通过语言、教导、观念、行为等方式传递，但在玛牧所有的记忆谜米中，只有紧随时代发展、与彝族民众生活紧密结合的记忆谜米才能得到有效传递。熟识彝族经典的老人前辈将玛牧传抄在皮纸、布帛上，时常读、背给晚辈后生们听，习之即久，有的就能背诵和理解。从谜米传递角度看，能够被背诵、理解的玛牧记忆谜米，属于有效谜米。

玛牧的谜米传递渗透于彝族民众的日常生活中，彝语北部方言区的每个彝族家庭都会通过口传心授或多或少地传递玛牧的记忆谜米。每个家庭通过家庭生活口传心授实际生产生活经验的过程，同时也是玛牧的谜米传递过程。除了家庭生活，玛牧的记忆谜米还在社会生活中通过各种社会活动形式传递。在社会生活中，据《华阳国志·南中志》记载："夷中有桀黠能言议屈服种人者，谓之'耆老'，便为主；论议好譬喻物，谓之'夷经'；今南人言论，虽学者亦半引'夷经'。"彝族中的长者或智者根据不同的场域和不同的对象，寓情于景，信手拈来玛牧的精彩篇章或段落，言之有理，口若悬河，这种别开生面的公开演讲，教育在场所有彝族，以此规范教育社会成员，促进社会成员自觉遵守社会道德和行为规范。

总体来说，玛牧的记忆谜米主要有三种传递方式：第一种是纵向传递，由父母向子女传递，在一个彝族家庭内部进行。第二种是侧向传递，发生于叔侄之类关系中，在彝族一个家支或几个家支间的斜线传递。第三种是横向传递，发生于同辈群体之间，在彝族一个家支、几个家支甚至整个彝族社会中进行。无论在何种传递方式中，人们皆倾向于模仿最优秀者。

在彝族传统社会中，因生活的地理环境、社会的缓慢变化，尽管纵向传递、侧向传递、横向传递同时存在，谜米传递的主要方式还是以纵向为主。传统彝族社会信奉"自己的孩子自己不教，处处为难"的教育信条，非常重视家庭教育，即父母对子女的教育。玛牧记载："谨遵父母教，父教如铁钉，母育如墨迹，不听父亲言，要涉十条沟，不从母亲语，要历五条谷。"[①] 一个小家庭内部，子女从小感受父母的言传身教，接受他们伦理道德、玛牧哲理、生产技能、文化知识、社会能力的教诲。父母将玛牧记忆谜米纵线传递给子女，子女长大成人后为人父为人母时，又将玛牧记忆谜米纵线传递给自己的子女，如此反复，玛牧记忆谜米得以代代相传。勒俄特依传承人在讲述其学习玛牧开端

---

① 雷波县语言文字工作委员会. 彝族训世经［M］. 北京：中国文联出版社，2013：63.

时,这样说道:"父亲那儿有一个古彝文的玛牧手抄本,他将手抄本传给了我,我学习玛牧,是从自学古彝文开始的。"① 上述描述的经历发生于 20 世纪 60 年代的凉山彝族社会,该传承人学习玛牧的过程属于父亲的纵向传递,恰好是玛牧记忆谜米纵向传递的例证。

随着彝族社会从传统走向现代,彝族民众的生活方式开始发生变化,凉山彝族年轻一代的劳务输出开始成为其家庭主要的经济来源,随之能够接受玛牧教育的对象数量也逐年递减,久而久之,整个彝族社会只有为数不多者通晓玛牧。在一个小家庭内部,父母懂得玛牧者越来越少,此时,玛牧谜米传递的主要方式也发生着潜移默化的改变:一个小家庭内部的纵向传递开始衰退,零星散落于彝族各个家支的玛牧精通者开始在谜米传递过程中发挥重要作用,诸如叔侄关系之类的斜线传递开始占据主导地位,谜米传递的主要方式转而以侧向为主。同时,彝族民众喜欢集会,时常三五人聚集一起,边饮酒边聊天,阅历深厚长者发言时,典故、哲理、传说、神话娓娓道来,生动诙谐,晚辈在旁仔细聆听,学习受教。② 时逢彝族民众开展社会活动,交流感情之余,正是增长知识之际。长者教育、社会教育也成为谜米传递的主力军:

> 我是旧社会就知道一点玛牧的,我的舅舅是专门手抄玛牧的,舅舅抄了一份给我,那时我还没有读书。当时舅舅教我,把字认识了之后,还要给我解释意思,这是 1956 年以前的事。③

非物质文化遗产玛牧申报人吉伍依作也讲述道:"我小时候从叔叔那里听到过玛牧,也看见过大伯边念玛牧边看手抄本,大伯还时常拖着一种哼唱腔调学习玛牧、背诵玛牧。"④ 吉伍依作描述的场景发生于 20 世纪七八十年代的凉山彝族社会,可见叔侄关系等侧向传递的谜米传递趋势已比较明显。

伴随科学技术的迅猛发展,文化交流的日益频繁,在现代彝族社会中,彝族民众可以从更多渠道诸如电视、广播、报纸、网络等,获取新知识、新观念,趋于横向的谜米传递快速而有效,迅速占据谜米传递的主导地位。然而,玛牧这类传统民族文化的记忆谜米并没有成为现代彝族社会信息横向传递的主角,以玛牧为代表的传统文化记忆谜米正在被其他与传统社会不同的现代谜米

---

① 引自对勒俄特依传承人吉伍作曲的访谈记录,该传承人 65 岁左右。
② 关荣华. 四川少数民族传统文化与教育 [M]. 成都:四川大学出版社,1997:102.
③ 引自对德古阿莫沙马尔铁的访谈记录。
④ 引自对非物质文化遗产玛牧申报人吉伍依作的访谈记录,吉伍依作老师 40 余岁。

淹没。这是玛牧记忆谜米在谜米传递过程中的危险信号，也是玛牧这类传统文化濒临绝迹的重要原因。纵向传递、侧向传递越来越让位于更加快速的横向传递，在这一背景下，如何好好利用横向传递的优势，促使玛牧记忆谜米成为现代社会横向传递的谜米主角，是本书研究的重点之一。

本章从社会记忆体化实践角度，探讨社会记忆如何通过体化实践得以保持和传递。以彝族语言为媒介的玛牧体化实践贯穿于彝族民众惯常生活的方方面面，其中年岁时段、农牧生产、血缘、姻缘、地缘、人缘这些与彝族民众生活息息相关的主题成为玛牧体化实践的记忆要素，对应着不同的记忆场域，在不同记忆场域内，类似的玛牧记忆谜米围绕同一主题在相应的记忆场域内保持和传递。

记忆场域是社会记忆保持和传递的重要空间载体。记忆场域不仅见证变迁中的社会记忆，还持续提供社会交往的渠道。[①] 传统社会的每个成员都是社会记忆保持和传递的认同者。在特定记忆场域内，他们成长的过程就是社会记忆保持和传递的过程。

在彝族民众的惯常生活中，玛牧的记忆谜米通常是个人传递给个人的谜米传递方式。尽管日常生活中个人模仿个人的谜米传递较为频繁，但传递形式比较单一，多为一对一传递，且传递内容较少、传递范围有限。事实上，在彝族民众的日常生活中，除了惯常生活之外，仪式生活也是其重要组成。本书第五章将对彝族民众的仪式生活展开讨论。

---

① 李波，伍进. 聚居少数民族传统文化的社会记忆载体探析 [J]. 贵州社会科学，2013 (8)：48.

第五章　玛牧的体化实践：彝族人的仪式生活

彝族人民的体化实践贯穿于彝族的社会生活，玛牧的体化实践同样贯穿于其中。彝族的社会生活可以分为两个部分，一是惯常生活，二是仪式生活。因此，彝族的仪式生活也是玛牧体化实践的重要组成。彝族的仪式生活丰富多彩，主要分为四类：人生仪式、社会仪式、生产仪式和宗教仪式。① 人生仪式是彝族民众在个人生命旅程各个关节点举行的，如换童裙仪式、结婚仪式等；社会仪式是有关社会事务的仪式，如宣誓仪式、调解仪式等；生产仪式是与生计生产有关的仪式，如求雨祈丰收仪式、剪羊毛仪式等；宗教仪式是处理人与神鬼关系的行为仪式，具有祭祖祀神、招魂治病、驱鬼除秽的功能，如祭祖仪式、清洁仪式等。在彝族众多的仪式生活中，结婚仪式和调解仪式是玛牧记忆谜米得以保持和传递的重要仪式。作为玛牧体化实践的重要场域，笔者将在本章以婚礼和纠纷场域为例，着重讨论玛牧记忆谜米在仪式场域的保持和传递。

第一节　仪式与谜米

一、彝族的仪式

"仪式"一词作为专门术语于19世纪出现，是按计划进行的或即兴创作的一种展演，通过展演形成日常生活到另一种关联的转换。

仪式是现场的、直接的，通过人们的亲身参与传承社会记忆，属于典型的

---

① 巴莫阿依. 凉山彝族山民的仪式生活［J］. 民族艺术，2003（2）：6—14.

体化实践。① 根据社会学家贝格森（Albert Bergesen）对仪式层次的划分，在这里，笔者所探讨的彝族仪式生活中的结婚仪式和调解仪式，是与日常生活区别开来的集体性的仪式活动，属于大型层次仪式的范畴。

如果说，生活是彝族民众为了生存和发展进行的活动，那么彝族的仪式生活就是他们争取生存和发展的一种活动形式。彝族的仪式通过特定的时间和空间聚合一定范围的彝族民众，形成个人与个人、个人与群体、群体与群体之间的互动，是社会聚合、人际交往的重要场域。在这个过程中，仪式不仅储藏着民族文化，而且传递着民族文化。

二、仪式场域与谜米传递

康纳顿认为，仪式是一种操演语言，是一种形式化的语言。② 彝族的仪式操演过程就是一个谜米传递的过程。彝族的仪式包含彝族传统文化的各种样式，其中，史诗、传说、格言、谚语等民间文学以各种口头文学式样在仪式场域中操演、传递。仪式中穿插了彝族民众乐于接受的谜米传递形式，可以激发他们参与仪式的热情，以更好地相互模仿、口耳相传。这一动态的谜米传递过程中，彝族民众不仅乐在其中，而且能够产生强烈的认同感和归属感。例如，彝族民众在婚丧嫁娶、重大节日等人群聚集场合，都要举行主客双方对抗赛说，赛说内容主要包括天文历法、玛牧哲理、历史典故等，在这一过程中，记忆谜米通过仪式的聚会场合、赛说形式在仪式场域中得以保持和传递。

玛牧记忆谜米在彝族民众惯常生活中多为一对一传递，如图5-1。在彝族民众惯常生活中，通常是个人与个人的生活接触，玛牧记忆谜米通过一个人传递给另一个人。这种传递关系是相互的，形成谜米传递的自然互补。而与彝族民众的惯常生活不同，在彝族仪式生活中，根据其仪式特点，玛牧记忆谜米在彝族仪式生活中多为一对多、多对多传递，如图5-2。彝族民众的仪式生活，一般规模较大、参与人数众多，在一个仪式场域内，通常只有德高望重的彝族民众才能在仪式场域内开启谜米传递，绝大部分彝族民众都是以个人身份成为谜米的被传递者或谜米接收者。一般来说，一个仪式场域只有一个仪式主题，围绕仪式主题，记忆谜米在仪式场域内保持与传递。谜米传递者可能是一

---

① 石奕龙，谢菲. 客家婚礼饮食行为的社会记忆与象征隐喻——以广西博白县大安村为例 [J]. 中南民族大学学报（人文社会科学版），2013（4）：31.

② Connerton, P. How Societies Remember [M]. London: Combridge University Press, 1989.

位德高望重者，面对无数的个人传递记忆谜米；也可能是两位或两位以上德高望重者，他们同时面对无数的个人，结合仪式主题，交替间断地传递记忆谜米。从开始到结束，德高望重者在仪式场域交替不断地传递着记忆谜米，整个仪式场域充盈着谜米主题，每个个人都在仪式场域中或主动或被动地接收着记忆谜米，因此，仪式场域是谜米得以大量传递、广泛传递的记忆场域。

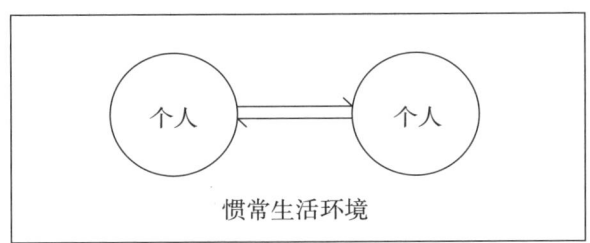

图 5－1　惯常生活的谜米传递

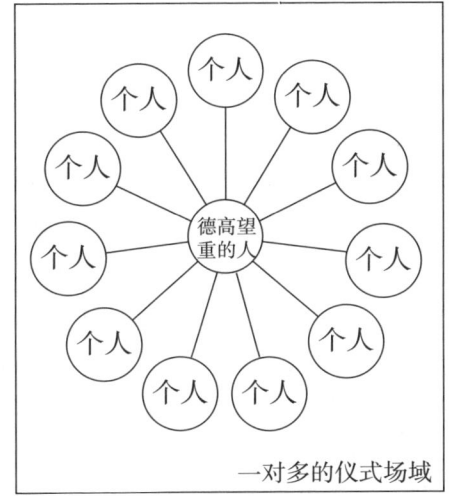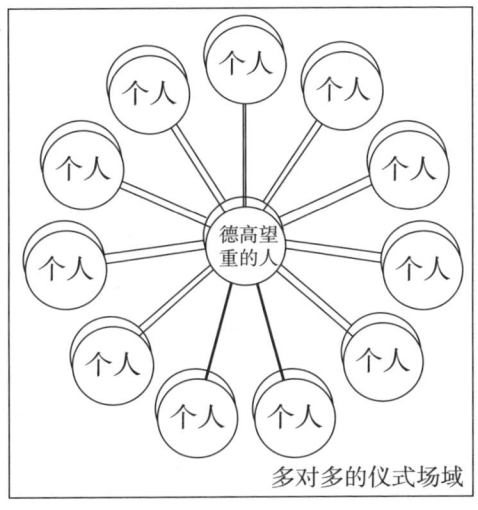

图 5－2　仪式生活的谜米传递

此外，仪式的谜米传递具有重复特点。彝族仪式举行频繁，同样的记忆谜米在仪式中反复传递，使彝族民众在潜移默化中有意无意、主动被动地认识和熟知记忆谜米。

综上，彝族民众的仪式生活是谜米保持与传递的重要展现载体，仪式场域是社会记忆得以保持和传递的重要记忆场域。

第二节 结婚仪式与玛牧记忆谜米

结婚仪式是仪式生活中重要的人生礼仪,彝族的结婚仪式同时也是记忆谜米得以保持与传递的重要仪式载体。玛牧记忆谜米在彝族结婚仪式场域的保持与传递,正是对主体社会角色权利与义务的教化与规范。

一、彝族的结婚仪式

彝族的婚礼是一个有礼有序的仪式过程,传统结婚仪式通常包括通媒、会亲、致聘、嫁女、娶媳、款宾、露面礼、歌与戏、新妇入室礼、回门与当家等环节,需要持续相当一段时间。

(一) 通媒

在彝族婚姻原始时代,孤纥与曲聂通婚,有赖于臣仆富嘿,后来世人便以富嘿为媒妁之名,又叫婚中间人。媒妁是彝族婚礼中不可少之角色,彝谚有云:"婚礼之有媒妁,亦犹交易之有中人。"① 媒妁没有男女性别之分,可以一人,也可以两人,一般主要是由男女方非直系亲属充当。媒妁的身份通常要与男女双方家长的身份相当,否则身份低的人轻言微,身份高的不屑为之。媒妁主要在于说亲与论聘。例如阿碌家子愿娶马家女为妻,男家要首先请一个媒妁,以酒水招待,然后请媒妁到女家说亲,女家同样以酒水招待,酒间谈及婚事。女家如果有意结亲,就会请毕摩推年占卜,倘若年命合,便开始谈论聘金,聘金的讨论可以来回三次,否则说亲不成。倘若聘金既定,双方家人会亲。

(二) 会亲

媒妁论定婚姻聘金以后,即约男女两家相互拜会,表示婚约告成,婚姻已定。择日,男家选同族二至三人与媒妁一道至女家,女家宰猪一只,盛酒款待。另日,女家也选同族二至三人与媒妁一道回拜,男家也以酒肉款待。至

---

① 马长寿. 凉山罗彝考察报告 [M]. 李绍明,周伟洲等整理. 成都:巴蜀书社,2006:413.

此，两家确定为姻亲，可以择期致聘。

（三）致聘

彝族把致聘称为送财币。择日，男家将议定聘金的一部分送至女家，媒妁一同前往。聘礼有酒、蜜、金银、牛羊，女家受礼，并以酒肉款待，但不回礼。传说古代孤纥、曲聂两族互婚，以美酒、蜂糖、牛羊、金银为聘金，金以升斗量，银以巨秤衡。近代岭家与沙马家的婚约则以白银两千两、牛马数十头、枪支若干为聘金。可以说彝族婚聘已成为新妇的身价与男女双方家族门楣光荣的标志。

财礼送至女家后，聘金按照彝俗分配。彝俗中，舅父家族于新妇的婚姻有优先权，舅父有子可以娶之，无则让于他人，男家须感谢舅父；长兄对于诸妹的婚姻有指斥权，女子恋爱常不畏父母畏长兄，同时长子之权大于诸弟。按照上述习俗，在聘金分配方面，首先父母分得聘金的70%，剩下的30%，新妇舅父分得10%，新妇长兄分得10%，家族伯叔兄弟分得10%。

（四）嫁女

嫁女前一晚，女家邀约女子的同辈姐妹十余人，夜晚来家唱歌。待嫁女子与感情深厚的姐妹相抱而哭，倾诉完后用毡氅遮盖。从外屋走到内屋，依然相拥而哭。有家族人到来，则直奔肩上哭泣。哭泣稍稍停止，家人便劝女子走入屋内，设酒于火旁，主家先以酒祭火，右手持酒浇三匝，随后女子父母饮酒，宾客饮酒。之后开始唱歌，歌分为坐歌和舞歌。坐歌以男与男和、女与女和，两人一组和唱为主。一首歌告一段落，唱歌者继续饮酒，女子拥女伴哭泣，常常绕火塘四柱而走，扑于父母或宾客肩上哭泣，哭完，宾客继续唱歌。舞歌时，两人相对，唱声既起，舞也随起。舞完，女子拥女伴再次哭泣，哭完，又开始唱歌。以酒润嗓，如此唱和舞饮，通宵达旦。

（五）娶媳

婚期与聘期间隔时间长短各异，通常以聘金交付时间为定。《嫁娶择日经》记载："鼠日娶者于姻亲不利，牛日娶者于父母吉，虎日娶者宜生一男三女，兔日娶者宜生五男，龙日不宜嫁娶，蛇日娶者宜生五男，马日娶者宜生三男五女，羊日娶者宜生三女，猴日不宜嫁娶，鸡日娶者宜生三男一女，犬日娶者与猪日娶者皆不吉。"因此，彝俗中，婚嫁日期与父母、子女的存亡多寡息息相关，必须请毕摩择日才好按期嫁娶。

彝族娶媳有着一定的规程，马长寿曾描述彝族娶媳习俗道："男家选派男性族人及奴隶十余人，携酒数坛，驱牛羊若干只，牵马一匹，浩浩荡荡至女家。至门不入，散踞田野间。遣一二人，馈酒肉牛羊。女家随出酒肉及饭食款待之。食毕略息。遣二三健者薄女门，新妇姐妹挥柴棒杓水候于门内，待迎亲者至，则挥柴泼水以拒之。健者随进随退，有衣尽沾水，肤受柴伤者。伺有隙则霍然入，劫女外出。新妇忌脚踏地，故或骑或负，避免触地。路近者及无马者则背女而逃。背者以手护女臀，女头或出背者头之左或右。女足始终相并，出左右侧不一。路远者，坐新娘于马上，拥至男家。迎亲者，前背女行，后拒追者，至郊外始行缓。女家姐妹由后追摄之，泼水掷土。迎亲者前行，新妇家族自后送之。送亲者，多系远近族兄弟。舅父亦为主要送亲人物之一。"① 上述彝俗中娶媳的背女、泼水、挥柴、掷土等抢亲环节，至今还很盛行。

（六）款宾

款待对象主要是新妇家宾客和新郎家族戚。宾客分批抵达，第一批仅十余人，是新妇的兄弟叔侄；第二批数十至百余人，是新妇的亲族；第三批十余人，是新妇的舅族——舅族为上客，来得也最迟。新妇的舅父是宾客中的最上宾，彝族嫁女，必须由舅父送女。舅父手持青杠叶一枝，是颂甥女多子的象征；又拿蓝布一匹，以索系之，拖于背，为赘礼。舅族抵达后，主人便开始款待宾客。宾客每十人备喈酒一坛，谷酒坛插引藤五六枝，用嘴吸，酒从藤管入口，旁边一人专添温水，水入谷中，而酒不竭，这是款待宾客的献酒之礼。献酒后开始进餐。

（七）露面礼

新妇大婚之日，女发变为妇发，头饰改变。马长寿曾这样描述道："新妇发式，初，扎发为一束，拖于后，黑色披纱一幅，盖于头顶，左右拖两肩，前后及颈与全面，纱外紧括一红色布带，长及头周，宽一寸有半，上嵌银质泡花十一个或十二个，前缀银质璎珞三枚，正坠额际。此饰言'头花'也。梳者来，先解头花揭去头纱。再以梳濡酒，在发上弄一二梳，将发弁挽于头周。斯即'露面礼'也。新妇之面呈露，家人即为进肉饭，女照例不食。母氏之族有嫁于夫族者，此时亦咸提筐执皿，来劝进食，女亦照例不食。时来客饭毕，皆来瞻新妇。新妇头纱已去，垂头羞赧，不胜其烦，仍取毡氅盖全头，宾客遂不

---

① 马长寿. 凉山罗彝考察报告 [M]. 李绍明，周伟洲等整理. 成都：巴蜀书社，2006：416.

能睹芳容矣。"①

（八）歌与戏

宾客酒足饭饱后，开始唱歌、游戏。主家点燃并高持火把，在送亲宾客中挑选青年善歌者二到三名，唱和"婚歌"，一人唱，一人和，和唱内容为婚姻起始、男女光荣世家、新婚夫妇子孙延绵等。与此同时，宾客十人左右围成圈作抱腰跌交的游戏。"跌法：男族出一人，女族亦出一人，各出腰带系对方之腰胯间。两手执带后，两头交倾，腿各半蹲，互缚而跌之，纠雄旋转如野兽斗。或攻或迎，力巧并加。以先跌于地上者为负。负者退后，负族更出一人迎跌之。如此辗转迭易，最后所余之一人，即为决胜者。"② 在场宾客大声呼号庆祝胜利者，此时，主家为胜利者置酒一坛，并给予作为胜利标志的红布一匹，胜者立即将红布裹于头部，喜慰至极。

另有一种戏，称为"口赛"。数十人蹲地口赛，赛庶物的起源、赛远近的族谱、赛英雄美人的故事，滔滔不绝，口若悬河，沫溅四邻。口赛游戏同样也有胜出者，主家给予红布一匹，胜利者系于头部，与跌交胜利者享有同样殊荣。

（九）新妇入室礼

宾客唱和歌时，母家兄弟扶持新妇入室，同时唱媳入门歌，之后，竭力叩门，门开启，入门。马长寿这样描述入室："客曳新妇坐火塘客位，主人居主位。客毕方毕，主人家族随唱歌和之。唱和皆主客谦赞之辞。歌毕略息。"③ 随后，唱"小姑引嫂歌"，内容为多劝嫂氏持家立业。"歌毕，新妇即入主妇'鬲穆'座。此时，姑婆遂向新媳致慰劳之辞。"④ 彝谚云："翁翁当怜惜，姑姑当教诲，小姑当引导。"

（十）回门与当家

结婚第二日或第三日早晨，送亲者陪同新妇回母家，即回门。在依诺地区，夫家要备一只羊回门，故又称为"回羊"。新郎同族背酒携肉与新郎新娘到女家，回母家之后，又回舅家送财礼致敬。新郎亲携礼物到妻舅家，礼物可

---

① 马长寿. 凉山罗彝考察报告 [M]. 李绍明，周伟洲等整理. 成都：巴蜀书社，2006：419.
② 马长寿. 凉山罗彝考察报告 [M]. 李绍明，周伟洲等整理. 成都：巴蜀书社，2006：419.
③ 马长寿. 凉山罗彝考察报告 [M]. 李绍明，周伟洲等整理. 成都：巴蜀书社，2006：420.
④ 马长寿. 凉山罗彝考察报告 [M]. 李绍明，周伟洲等整理. 成都：巴蜀书社，2006：420.

以是马一匹或牛羊一只，又或是钱帛。献礼完后，舅向甥婿致辞，内容可以为训，勉励甥婿处世之道、上进途径；也可以为谢，感谢甥婿礼物隆重。这一彝俗在婚姻仪式中叫"作舅父"，常是彝族民众一生中最尊严威风的礼数。

关于"作舅父"仪式，有两种解释：其一，是古代母系氏族时代的遗迹，因在母系氏族社会，子女的保护者不是父亲，而是舅父；其二，在彝族表婚姻中，甥女是舅氏的媳妇，而现在甥女没有嫁与舅子而嫁他人，舅父则向甥婿索重币，以此作为弥补。

新妇回门的日子，也是女家宴客的日子。宾客到来，由一个女子陪伴新妇敬客酒，每位客人得酒一皿，各赠钱银布帛，作为新妇的私蓄。新妇以猪头一个，分为九份送赠亲族，先敬舅氏，再敬姑，后敬伯叔姨母。在凉山彝族地区，女回门后，少者住七天或九天，多者住数月或一年，而后才返夫家。返家之前新郎的姐妹要来迎接，新妇常常托故拒绝。马长寿记载："罗彝夫妇初同宿，二人必经长时之酣斗。迨妇力竭就范，始从夫眠。且眠不数夜，妇又告返母家。必至身怀有孕，妇始安心返室，实行主妇之责，罗语称为当家。"① 古谚云："彝妇三十岁仍居母家。"彝妇三十还居母家，这不叫迟婚，叫归宁期长，三十以后才开始当家。

回门与当家之后，彝族传统的、完整的结婚仪式方才基本完成，整个结婚仪式用时长短不一。在彝族传统结婚仪式中，玛牧记忆谜米主要在通媒、款宾、歌与戏、回门等仪式场域保持和传递。

二、结婚仪式的玛牧记忆谜米

（一）通媒

通媒仪式是彝族传统结婚仪式不可缺少的必要前提，媒妁说亲与论聘技巧很可能直接影响婚姻的成功与否。媒妁在说亲论聘过程中，通常运用玛牧教育经典说服男女双方父母及其家人，这里引用的玛牧记忆谜米主要有：

养马则修路
育子就娶媳
有女就嫁人

---

① 马长寿. 凉山罗彝考察报告［M］. 李绍明，周伟洲等整理. 成都：巴蜀书社，2006：421.

第五章 玛牧的体化实践：彝族人的仪式生活

> 喂羊就上山
> 姑娘的吉禄
> 是那生育魂
> 婚娶为接代
> 接代红艳艳①

在媒妁的阐述中，婚姻是一种顺应自然的婚配现象，男婚女嫁顺理成章，男方养儿该娶媳，女方养女应嫁人。姑娘的生育权在婚姻中尤为重要，是繁衍子孙后代的重要保证，这是自然规律。所引用的这段玛牧教育经典，为媒妁说服男女双方父母及其家人打下基础，也为之后说亲的顺利开展、论聘的成功开辟了航道。在媒妁通媒场域，以上引用的玛牧片段成为记忆谜米，在男女双方父母及其家人中成功地保持和传递。可以说，通媒仪式所引用的玛牧记忆谜米就是在一次又一次的通媒仪式中得以保持和传递的。

（二）款宾

款宾仪式在彝族传统结婚仪式中占据重要地位。新人款待的宾客主要是新娘家和新郎家的族戚。在宴请宾客场域，玛牧教育经典往往被引用阐述姻缘的水到渠成、姻缘顺天应人，并特别强调姻缘的好彩头。在这里引用的玛牧记忆谜米主要有：

> 居木的子孙
> 父母欠子债
> 替儿娶媳妇
> 一对好父母
> 奠定子孙业
> 为儿娶媳妇
> 姻亲商一致
> 格菲也回转
> 婚娶也顺利
> 人丁也繁盛
> 兴旺又发达

---

① 由吉伍依作翻译而成，下同。

德高望重的彝族宾客在款宾仪式上讲述姻缘是自然天成的好兆头，父母欠儿子娶媳的债，理应帮助儿子顺利娶媳、成家立业，从此之后姻亲之间和谐共处，生儿育女万事顺利，婚姻稳固，人丁兴盛。引用这段玛牧教育经典，旨为增添喜庆、恭贺新禧，表达美好祝愿。在款宾仪式场域，以上引用的玛牧片段成为记忆谜米，在男女双方宴请宾客中成功地保持和传递，并在不断举行的结婚仪式中得以加深记忆。

（三）歌与戏

歌与戏是在彝族结婚仪式中宴请宾客酒足饭饱后，祝贺新禧、闹腾婚礼的唱歌游戏环节。歌与戏参与人数众多，唱和婚歌渲染喜庆，美好祝福朗朗上口，使婚礼气氛浓烈。跌交、口赛游戏更是精彩纷呈，众人各显本领，又武又文，是力量与智慧的比拼，是胜利与荣誉的争夺，使整个婚礼场域高潮迭起。此时引用玛牧教育经典，用古训传达美好，用经典表达祝愿，烘托气氛，热闹助兴，其中玛牧记忆谜米主要有：

> 所谓的美好
> 年好则祭祀
> 月好则过年
> 日好则建房
> 夜好则嫁女
> 婚娶日子好
> 祈福人丁兴
> 姻亲人丁旺
> 格菲笑盈盈

彝族民众们纷纷唱和婚歌以表达祝福，用歌曲恭祝新禧：结婚日子好，婚娶夜最美；结婚日子好，子孙延绵，人丁兴旺。在歌与戏场域，以上引用的玛牧片段成为记忆谜米，在众多歌与戏参与者中保持和传递，特别是在唱和婚歌、口赛等仪式中得以不断传递。

（四）回门

回门是彝族传统结婚仪式中的最后一个环节，新郎陪同新娘回母家、回舅家。在回舅家时，举行婚姻仪式中的"作舅父"仪式，新郎献礼完毕，舅向甥婿致辞。或为感谢，或为致训辞，教育、勉励甥婿为人处世之道、上进之道、姻亲共处之道。在这一仪式中，舅父引用的常见玛牧记忆谜米主要有：

朋友多就好
敌人少才好
百友不算多
独敌不算少
育小跟随尊
教愚跟随贤
……
不为儿树敌
要为儿求和
一天来树敌
十日获仇敌
十日来树敌
一生多仇敌
一生来树敌
此生到白头
黑发苦一生
白头苦再生
……
姻亲若和睦
相互指渡口
……
裤脚打挽结
是夫念妻时
儿女哭不休
是妻念夫时
我来护妻子
妻子来敬我
夫妻若团结
屋内亮堂堂
锅庄金灿灿

舅父致训辞，教育甥婿作为一家之主须懂得审时度势、为人处世之道，多交朋友，少树仇敌，跟随尊贤学本事；做人守信，具有良好道德修养；善于处理姻亲关系，姻与亲互为唇齿；夫妻之间相敬如宾，团结爱护。在"作舅父"仪式中，以上引用的玛牧片段成为记忆谜米，在新郎与新娘家族中保持和传递。"作舅父"仪式也成为玛牧记忆谜米得以传递、扩散的重要婚姻仪式环节。

彝族传统结婚仪式通常包含以上诸多仪式环节，现代彝族社会能够完整按照传统结婚仪式完成婚姻缔结的已为数不多。随着社会不断发展，其结婚仪式也随之发生变化，婚姻仪式环节缩减成为常态，与之对应的，具有现代特征的结婚仪式开始涌现。选择婚礼地点、摆设酒席、宴请各方亲戚友人是现代社会结婚仪式的重要展现，当代彝族的结婚仪式也不例外，其传统结婚仪式的"款宾"与具有现代特征的结婚仪式紧密结合，呈现为具有彝族特色的现代结婚仪式。

现代彝族社会的宴请宾客环节，即款宾成为结婚仪式的主要环节。在婚礼场域，宾客饮酒开席之前，通常有一个结婚仪式，其中，说唱表演是结婚仪式的重要内容（图5-3）。说唱表演一般由男女双方各派代表一名，说唱者通常具有"口赛"基本技能，熟知庶物起源、远近族谱、玛牧经典、英雄故事等，男方说唱者与女方说唱者交替说唱，说唱时口若悬河、滔滔不绝、朗朗上口，现场掌声四起，气氛热烈。

图5-3　婚礼场域 说唱者　拍摄：作者

玛牧经典是说唱表演的主要组成部分，结合婚姻主题，说唱者将夫妻相处之道、婚娶传宗接代、姻亲互为表里等教育经典娓娓道来，动之以情，晓之以理，既贴合实际，又令人信服，往往可以赢得阵阵掌声。新郎、新娘双方"展开的这一场唇枪舌剑"，以光荣家史、知识渊博、能言善辩为荣，旨为取得对方的尊敬和信任。结婚仪式中的说唱环节,是一场别开生面的演讲会,在说唱者的精彩演绎下,玛牧记忆谜米通过一对多、多对多模式保持和传递,宾客们或主动或被动地接收着记忆谜米,通过现代婚姻仪式,玛牧记忆谜米得以代代传递。在彝族现代婚礼场域传递的玛牧记忆谜米主要有如下几种主题:

1. 夫妻相处之道

  我来护妻子
  妻子来敬我
  裤脚打挽结
  是夫念妻时
  儿女哭不休
  是妻念夫时
  夫妻若争吵
  没有贴心人
  夫妻若团结
  屋内亮堂堂
  锅庄金灿灿

2. 婚娶传宗接代

  父母欠子债
  替儿娶媳妇
  育子就娶媳
  有女就嫁人
  一对好父母
  奠定子孙业
  为儿娶媳妇
  日好则建房
  夜好则嫁女
  婚娶为接代
  接代红艳艳
  婚娶日子好
  祈福人丁兴

姻亲人丁旺
格菲笑盈盈

3. 姻亲互为表里

姻与亲两家
姻为亲之表
亲为姻之里
姻亲无婚娶
姻戚不嫁女
姻亲念姻戚
姻戚想姻亲
姻亲若团结
婚娶也顺利
姻亲商一致
格菲也回转
婚娶也顺利
人丁也繁盛
兴旺又发达
姻亲如地厚
姻戚如山高
和谐又兴旺

结婚仪式是现代彝族仪式生活的重要组成，在婚礼场域，说唱者说唱玛牧经典，宾客们接收玛牧谜米，切合婚姻主题的玛牧记忆谜米就是这样通过结婚仪式这一载体在彝族社会得以保持和传递的。

第三节 调解仪式与玛牧记忆谜米

调解仪式从古至今皆是彝族民众生活中不可或缺的组成部分，也是玛牧教育经典展现教育劝导功能、玛牧记忆谜米得以保持和传递的重要实践载体，在凉山彝族社会中具有广泛的群众基础。

一、调解仪式的起源

马长寿曾记载："作者叙述罗彝社会时，有时用法或律等名词，然初民之社会裁制究与今世法律之意义不同。法律为政治力量之产物，且产生此政治力量之社会须为有系统之组织，罗彝社会虽为有组织的，然不能谓为有政治系统之组织。土司法令不能远行于黑彝，黑彝势力又不能越宗族一步。此皆罗彝缺少政治系统之证明。罗彝不能谓无犯罪行为，社会于此犯罪行为，虽无明文规定如何裁制，但于民俗习惯中无形已分别为种种过犯，而以设当之裁判裁治之。如此，罗彝社会之公共秩序，始能维持。此种裁制，吾人宁用社会学上之名词，曰'社会裁制'，而不曰'法律'。"① 调解仪式正是这一不成文习惯法在凉山彝族社会中的纠纷裁决过程。

从纠纷性质角度，凉山彝族习惯将之分为两类，一类是由"劳动"引起的纠纷，称"木牛"，一类是由"婚姻"引起的纠纷，称"唯克"，故而"木牛唯克"泛指所有的纠纷②。纠纷性质不同，处理原则也不同。处理"木牛"纠纷，叫"古"，原意为"席地而坐，围成一圈"，可以引申为"协商"，概由于人们对于物质利益的纠纷，通常表现得更愿意退让或和解；处理"唯克"纠纷，叫"土"，原意为"从别人手里抢过来"，可以引申为"抗争"，系由于人们对于尊严颜面的纠纷，通常表现为执着、坚持，不惜一切激烈持久的对抗。③ 因此，"木牛古，唯克土"是凉山彝族民众解决纠纷的基本观念。通常，纠纷的解决，需要纠纷处理的依据和纠纷调解人的参与。

彝谚有云："祖先定规矩，后代遵从之。"凉山彝族有一部属于自己独特的不成文社会文化法律规范，又叫彝族习惯法，它是凉山彝族先民在历史长河中不断积累的调整人与人之间关系的传统习惯和行为规则，是彝族社会千百年来产生、形成、完善的具有较为完整体系的法律制度形式，也是彝族社会中公认的处理一切刑事、民事纠纷的方法，具有权威约束力，适用于彝语北部方言区内的凉山彝区。④ 彝族习惯法在形式和程序上大致包括程序习惯法、民事习惯法和刑事习惯法，是凉山彝族纠纷处理的主要依据。

1956 年民主改革以前，彝族习惯法一直是维持凉山彝区社会秩序的有效

---

① 马长寿. 凉山罗彝考察报告 [M]. 李绍明，周伟洲等整理. 成都：巴蜀书社，2006：362.
② 李剑. 凉山彝族纠纷解决方式研究 [M]. 北京：民族出版社，2011：110.
③ 李剑. 凉山彝族纠纷解决方式研究 [M]. 北京：民族出版社，2011：111.
④ 马德龙. 凉山彝族习惯法在彝区的影响及其利弊 [J]. 凉山民族研究，1995：102.

规范，民主改革之后，凉山彝区统一施行国家法律。彝族习惯法虽退居于社会公序良俗之列，但因其有着深厚的群众基础，通过格言、谚语、玛牧等各种形式在彝族生活中保持和传递，彝族们耳濡目染、人人皆知，已形成一种固定认知，特别是对于农村彝族来说，他们更熟悉习惯法，习惯法就是一部"活的法律"，故而目前彝族习惯法仍然是凉山彝族地区解决一切纠纷最有效的途径之一。

纠纷调解人在凉山彝族社会被称为"德古"，德古是彝语音译词，属于复音词。关于德古一词的由来，有两种解释：一是"德"有稳重之意，"古"指圆圈，"德古"即一个稳定的圆圈；二是"德"有瘠、瘦之意，即一种病态的象征，"古"有治之意，"德古"即治理人间病态、惩罚非正义行为。德古在凉山彝族社会是稳定而牢靠的中心人物，是正义、道德的象征和承载者。德古不世袭，只能通过个人的纠纷解决能力自然产生。因此，德古又是一种他称，是一种饱含崇敬之意的社会评价。彝谚即有云："富裕为光彩之首，德古为光彩之腰，勇敢为光彩之足。"

二、彝族的调解仪式

彝谚云："纠纷早解决的好，姑娘早出嫁的好。"传统上彝族调解纠纷的仪式多选择在背风向阳的地坎上或地坎下进行，"坎上""坎下"也因此成为纠纷调解场域的代称。凉山彝族将人民法院称为"坎上法庭"，纠纷通过法庭审判途径解决；民间调解则称为"坎下法庭"，由民间调解人介入，依照不成文的彝族习惯法，以传统调解方式开展纠纷解决活动，重民轻刑。凉山彝族的纠纷调解活动采用多人协商形式，调解结果只有说好或没说好，并非由法官一人强制性判决。一般来说，纠纷处理通常不是由一位德古单独调解解决，而是由两位或多位德古共同商议调解解决：

> 调解人员至少是两个人，没有一个人调解的规矩，调解不是委派的，是由当事人双方各自邀请的。德古是社会发展中自然形成的，人民公认的，也不是官方的。①

担任纠纷调解人并无严格的回避规则，最大的原则是该调解人能为双方当

---

① 引自对德古阿莫沙马尔铁的访谈记录。

事人共同接受。在昭觉、美姑、布拖等凉山腹心地带的农村,绝大多数民事纠纷均可被民间调解解决;在冕宁、越西、金阳、雷波、甘洛、西昌等彝汉混居区,也有相当数量的纠纷被"坎下法庭"解决。[①]

如今,彝族民众调解纠纷没有固定场所,时常在院场、村外草地就地调解,有的纠纷甚至在家庭火塘边调解,也有的纠纷依传统在野外的山坡上聚众调解。调解纠纷时,为避免发生意外冲突,当事人双方始终处于两个不同的纠纷场域,相互之间需要间隔一段距离而不谋面,纠纷调解人来回穿梭于这两个不同场域,调解沟通,形成连接,构成一个完整的纠纷场域。

以一起盗马案为例,调解地点位于越西县干河坝,纠纷主体甲家位于干河坝东侧,纠纷主体乙家位于干河坝西侧。在调解过程中,甲家人和乙家人始终处于两个不同的纠纷场域,当事人双方隔河相望,由纠纷调解人在干河的东侧与西侧来回穿梭,形成连接,传递信息,沟通调解,在一个完整的纠纷场域开展调解仪式。

纠纷调解时,纠纷调解人首先判定纠纷性质,根据纠纷情节定为黑案、花案或白案,再根据相应规矩、借鉴先例调解处理。最终,由德古利用自身的权威和技巧,传递信息、化解矛盾、促成合意。纠纷调解成功后,当事人双方或打鸡盟誓[②],或签署相关调解协议,立字为据(图5-4)。

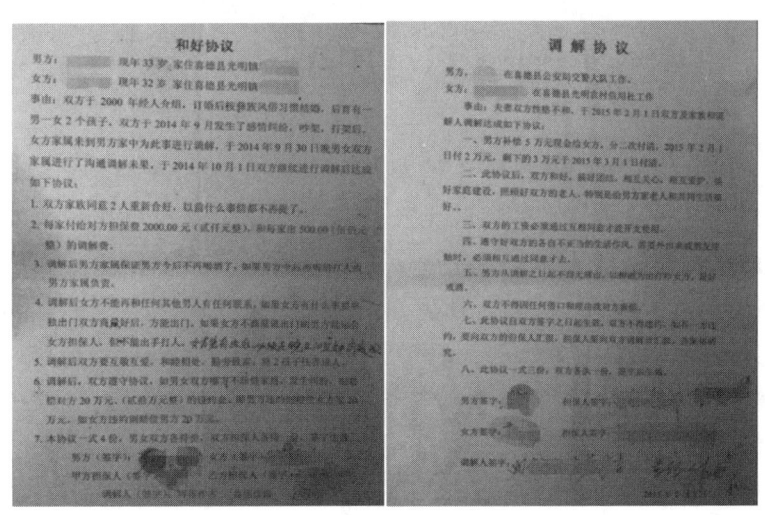

图5-4 纠纷调解协议 拍摄:作者

---

① 李剑. 凉山彝族纠纷解决方式研究[M]. 北京:民族出版社,2011:224-225.
② 打鸡诅咒,旨在表明当事人双方在结案后不能反悔。

彝族的调解仪式是其纠纷解决的核心过程，在一个完整的纠纷场域，当事人通过纠纷调解人谈判斗争。在纠纷场域开展调解仪式实际上也是一个对世人进行宣传教育的过程。① 如一位德古这样说道：

> 在实践中，彝族人民经常经历调解，不学也得学，不听也得听，必须掌握习惯法这个武器，才能保护好自家。②

调解仪式是乡村彝族男性参加社交活动的重要内容，他们时常在年幼时期就被父母鼓励参与、耳濡目染，在纠纷调解中学习、交流、说辩。③ 除了突发重大纠纷或特殊纠纷必须立即干预调解外，彝族民众对于多数民事纠纷、疑案、旧案的调解多集中于冬季或比较闲暇的时候，以便让更多的人来旁听和了解。④ 在纠纷调解过程中，德古一般从古代处理类似纠纷经验谈起，时常引述历史典故、玛牧哲理、训世谚语等教育、劝说当事人，其口若悬河、娓娓动听、言之有理，能使当事人感受到一种来自古老传统的约束和训诫，直至双方心服口服。德古引述的彝谚充满诗性，通常由一定格律和音韵的骈句组成，多以自然事物为譬喻，承载祖先族群古训，形象生动，往往能够产生意想不到的作用。因此，纠纷调解过程或像一场论战，或像一场公开演讲会，在场所有经历调解的彝族民众都会有所触动，受到说服教育，懂得是与非，并以此为戒，规范言行。

三、调解仪式的玛牧记忆谜米

没有纠纷，就没有调解；有纠纷，必然有调解仪式。调解仪式处于纠纷场域，是当事人双方通过德古化解矛盾纠纷的一个过程。在这个过程中，德古时常巧妙运用训世谚语说服、劝导当事人，以一种来自古老传统的训诫教育着在场所有彝族民众。玛牧教育经典作为德古训世谚语的重要组成，在纠纷场域内，其记忆谜米通过调解仪式和说服劝导环节保持与传递。德高望重的德古在

---

① 蔡富莲. 凉山彝族习惯法的特点 [J]. 凉山民族研究，2000：59.
② 引自对德古阿莫沙马尔铁的访谈记录。
③ 巴且日火. "坎上法庭"与"坎下法庭"——凉山彝族的国家法律权益与习惯法保护 [J]. 凉山民族研究，2005：46.
④ 巴且日火. "坎上法庭"与"坎下法庭"——凉山彝族的国家法律权益与习惯法保护 [J]. 凉山民族研究，2005：37.

调解仪式中向在场所有彝族民众传递玛牧记忆谜米，在场所有彝族民众接受玛牧教育、接收记忆谜米，此场域中的谜米传递属于一对多、多对多传递模式。

纠纷性质不同，教育主题就不同，彝族民众在纠纷场域内接收的玛牧记忆谜米亦不尽相同。调解仪式中的教育主题有着与之对应的玛牧记忆谜米，在纠纷场域内保持和传递的玛牧记忆谜米源于与教育主题相对应的玛牧记忆要素。

在调解仪式中，德古调解纠纷，通常遵循一定程序。彝谚有云：

> 上午刚开始
> 把诉求带到
> 中午正当时
> 区分黑花白
> 下午到来了
> 莫①走公正道
> 文明者让路
> 老牛绕险道
> 左看来公平而成
> 右看来合理而成

德古调解纠纷时，上午时段了解事情原委、纠纷诉求；中午时分区分黑、花、白，理大、小，理主、次；下午时段按照公平合理、双赢方向展开调解。下面通过一个具体的纠纷②来讨论在调解仪式中的玛牧记忆谜米：

> 某年某月，吉伍××喝酒后准备在县城找一个小旅店住宿，小旅店早已关门，吉伍××就在小旅店门口一直敲门。这时，另外一名素不相识的皮特××也喝醉了酒，一刀刺伤在吉伍××的手背上，吉伍××住院治疗。

吉伍××住院后，吉伍家邀请德古吉伍作曲，皮特家邀请德古阿加伍达。两位德古介入纠纷，开始协商调解。

在调解仪式中，德古首先在受害方纠纷场域听取吉伍家的诉说，吉伍家认

---

① 此处的"莫"并非彝族社会五个等级阶层中的第二层级，而专指由此演化成为专事调解民间纠纷的德古。
② 此处的纠纷案例源于笔者在喜德县田野调查的第一手资料。

为自己的人莫名其妙就被刺伤,要求皮特家必须赔偿医疗费用,并且赔礼道歉。德古随后来到皮特家纠纷场域听取诉说,皮特家认为虽然自己家人没有看到现场情况,但是一个巴掌拍不响,倘若对方没有一点过错,皮特××不可能无缘无故刺伤他人。双方各执一词。

德古在皮特家纠纷场域说:

> 交友需慎重
> 杀敌需精准
> 吃饭要细嚼
> 说话要思量①

该段意思是不假思索不说话,不整理衣饰不过河,而这种伤人行为肯定是有预谋有计划的。吉伍××现在已经被皮特××刺伤住院,人证物证俱在,不容狡辩。吉伍××的医药费、护理费、痊愈前的生活营养补贴等必须赔偿。

一开始皮特家只愿意赔偿5000元,经过德古三次来回奔波说服劝导,最终皮特家愿意赔偿12000元,当事人双方形成合意。此次纠纷调解仪式的最后环节是签写调解协议书,赔偿金额、赔偿方式等信息都在调解协议中予以详细说明,并写明双方应当信守承诺,不得违约,如一方反悔则双倍赔偿给对方。

在该纠纷调解仪式中,德古运用玛牧记忆要素的人缘谜米训诫教育皮特家。德古引用"交友需慎重、杀敌需精准、吃饭要细嚼、说话要思量",意在讲述为人处事与个人修养等人际关系准则,教育皮特家纠纷场域内在场所有彝族民众,训诫为人处事之道、个人修养之法,教育引导皮特家认识到自身错误,积极改正错误。在德古训诫教育过程中,皮特家纠纷场域内所有彝族民众都受到玛牧教育,接收玛牧记忆要素的人缘记忆谜米,学会为人处世之道,个人修养之法。

通过讨论以上具体的纠纷,可发现在调解仪式中,玛牧记忆谜米作为德古说服劝导当事人的重要利器时常出现,记忆谜米在纠纷场域内保持和传递,来自古老传统的约束和训诫教育着纠纷场域内在场所有的彝族民众,潜移默化地影响着合意的达成,促使调解仪式的顺利完结。因此,可以得出这样的结论:玛牧记忆谜米在调解仪式中起着重要的说教劝导作用。彝族调解仪式是其传递的主要途径,是玛牧记忆谜米重要的传递载体,是玛牧在彝族仪式生活中体化

---

① 雷波县语言文字工作委员会. 彝族训世经 [M]. 北京:中国文联出版社,2013:72.

实践的具体展现。

本章从仪式与谜米角度展开，探讨仪式场域与谜米传递之间的关系。从彝族的仪式生活入手，以实际发生的鲜活例子阐述玛牧记忆谜米在仪式生活中的保持和传递，展现玛牧记忆谜米保持和传递的原真性。在此基础上，详细分析彝族仪式生活中的两个重要仪式：结婚仪式和调解仪式。以彝族结婚仪式的仪式程序为重点，深入剖析玛牧记忆谜米在结婚仪式各个环节的保持和传递过程；以彝族调解仪式的纠纷处理为重点，细化解读玛牧记忆谜米在调解仪式重要环节的说服、教化、传递过程。由于篇幅有限，还有较多纠纷案例没有展开论述。

彝族的仪式生活作为玛牧体化实践的重要组成，是玛牧记忆谜米得以保持和传递的重要载体，也是社会记忆保持和传递的主力军，是一种社会记忆的活化呈现，更是社会记忆保持和传递不可多得的研究素材。在彝族民众的仪式生活中，根据不同的仪式主题，不同的玛牧记忆谜米或记忆要素得到展现。发展至当代彝族社会，这样的谜米传递却已不多见。据德古介绍，彝族的调解仪式目前几乎只存在于凉山的少数县域、乡域，凉山州西昌市以及其他部分县域出现彝族调解仪式的概率极低。这也就意味着，玛牧记忆谜米得以保持和传递的仪式载体在逐渐消失，因此，保持玛牧的记忆载体、保护与弘扬玛牧文化已是迫在眉睫之事。

第六章 玛牧的刻写实践

"意者,象乎事物而构之者也;声者,象乎意而宣之者也。声不能传于异地,留于异时,于是乎书之为文字。"(陈澧《东塾读书记》)语言信息转瞬即逝,可记录性差,仅适合小规模、近距离社会群体的信息传递,其传播速度与广度非常有限。因此,文字作为记录语言的符号,是语言重要的辅助工具;语言是体化实践的基础,文字则是刻写实践的关键。雅克·勒高夫将记忆的历史划分为五个阶段,第一阶段为记忆的前历史时期,此时没有文字、没有书写,记忆主要依靠口耳相传;第二阶段为记忆的古典时期,记忆的方式逐渐由口耳相传过渡到书写;第三阶段为记忆的中世纪时期,此时记忆被区分为宗教仪式性的循环记忆和普通个人的记忆;第四阶段以现代印刷媒体出现为标志,促使标准化记忆形成;第五阶段是从20世纪至今的电子媒体影响时代,互联网新媒体的出现再次改变人们的记忆方式。[①] 非物质文化遗产玛牧作为凉山彝族社会世代传承的社会记忆,同样经历口耳相传、书写记忆、仪式记忆、标准记忆等阶段,多种记忆方式并存,其中现代印刷媒体的标准记忆是当今玛牧刻写实践的重要载体。现代印刷媒体需要文字表达,玛牧刻写实践需要彝族文字。文字使得社会记忆得以准确保存、广泛流传,彝文字承载着凉山彝族的文化传递使命,是玛牧刻写实践的关键所在。

---

① Le Goff, Jacques. History and Memory [M]. New York: Columbia University Press, 1992.

第一节 彝族人刻写实践的关键——彝文字

一、彝文字的开端

罗文笔于1921年翻译彝文古籍《帝王世纪·人类历史》一书，书中记载彝族社会至第二十九代孙武老撮之前，文化只能口耳相传而没有文字；从武洛撮时代开始，祭司宓阿叠者造文字、设律科、立典章。从此，文字在彝族社会开始大量使用，"祖典兴、燕礼成、祭帝祭神"成为规矩。可见，彝文的产生最初源于宗教祭祖的需要。

彝文，又称"倮倮文""夷文""毕摩文"，是彝族记录语言的符号，能够表示和反映客观实物，集"形、音、义"于一体。彝文是古时彝族先民智慧的结晶，是远古彝族先民你画一笔、我刻一符，在生产、生活中把存在和发生于自己周围的事物描写、刻画、累积出来的人类文化特色瑰宝，它源于彝族对日月星辰、山川河流等事物的描写，是原生的古老文字，也是中国文字的一个重要起源点。[①]

二、彝文字的起源

关于彝文的起源，有学者认为，其不是以现在已知的任何一种文字为源头发展而成，而是土生土长的自创文字，是一种自源文字，起源于图画。这种图画又称文字画，是文字的前身，通过一幅或一组图画用以提示事件或传递信息，之后逐渐与语言结合，再由提示事件到提示语言，由提示语言到语言单位，图画与语言结合，与语言相对应的表意符号应运而生，即文字符号的产生。朱文旭指出，彝文属于从形造字的文字，起源于绘画，由绘画演进到象形，由象形又发展至会意、指事；马尔子认为，彝文主要来源于图画，只是用笔较为简单；且萨乌牛也认为，彝文是从象形图画符号发展而来的文字。

---

① 马锦卫. 彝文起源及其发展考论[M]. 北京：民族出版社，2011：226.

三、彝文字的特点

（一）象形基础

许慎曾用"画成其物，随体诘诎"形容象形造字。象形是将事物的轮廓或具有典型特征的部分描画出来，象形字即描绘客观实物之形而成的文字。彝文以象形字为基础，是由刻画符号演进而成的象形文字系统，表意准确，彝族运用它记载谱牒、①历史、人文、伦理、诗歌、神话等各式文学作品，包括经典名著《勒俄》《玛牧》《尼木》等。

（二）简单易学

几千年来，尽管遭遇种种坎坷，彝文仍像野火烧不尽的茅草一样在金沙江两岸彝区的崇山峻岭中顽强地生长着。② 彝文的生命力如此顽强，其中一个重要缘由是其简单易学，具有广泛群众基础。彝族著名土司岭光电曾提道："平心而论，彝文是一种好文字，最大众化。笔画少，易学、易认、易用、易掌握。有彝语基础的人，学一、二月即可看报、写信、写文章，是十分难得的文字。"③ 学者马尔子也认为，彝文简单易学，只要懂彝语，学起来非常快，使用很方便，所以彝文的使用面不窄，凉山彝区民间书信往来都是用彝文书写的。④

第二节　玛牧的刻写版本

玛牧的名称源于彝语"hmatmu"的音译，被转写为汉文时，曾有"马木""玛木""马牡""玛牡""玛姆""马牧""玛穆"等多种版本，意译为教育经典、训世经、训世诗或教育经等。玛牧是流传于凉山彝族地区的重要彝语教育经典，过去它的流传主要通过背诵、口耳相传和手抄木刻，在近现代传播过程

---

① 族各支系的宗谱和发源地。
② 吴明先. 四川省凉山彝文教学回顾与展望 [J]. 凉山民族研究，1996：155.
③ 岭光电. 彝族聚居区人民群众需要彝文 [M] //尔布什哈. 岭光电民族教育文选. 内部出版，2013：67—74.
④ 马尔子. 凉山彝族语言文字及其语言文字自治权面临的困境 [J]. 凉山民族研究，2007：101.

中，传播媒介则更多以书籍为主。近现代的专家学者们收集、整理、翻译了多个玛牧版本，这些玛牧版本均源于彝族民间，内容大同小异。从结构来看，各种版本的玛牧都是从讲述人和动物的生活环境与生活规律开始的，且都是以"居木的子孙，柴要烧那上长树，水要喝那低流水，路要走那横开路，话要说那听过语"作为结束段落。目前能够收集到的玛牧版本共有十余种，现分述如下。

一、玛牧彝文版本

（一）清代玛牧木刻本

清代玛牧木刻本是目前已知玛牧最早版本，它是凉山彝族地区留存下来的独一无二的清朝彝文木刻本（图6-1）。彝族著名土司岭光电曾提到，彝族重要的文件就必须写在木板上传布。① 玛牧木刻本是凉山彝族地区唯一的木刻本，可见玛牧在凉山彝族社会中的分量。

图6-1 清代玛牧木刻本 来源：尔布什哈②

据尔布什哈考证，凉山彝族著名土司岭镇荣曾经编印玛牧，并于清末木刻玛牧，该木刻本现今收藏于北京民族文化宫和法国巴黎远东研究院图书馆。根据尔布什哈讲述，清代玛牧木刻本书字属于古老彝文，该木刻版本主要是甘洛

---

① 岭光电.对彝族文字的看法［M］//尔布什哈.岭光电民族教育文选.内部出版，2013：54-61.
② 尔布什哈，凉山彝族著名土司岭光电之子。

口音,①岭镇荣曾经在该木刻版本中增加欧洲科学知识摘要。②彝族土司岭光电根据清代玛牧木刻本整理翻译《教育经典》一部（图6-2）。《教育经典》中，共有三处出现名字"斯兹乌谷"：第一处是"斯兹乌谷，你是仲牟③的子孙"；第二处是"现代的民众文献谁增加了一些，斯兹兹莫乌谷"；第三处是"往后土司乌谷加上的，有《地球志》《农业书》……"土司岭镇荣彝名斯兹乌谷，因此，《教育经典》提及的该人名正是土司岭镇荣，这是岭镇荣在清代玛牧木刻本中增加欧洲科学知识摘要的重要依据。

1907年，法国多隆少校组成以四名军人为主的探险队，考察中国境内彝族禁地，横穿凉山彝族地区，专程拜访西昌安宁场土司岭镇荣。根据记载，法国少校多隆曾经见过岭镇荣土司请人木刻的木刻版本玛牧，多隆考察回国后在《中国的非中国文字》一书中刊登了木刻本玛牧的影印图片。

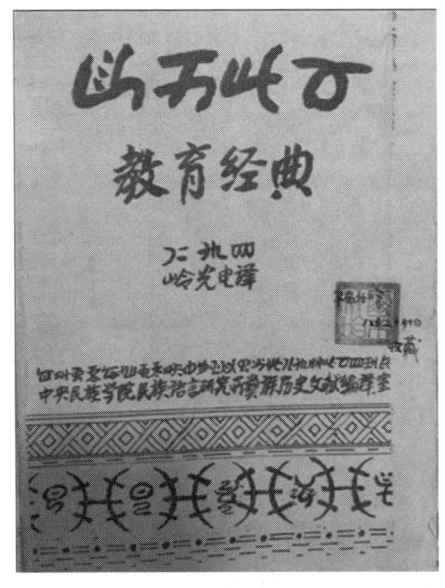
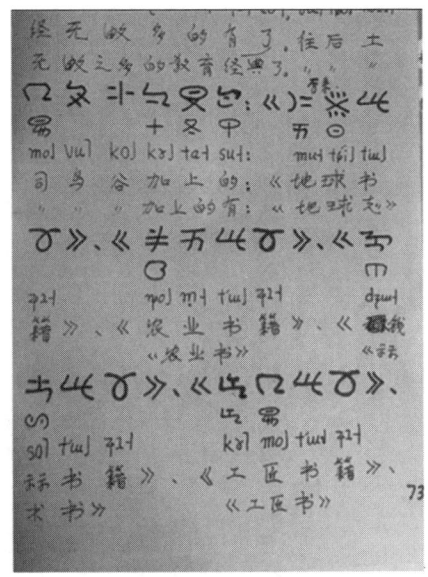

图6-2 岭光电整理翻译的《教育经典》

学者马长寿也曾翻印过该木刻版本，还在遗著《凉山罗彝考察报告》中提到其在凉山考察过程中，曾经在岭镇荣土司次子岭邦正家中见过木刻本玛牧。马长寿1939年在今甘洛县田野调查时得知彝族玛牧，其《凉山罗彝考察报告》

---

① 彝文属于音节类型的文字，一个字形表达彝语中的一个音节，而彝语属于表音文字，口音不同版本差异较大。
② 引自对尔布什哈的访谈记录。
③ 仲牟，洪水时期的彝族远祖之一，即阿普笃慕。

中这样记载:"二十日留鸡达谷,偶于田间遇一青年,持木刻《训世经》向余问字,余始知尼帝家尚藏有前土司手书《训世经》刻版。余请岭国忠土司出之。招赵君自斯补来,印二十册。余得此篇,始将原抄本误字,改正十余处。并集前土司之门人吉烈木呷、蒋百户等读之,余标其音、并进询其义、前译未定者改之。三日始毕。"①

(二) 玛牧手抄本

彝文文献虽有木刻本留存至今,但存世的绝大多数是手抄本(图6-3)。手抄形式是过去玛牧流传的重要方式,那时彝族民间玛牧手抄本较多。进入现代,熟知玛牧的老一代不断锐减,流传于彝族民间的各种玛牧手抄本再无人传抄,而归有的手抄本则大部分正在遗失、损坏乃至被丢弃,只有少量珍贵手抄本尚存。

图6-3 传承人沙马史体珍藏的玛牧手抄本 来源:吉伍依作

(三) 玛牧碑

明代,彝文抄本甚是流行,有的还有彝文碑碣。凉山彝族社会一直有着立碑传统,原凉山大学旧址处的玛牧碑刻就是一个例证(图6-4)。

---

① 马长寿.凉山罗彝考察报告[M].李绍明,周伟洲等整理.成都:巴蜀书社,2006:85.

图 6-4　矗立于原凉山大学旧址处的玛牧碑刻　拍摄：作者

原凉山大学旧址玛牧碑刻立于 2002 年，当年正值凉山彝族自治州建州五十周年，凉山大学彝族文化艺术研究所为弘扬彝族文化，特立此碑。如今，经历二十余年的日晒雨淋，玛牧碑上的彝文字体依旧清晰可辨，内容与传统玛牧手抄本大致相同。在碑刻背后，刻有玛牧特依教育经典简介（图 6-5），包括玛牧的内容范围、玛牧的作者、玛牧的价值以及立碑缘由、立碑单位等。

图 6-5　原凉山大学旧址玛牧碑刻简介　拍摄：作者

（四）玛牧彝文书籍①

1978 年，昭觉县语委曾经刻印《玛牧特依》作为内部参考资料使用。

1985 年，罗家修收集整理玛牧手抄本，编成《玛牧特依》，于四川民族出版社正式出版（图 6-6）。

---

① 需要特别指出，在彝语中，"特依"专指经典、书籍，故以下涉及玛牧彝文书籍部分本书采用《玛牧特依》指代玛牧。

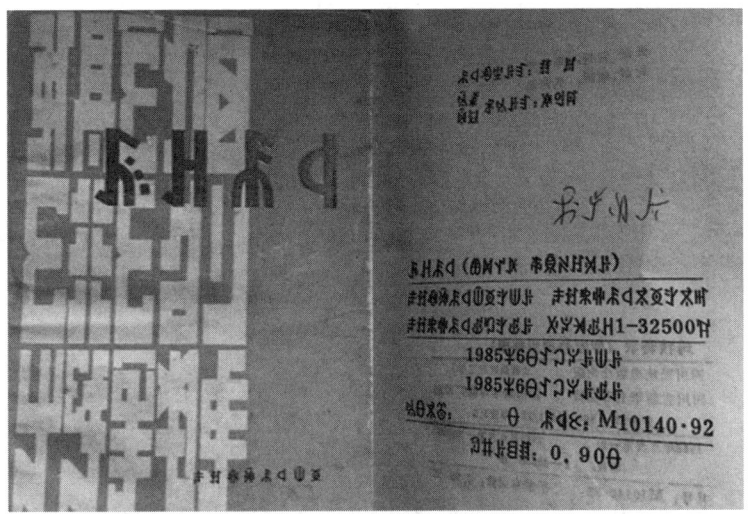

图6-6 彝文版《玛牧特依》（罗家修1985年版）

据罗家修先生介绍，当初收集整理的《玛牧特依》主要源于14个版本的玛牧，大多数是玛牧手抄本，主要来自凉山州昭觉县、喜德县、布拖县、美姑县等地。[①] 访谈之余，罗家修老先生还不忘文本的文字编辑工作，令笔者由衷钦佩这位老学者。

2002年，罗家修再次修改整理玛牧彝文版，并于四川民族出版社出版发行（图6-7）。该版本共分为一百一十七章，其中第一章以人和动物的生活环境与规律为内容；第二章以"矛盾无处不在、矛盾产生的根源、矛盾可以对立转化"为内容；第三章以"人人都会历经艰辛和磨难"为内容；第四章以"狭隘的弊端"为内容；第五章以"好兹和恶兹的不同"为内容；第六至七十二章把人的一生分为多个年龄段进行教导；第七十三至一百一十七章则站在前人的高度对后代子孙进行全方位的立德树人教育。其中，每个章增加疑难词句的详细注释，内容丰富明晰。

---

① 引自对罗家修先生的访谈记录。

图 6-7 彝文版《玛牧特依》（罗家修 2002 年版）

据笔者调查，相比较而言，罗家修收集整理的版本是目前流传最广的《玛牧特依》文本，已印刷数次。

此外，非物质文化遗产传承人沙马史体在近年来收集、整理玛牧经典的同时，结合新形势下的现代彝区存在的一些社会问题，创作增加了许多新的玛牧教育内容。传承人沙马史体以彝语演说、录制、出版发行《克智玛牧》系列光碟共五张（图 6-8），在彝族民间取得了较好反响。

图 6-8 传承人沙马史体与《克智玛牧》光碟　　拍摄：作者

二、玛牧彝汉文对照版本

1978 年，冯元蔚等收集、整理、翻译《凉山彝文资料选译》（西南民族学院，油印），其中第 2 卷包含《玛牧特依》内容，该资料仅供内部使用。

1982年，岭光电根据清代玛牧木刻本整理翻译彝族《教育经典》（中央民族学院，油印），该书内容涉及广泛，是彝族古代教育的集中体现，颇具代表性（图6-9）。

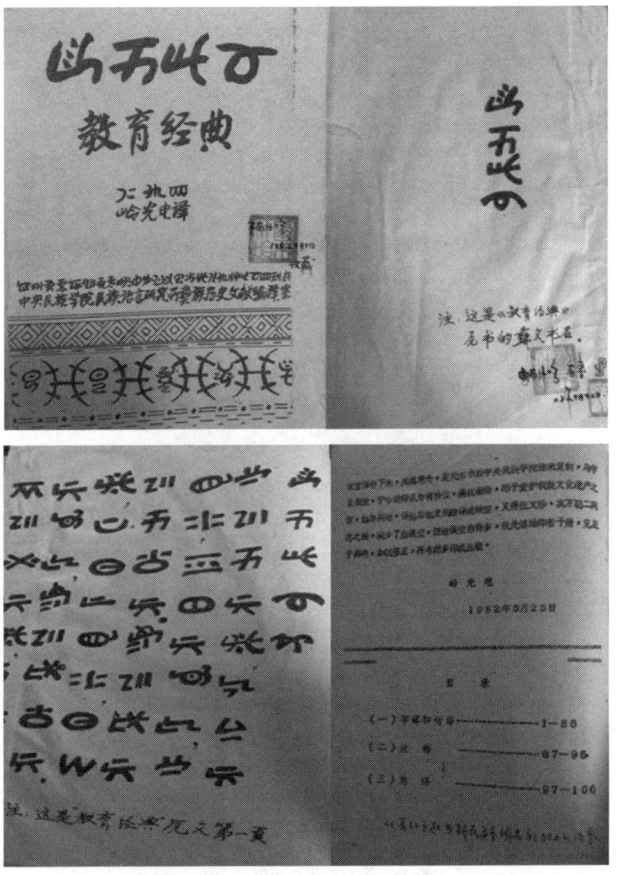

图6-9　岭光电《教育经典》（1982年油印版）封面、目录正文

岭光电先生不辞辛劳翻译的《教育经典》于1982年油印出版，为的就是抢救整理彝文经典，传承彝族优秀文化。1982年油印版取材于清朝木刻本玛牧，并将彝文翻译为汉文，以两种文字对照注释，揭示木刻经典的内容概要，是一份木刻玛牧彝汉文对照版本的珍贵档案。

2002年，吉宏什万等编著的《玛牧特依译注》由云南民族出版社出版。该版本不仅有彝文与汉文对译，还有词语和句子的详细注释。

2005年，吉格阿加翻译的《玛穆特依》由云南民族出版社出版发行。该版本在西南民族学院油印本、清代木刻本基础上，收集若干版本仔细对照，经过整理、删减、补充、勘校，最终形成一个新的综合版本。

2006年,凉山州政府组织编译的《中国彝文典籍译丛·第一辑》由四川民族出版社出版。在《中国彝文典籍译丛·第一辑》第三卷中,收录有由冯元蔚、曲比石美等收集翻译的《玛牧特依》,该版本对部分人名、地名和相关术语加以注释(图6-10)。

图6-10 《中国彝文典籍译丛·第一辑》书影

2007年,中共昭觉县委宣传部编译《彝族传统道德教育读本》(内部资料,图6-11)。该版本根据几种彝汉文对照本《玛牧特依》整理编写,内容不仅包括玛牧经典,而且包括彝族尔比、克智、勒俄等众多彝文经典,是玛牧与时俱进的产物,也是彝族文化整合传承的优秀读本,极具现实意义和推广价值。

图6-11 《彝族传统道德教育读本》书影

2011年，罗蓉芝翻译的《玛牡特依》彝汉对照本由四川民族出版社出版发行（图6-12）。该版本采用彝汉文对照形式修订和翻译了作者父亲罗家修整理的彝文版《玛牡特依》，书末附有术语与句子的注释，是一部较为成熟的文本。

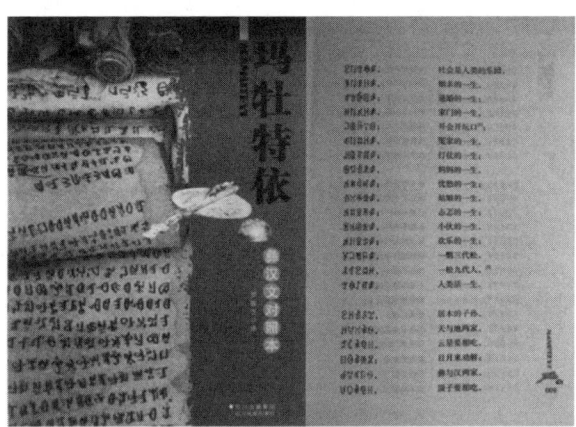

图6-12　罗蓉芝《玛牡特依》彝汉文对照本书影

2011年，肖建华、周德才翻译的《教育经典》由云南民族出版社出版，并被收录于楚雄彝族自治州人民政府组织编选的《彝族毕摩经典译注：第八十四卷》（图6-13）。该卷采用古彝文、国际音标、汉文直译、汉文意译对照排版，是汇聚《玛牡特依》教育经典古籍文献的重要读物。其中，肖建华译注的手抄本《教育经典》（一）和清代木刻本《教育经典》（二）呈现繁简不同的两种玛牧文献版本样式。

图6-13　肖建华、周德才译《教育经典》书影

2013年,雷波县语委组织编译的《彝族训世经》由中国文联出版社出版(图6-14)。该版本以毕摩吉侯达席收藏的彝文传世经典为蓝本,精心翻译编辑玛牧彝文,形成彝汉文对照本。书中涉及内容丰富精炼,时间跨度较大,诗体风格融会其间,诵读演述朗朗上口。书中还详细记录了该文本自优特斯尼传阿纪吉觉、阿纪吉觉传海来兹莫、海来兹莫传尚妮兹莫、尚妮兹莫传勒巫阿中、勒巫阿中传毕摩约嘎直至毕摩约嘎传毕摩达席的传承线索。该版本也是本书中玛牧经典的引用版本。

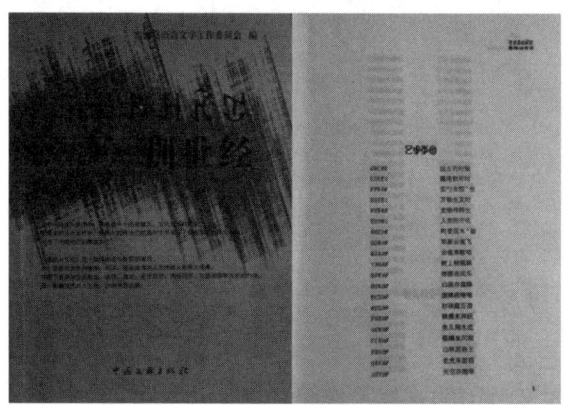

图6-14 雷波县语委组织编译《彝族训世经》书影

2014年,贾瓦盘加、何刚主编的《彝族传统道德教育》由云南民族出版社出版(图6-15)。该版本内容不仅包括传统玛牧,还增加禁盗、禁毒等篇章,分解细化了玛牧经典,有的放矢地展开教育。

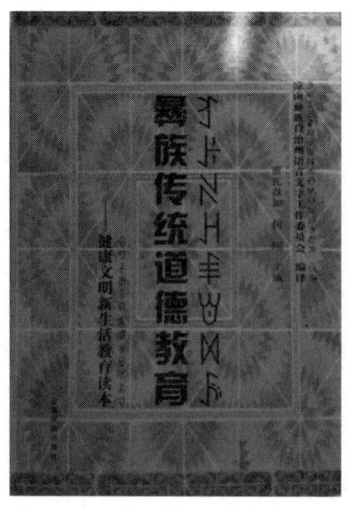

图6-15 贾瓦盘加、何刚主编《彝族传统道德教育》书影

三、玛牧彝汉英对照版本

2013年,阿育几坡、朱阿依、郭霞编译的《玛牧特依》彝汉英对照本由云南民族出版社出版发行(图6-16)。该版本是玛牧经典的首部彝汉英对照版本,为中外专家学者、彝族文化爱好者研究、学习玛牧提供了极大方便。

图6-16 阿育几坡等编译《玛牧特依》彝汉英对照本书影

现代凉山社会,彝族社区全面开放,汉文教育日渐普及,在促进对外交流的同时,却也导致彝族民众学习玛牧的热情不断减退,玛牧手抄本出现传承危机。在这样的背景下,专家学者们自发地收集、整理玛牧经典,将玛牧以不同版本呈现于世,玛牧的刻写实践有目共睹。然而,玛牧书籍的出版只是彝族玛牧文化在刻写实践中得以传承记忆的第一步。笔者调查发现,正式出版的玛牧书籍少有人购买和阅读。据凉山州西昌市新华书店销售人员介绍,玛牧书籍销售量少,其中,玛牧彝汉文对照本销售稍好,购买群体主要来自农村。由此可知,玛牧在彝族民间仍然具有一定影响力,但由于识得彝文字的彝族民众越来越少,能够理解与掌握玛牧特别是彝文版玛牧者更是少之又少,特别是青少年这一代,缺乏玛牧传习的自觉性,导致玛牧传承后继乏人。面对这一现状,凉山州各地积极行动,将玛牧传承与彝区教育结合起来,让玛牧逐步走进教学课堂,开展玛牧进校园活动。

第三节　玛牧的刻写教育

虽然彝文有着简单易学的优势，然而受旧社会广大民众教育资源不足的限制，直到新中国成立前夕，凉山地区只有 2.75% 彝族成年人识一点彝文。[①] 绝大部分彝族民众不认识彝文，更没有机会学习玛牧，玛牧经典仅仅掌握在少数彝族上层手中。德古阿莫沙马尔铁描述道：

> 我几乎是自学的玛牧，那时仅仅舅舅教一教，因为学习的是手抄本，所以学得不够完整。当时还有私心，舅舅只教我一人，还要保密，不随便传，不外传。我当时也比较自私，也没有教徒弟，现在国家把玛牧印出来，也不存在保密一说了。[②]

可见，旧社会时，凉山彝族社会中只有少数人掌握玛牧，直至近代特别是新中国成立后，玛牧方才走进校园课堂、走入彝族民间。彝族文字是玛牧刻写教育的基础，玛牧的刻写教育经历了一个从近代到现代的过程。

一、玛牧的近现代刻写教育

旧时的凉山彝族社会，彝文的学习、玛牧的学习在很长一段时间内处于耳濡目染、自学为主的状态，彝文教育、玛牧教育从未进入学校教育。

直至清光绪三十三年（1907），凉山大土司岭镇荣在安宁场族茂堡[③]开设凉山第一所彝文学堂，招收学生 18 人，上述情况才开始改变。岭镇荣认为，洋人有洋书，汉族有汉书，彝族有彝书。既然彝族有书，为什么不读呢？于是岭镇荣土司亲自审定凉山彝族教育经典玛牧，送至汉区木刻，学堂以清代玛牧木刻本作为彝文授课教材，内容不仅包括之前流传的经典玛牧，还包括岭镇荣新增加的欧洲科学知识摘要，比如"地球分成七大洲，海洋分成四大洋，全球人种分五种，地球围绕太阳转……"至此，彝文才真正走进学校，进入教育教

[①] 吴明先. 四川省凉山彝文教学回顾与展望 [J]. 凉山民族研究，1996：155.
[②] 引自对德古阿莫沙马尔铁的访谈记录。
[③] 安宁场族茂堡系河东长官司衙门所在地，又叫岭土司衙门，位于今西昌市月华乡新星村四组，现已改建新房。

学领域；玛牧也才开始走进课堂，走入彝族民间。

另一位彝族土司岭光电，于1937年开设私立斯补边民小学校，为彝族学生提供上学堂学习的机会。学校设立的彝文课堂同样以彝族经典玛牧作为主要授课内容，以学校教育形式开展玛牧的集中教学活动。这是玛牧近代刻写教育的又一例子。关于私立斯补边民小学校的相关情况，将在第七章详细叙述。

不难发现，凉山彝族土司在玛牧的近现代刻写教育中占据主导地位，这是一种必然，其原因有二：一是流传至近代的绝大部分玛牧手抄本源自土司贵族等社会名流之家，二是受生计所困，当时的多数彝民不愿上学，只有土司能够强制彝民上学，接受学堂教育。

二、玛牧的当代刻写教育

玛牧的当代刻写教育主要依托学校教育，展开玛牧的集中教学。在实际教育环境中，现代彝文教育与玛牧刻写教育互为表里。

从1956年凉山民主改革到1975年，彝文并没有正式进入现代课堂教学，相关教育基本处于空白。1978年秋，凉山正式开始实行双语教育，至1984年初步形成两类模式并行的教育格局。一类模式以彝语文为主要教学语文，同时开设汉语文课；二类模式以汉语文为主要教学语文，同时开设彝语文课。发展至今，彝文教学已自成体系，实现从小学到中学、大学的延伸——至2008年，一类模式培养的首届博士生已经毕业。玛牧的现代刻写教育则始终贯穿于当代彝文教育，从小学延伸至大学，各个学习阶段所开设的彝文课程都或多或少节选玛牧为教材内容。

（一）玛牧的小学刻写教育

一些简单易学、容易理解的玛牧内容，通过小学教材进入基础教育课程，凉山彝区玛牧的小学刻写教育以喜德县贺波洛小学为典型代表。

该小学位于喜德县贺波洛乡，是一处彝族聚居的高寒山区，数以千计的彝族人民散居于此。贺波洛小学始建于1958年，自1978年起，学校开始开设彝语文课程，是一所一类模式彝汉双语小学校。贺波洛小学的办学理念是"以传承民族文化为宗旨，以培养优秀民族人才为想法"。从学生入校开始，教师首先教授其读文识字，使学生逐步掌握彝文基础知识，并具备彝文学习能力。之后又以彝族文学为教学内容，传授学生彝族优秀传统文化，其中，玛牧节选属于必学知识。在贺波洛小学，玛牧时常走进现代教学课堂，教师悉心讲授玛牧经典篇章（图6-17）。在这个过程中，学生不仅学习到了彝族文化知识，还学到了做人的道理。

图6-17　课堂教授玛牧　摄影：作者

非物质文化遗产玛牧传承人沙马史体也时常走入校园、进课堂，用彝文讲解玛牧经典，从娃娃抓起，传承玛牧文化（图6-18）。

图6-18　传承人沙马史体走进课堂讲解玛牧　摄影：作者

玛牧的当代刻写教育需要学校的重视与学生的自觉。学校要求学生常常复习，坚持诵读玛牧，而玛牧经典正是在一教一学中得以弘扬（图6-19）。

第六章　玛牧的刻写实践

图 6—19　学生早晨诵读玛牧　摄影：作者

根据调查，贺波洛小学一、二年级学生基本突破识彝字关；二、三年级学生大都能看书看报；三、四年级学生能写出几百乃至上千字较为通顺的文章；五、六年级学生可继续自学彝文经典《玛牧》《勒俄》《阿母尼惹》等，还能阅读一些彝文科普读物。[①]（图 6—20）

除喜德县贺波洛小学以外，凉山州昭觉县、雷波县、美姑县、布拖县、西昌市等地部分民族小学也在积极开展玛牧入校园、进课堂活动，践行玛牧的刻写教育。

图 6—20　小学生与玛牧　摄影：何清

---

① 邓成伦. 论凉山彝族社区教育发展与双语教学的关系 [J]. 凉山民族研究，2001：187.

(二) 玛牧的中学刻写教育

对于学生来说,中学阶段是学习文化知识的重要时段,是学生奠定高考成绩的关键时期。相较于其他教育阶段,玛牧的刻写教育在这个阶段显得尤为薄弱。目前,喜德县、昭觉县、美姑县、布拖县、雷波县等地部分一类模式民族中学通过节选玛牧内容编入教材形式开展玛牧教育。其中,喜德县职业民族中学始建于1990年,是一所以彝族母语起步的一类模式与普教职教于一体的综合学校。该校重视彝族母语教学、彝族文学鉴赏,一类模式教育下的学生所创作的彝文作品共有两百余篇曾被《凉山日报》《凉山文学》彝文版刊发。

(三) 玛牧的大学刻写教育

恢复大专院校招生考试以后,中央民族学院从1980年开始正式招收彝语文专业学生,陆续培养数批彝语文专业研究生。西南民族学院第一次招收彝语文专业学生时共录取40名彝族同学,并选择彝族史诗、经典彝文作品作为选读课本。之后,西南民族学院每年或隔年招收彝语文专业考生,培养多批彝汉语文兼备的人才。凉山师专于1990年开办彝文系,现为西昌学院彝语言文学学院,每年固定招收彝语言文学专业一类模式彝族学生。基于教育层次不同、文理分科不同,彝语言文学课占比略显差异。以西昌学院为例,彝语言文学课占本科文科开课课程的37%,占本科理科开课课程的9%;彝语言文学课占专科文科开课课程的31%,占专科理科开课课程的12%。①

民族高等院校历来是彝语言文学教育、研究的重要基地,如今中央民族大学、西南民族大学、西昌学院也颇为重视玛牧教育。各校均将玛牧融入日常教学与课程建设,自编出版富有特色的本校教材,同时,各高校还将玛牧研究作为重点研究方向,从不同学科视角解读与研究玛牧经典。

包含玛牧内容的高校自编教材形式多样,有节选玛牧部分内容的,也有编录玛牧全文内容的。其中,1999年李尼波、沙马吉哈编著《勒俄·玛牧特依释读》彝文版,由四川民族出版社出版(图6-21)。该自编教材分为"勒俄""玛牧"两个部分,其中玛牧部分共有15章,每章包括"古彝文""疑难注释""现代译文""问题与思考"四个环节,是一本彝族民间文学教材学习用书。

---

① 杨胜梅. 双语教学在凉山的实践 [J]. 凉山民族研究, 2013: 238.

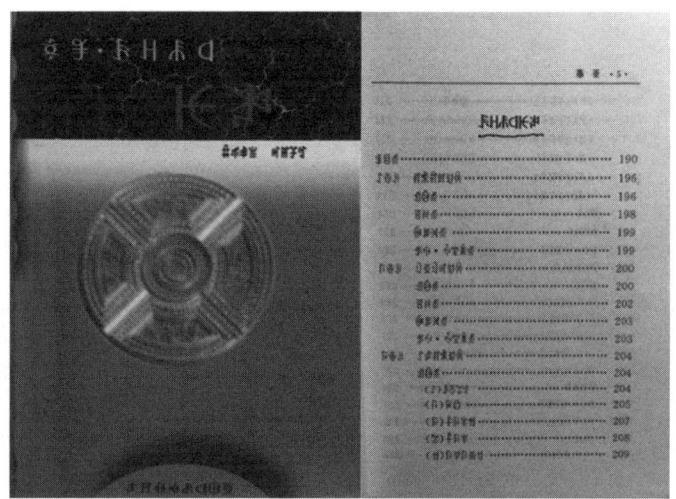

图6-21 《勒俄·玛牧特依释读》彝文版书影

另外，2000年洛边木果主编《大学彝语文》，由四川民族出版社出版。该教材节选有玛牧前半部分内容。2002年，景志明主编《古代彝文文选教程》，由四川民族出版社出版。该教材编录玛牧全文内容，且关于玛牧的内容成为该书重点。2007年，曲木伍各、洛边木果主编修订本《大学彝语文》，同样节选玛牧部分内容作为重要章节。2013年，孙子呷呷、张瓦铁主编《彝族古典文学导读》，由云南民族出版社出版。该教材同样编录玛牧全文内容，在简要介绍玛牧之后，分章节对应解释疑难词句，设置思考与练习环节，是一本古代彝文经典文学的优秀教材。

此外，中等专业学校教育是玛牧现代刻写教育的又一平台。四川省彝文学校是1985年创办的第一所彝汉双语教学的民族中等专业学校（图6-22）。该校坚持"彝文不可少，汉文不可低"，突出民族特色，融合民族传统文化与现代科技知识于一体，施行以彝文为基础，以汉文为目标的双语并重教学体制，同时积极开展第二课堂，成立彝汉文写作、彝族风俗、书法等诸多兴趣小组，是彝族人才培养的重要基地，也是玛牧刻写教育的重要平台（图6-23）。

图6-22 四川省彝文学校　拍摄：作者

图6-23 四川省彝文学校开展玛牧刻写教育活动　摄影：作者

除学校教育的集中教学外,《凉山日报》彝文版、《凉山文学》彝文版等读物也是玛牧现当代刻写教育的重要平台。《凉山日报》彝文版刊载版面主要包括新闻版、文学艺术版、历史文化版,《凉山文学》彝文版主要刊载彝族传统文艺和现代文学艺术创作。这两种刊物深受广大彝族群众欢迎,彝族群众喜闻乐见、爱不释手。作为彝族文学艺术刻写教育的重要窗口,一批又一批的彝族青年通过这些平台学习和实践文艺创作。为方便彝族群众学习阅读,《凉山日报》还紧跟时代步伐,推出《凉山日报》彝文手机版。

另外,部分彝族群众也会自行购买已经出版发行的玛牧书籍开展自省学习。自省是凉山彝族社会一项非常重要的自我教育,人们通过自省反思、关注内心、约束自我,时常以玛牧标准衡量自我、告诫自我、审视自我,从而成为知礼明德的人。

体化实践以当下身体的举动表达、传递信息，刻写实践则以文字记录的方式捕捉、储存信息。① 阿斯曼夫妇曾经指出，文字出现以后社会记忆出现中心与边缘的划分，但是活跃的功能记忆和被动的存储记忆可以根据需要相互渗透、相互转化。文字的出现与印刷术的发明从两个维度提高了社会记忆的效率：一方面，从时间维度加快了社会记忆传递的速度；另一方面，从空间维度扩展了社会记忆的广度、增加了其密度。②

本章从玛牧刻写实践的关键——彝文字入手，探讨彝文字的开端、起源及其特点，收集整理玛牧近现代各类版本，从版本特点分析玛牧作为社会记忆的保持和传递过程，再以玛牧的刻写教育为主线，深入剖析玛牧在近现代社会的保持和传递，以期充分呈现玛牧的近现代刻写实践历程。

2017年1月国务院印发《关于实施中华优秀传统文化传承发展工程的意见》，指出中华优秀传统文化传承应当贯穿各类教育模式，以教材为重点，构建中华文化课程教材体系。③ 以刻写实践为基础的刻写教育已然成为传承中华优秀传统文化的战略选择，刻写实践在社会记忆保持和传递中显得愈发重要。

---

① Connerton, P. How Societies Remember [M]. London: Combridge University Press, 1989.
② 李波，伍进. 聚居少数民族传统文化的社会记忆载体探析 [J]. 贵州社会科学, 2013 (8): 46.
③ 中共中央办公厅 国务院办公厅印发《关于实施中华优秀传统文化传承发展工程的意见》[OL]. (2017-01-25)[2024-11-03]. http://www.gov.cn/zhengce/2017-01/25/content_5163472.htm.

第七章　非物质文化遗产玛牧的记忆之场

第一节　场所与记忆

一、场所与场所精神

"场所"（place）最早出现于 20 世纪 50 年代的现代建筑领域，20 世纪 70 年代被广泛运用于建筑领域。诺伯舒兹认为，场所是一个由自然和人为因素构成的综合体。这个综合体决定了一种"环境的特性"，由经济、社会、政治以及其他文化现象所决定，[①] 即场所的本质。场所不仅是一个实体空间，反映某一特定区域内人们的生活方式及其所处环境特征，还具有以地方特性为基础的场所精神。[②]

"场所精神"（genius loci or spirit of place）最早由诺伯舒兹于 1979 年提出，这一概念源于德国哲学家海德格尔，海德格尔认为人需要诗意的栖居。场所精神正是根植于诗意栖居的空间结构，是人类与所处环境之间产生的内在共鸣。诺伯舒兹的场所精神源于古罗马宗教理念，融合人类与所处环境共同经历的历史、情感和记忆，赋予场所精神意识。[③]

场所精神源于人类栖居的自然场地，是一个蕴含人类思想、情感烙印的"心理化地图"[④]；它来自世代传承，是一种代代相传的集体记忆。这种记忆能

[①] 诺伯舒兹. 场所精神——迈向建筑现象学 [M]. 施植明译. 武汉：华中科技大学出版社，2010：168.

[②] 刘容. 场所精神——中国城市工业遗产保护的核心价值选择 [J]. 东南文化，2013（1）：19.

[③] 周坤，颜珂，王进. 场所精神重解：兼论建筑遗产的保护与再利用 [J]. 四川师范大学学报（社会科学版），2015（3）：68.

[④] 李永红，赵鹏. 默语倾听 兴然会应——在地段特征和场所精神中找寻答案 [J]. 中国园林，2001（2）：29—32.

够潜意识地引导人们的行为,帮助人们获得心理的体验。场所精神造就人们精神层面的集体潜意识。

二、记忆

记忆不仅具有心理尺度,还具有社会尺度。[①] 保罗·康纳顿认为,相对于个体记忆,还存在另一种记忆,即社会记忆。[②] 王明珂提出,社会记忆指所有在一个社会中依靠各种载体保持、传递的记忆,[③] 由这一区域群体的神话、历史以及经验组成,依靠口传、刻写、仪式等在相应社会中保持、传递。那么,社会如何记忆?记忆载体为何?

关于记忆与场所,D. M. 哈蒙(D. M. Hummon)认为,人的记忆、经历会与场所形成情感依赖,这种依赖在人与场所之间起到重要联结。[④] 古希腊诗人西莫尼底斯曾利用建筑中的场所布置建构人为的记忆。[⑤] 皮埃尔·诺拉提出"记忆之场"理论,认为历史与生活记忆产生断裂,人们越来越依赖建筑物、纪念馆等外在场所来保存和唤醒记忆的碎片。[⑥] 诺拉进一步指出,宫殿、咖啡馆、雕塑、教堂等纪念场所对于建构民族与国家的记忆之场意义重大。本尼迪克特·安德森也赞同诺拉的"记忆之场",认为国家设立的纪念碑、纪念馆、博物馆等纪念场所就是记忆的载体之一。[⑦] 另外,黄东兰、杨扬、吴兴帜、刘博分别认为岳飞庙的修建、南京大屠杀遇难同胞纪念馆的建立、个碧石铁路博物馆的修建、图书馆的建立,均是创造记忆之场、实现记忆延续的重要载体。

诺拉关注记忆的记忆之场理论,强调场所是记忆的介质,这一观点对于记忆研究影响深远——场所在某种意义上是记忆的物体化、空间化,[⑧] 记忆之场是保持和传递记忆的重要载体。

---

① Olick,J. K.,J. Robbins J. Social Memory Studies:From "Collective Memory" to the Historical Sociology of Mnemonic Practices [J]. Annual Review of Sociology,1998 (24):105—140.
② Connerton,P. How Societies Remember [M]. London:Combridge University Press,1989.
③ 王明珂. 历史事实、历史记忆与历史心性 [J]. 历史研究,2001 (5):136—147+191.
④ Hummon,D. M. Community Attachment in Altman& SM Low Place Attachment [M]. New York:Plenum Press,1992:253—278.
⑤ 索尔索. 认知心理学 [M]. 黄希庭等译. 北京:教育科学出版社,1990:283.
⑥ Nora,Pierre. Between Memory and History [J]. Representations,1989 (26).
⑦ 本尼迪克特·安德森. 想象的共同体——民族主义的起源与散布 [M]. 吴睿人译. 上海:上海人民出版社,2001.
⑧ 席岳婷,赵荣. 场所精神下文化遗产保护与游憩体系耦合研究 [J]. 西北大学学报(自然科学版),2013 (2):315.

综上,场所是记忆的载体,场所精神将人与所处环境共同经历的情感、记忆和历史融为一体,赋予记忆之场精神意识。场所的生命与活力有助于场所精神的延续与增强,直接影响记忆的保持和传递。因此,增强场所的生命力,延续与弘扬场所精神,扩充与创造记忆之场,是记忆得以保持、再现、传递的关键。

第二节 玛牧的记忆之场

一、记忆之场

法国著名学者皮埃尔·诺拉在其主编《记忆之场——法国国民意识的文化社会史》一书中提出"记忆之场"的概念,指出记忆之场的"场"具有实在性、象征性和功能性,记忆之场由场所和记忆两个词共同构成。这一概念如今已被学界广泛运用,内涵主要指称物质性的纪念场所。

诺拉认为,处于现代社会的记忆已然脱离惯常生活,此时记忆需要人为的节庆活动、博物馆等一系列物质载体加以保存和延续。记忆之场成为记忆的场域,博物馆、节庆活动等成为人们寻找记忆的切入点。在非西方社会的文化传承中,借助建筑、场所、标记及历史纪念物传达记忆的方法很重要。因此,记忆之场成为非物质文化遗产玛牧保持、再现、传递的重要载体。

二、记忆之场与玛牧

前文提到凉山彝族土司与玛牧的历史渊源,在玛牧的传承与弘扬方面,凉山彝族土司起着至关重要的作用。因此,关于非物质文化遗产玛牧的记忆之场,需从凉山彝族土司说起。

(一)土司制度概述

土司制度源于古代中央王朝的羁縻政策,即一种封建王朝通过少数民族首领实现对少数民族地区和人民统治的非常宽松的笼络性政策——只要少数民族首领臣服,中央不过问其内部事务。羁縻政策始于秦汉,发展于三国两晋南北朝,盛于唐,延于宋,历时约1500年。

至元代，土司制度逐渐取代羁縻政策。元代实行行省制，因"远方蛮夷，顽犷难制，必任土人，可以集事"①，于是在西南少数民族地区开始实行土司制度，任用当地民族首领，普遍设置土司官职。明代"踵元之故事，大为恢拓，凡夷来归者，即以原官授之"②。至清代，凡"诚心归顺者，使之仍旧住牧，各得其所，令其认纳秔粮，每岁征收"③。概言之，所谓土司制度始，是中央王朝利用少数民族首领在本地区的影响力建立统治地位，加强边疆少数民族治理而采取的巩固统治的一种特殊政治制度。中央王朝根据土司所做的成绩贡献及其统治区域大小、人口多少，再结合实际情况，授予其世袭的官职官衔，土司任免权均属于中央王朝。土司是朝廷命官，世袭其职，世管其民，世统其兵，世守其土，④职衔较高的土司均设有土司衙门⑤，拥有所辖区域政治、军事、经济、文化、民族事务的重大权力，额以赋役，按时按规缴纳贡物。在元明清时期，土司制度是一项重要政治制度，不仅帮助中央王朝统一国家政权，而且是因地制宜地治理边疆地区少数民族地区的有效方式。

据《凉山罗彝考察报告》记载："土司制度，始于中国朝廷待边疆民族之归顺者，锡以爵禄，额以赋役，初虽为羁縻抚绥之道，后世殆成为以夷治夷之法矣。中国汉代开蛮夷，置官吏，而王侯君长率因其故号授之。此罗彝受中国爵位之滥觞也。晋、宋、齐、梁、陈、北魏往往有蛮夷刺史；唐时羁縻州有都督府，有州，有县；宋亦有羁縻州县。"⑥

（二）凉山土司制度

1. 凉山土司沿革

整个彝族地区先后存在过二百多个土司，分布于云南、四川、贵州等地。至元十二年（1275），"析其地置总管府五，州二十三，建昌其一路也，设罗罗宣慰司以总之"⑦，此为凉山彝族土司之始。根据《凉山罗彝考察报告》记载："元代土司之制始备。有宣慰司、安抚司、招讨司、军民府、长官司、千户所、百户所之名。自宣慰而下，虽亦参用流官，以番夷酋长为之者实多。凉山罗彝

---

① 元史·世宗本纪.
② 明史·土司序传.
③ 嘉庆四川通志：卷九十五.
④ 宋土文集：卷二十·罗君墓志.
⑤ 指土司居住、行使权力的地方.
⑥ 马长寿. 凉山罗彝考察报告［M］. 李绍明，周伟洲等整理. 成都：巴蜀书社，2006：347.
⑦ 元史·地理志：卷四.

之为土司者，计宣慰司一，建昌罗酋安氏普卜之罗彝宣慰司是也；安抚招讨司一，邛部是也；军民总管府四，乌蒙、东川、乌撒、茫布是也；长官司一，雷波是也；千户可考者有三，里州阿都土千户、润州㪍罗千户、金沙江东南阿卢土千户是也。明因元制，而损益之，兼明其品流：曰宣慰司，官从三品；曰宣抚司，官从四品；曰招讨司，官从五品；曰长官司，官从七品；以下有千百户，未入品。"①

凉山彝族土司分武职和文职，武职主要有指挥使司、土千户、土百户，宣慰司、宣抚司、安抚司、招讨司、长官司，土游击、土都司、土守备、土千总、土把总、土外委，等等。文职主要有仅设于元代的总管，以及土知府、土知州、土知县等。伴随中央王朝统治的深入，土司政权与中央王朝的矛盾加剧，以致雍正年间实行了大规模的改土归流，②至清末，云南、贵州的彝族土司基本衰亡，土司制度基本终结，只有凉山彝族地区受经济、文化、社会发展的限制，土司制度仍然完整延续。根据《凉山罗彝考察报告》记载："凉山土司中马湖土知府于明季弘治十八年革职改流；乌蒙、东川、乌撒等军民府及阿卢土司于雍正四年亦改土归流。清时凉山罗彝土司所存者：计宣慰司一，曰宁远宣慰司；宣抚司二，曰沙马宣抚司、邛部宣抚司；长官司六，曰阿都长官司、泥溪长官司、平夷长官司、蛮夷长官司、沐川长官司、河东长官司；土千户二，曰煖带密千户、煖带田坝千户；土千总二，曰河西土千总、雷波千万贯土千总；土百户二，曰披沙百户、黎州大田百户。"③

到民国时期，凉山彝族土司与黑彝、中央政府持续争斗，或被黑彝打击而衰败，或改土归流，或绝嗣，所剩无几。至新中国成立前，尚存且有完整领地的凉山彝族土司主要有宜地④土司（袭领河东长官司、河西抚夷土千总、邛部宣抚司、煖带密土游击，也称下土司）、斯补土司（煖带田坝土千户，也称上土司）、沙玛土司、阿都土司、阿卓土司。

凉山土司制度直至1956年民主改革时彻底终结。

2. 凉山土司法令

凉山土司制度充满等级与宗法意味，从土司法令中可见一斑，下面分述两

---

① 马长寿. 凉山罗彝考察报告 [M]. 李绍明，周伟洲等整理. 成都：巴蜀书社，2006：347.
② "改土归流"是明清两代在少数民族地区逐步废除世袭土司，任命政府可以统一调动的流动官员进行统治的一种政治措施，在清雍正年间，改土归流政策规模最大，并基本完成。
③ 马长寿. 凉山罗彝考察报告 [M]. 李绍明，周伟洲等整理. 成都：巴蜀书社，2006：348.
④ 官署位于甘洛县宜地乡，因位置又与煖带田坝土千户相对，故称下土司。

部具有代表性的土司法令。其一，前文所述岭镇荣土司曾颁布岭署训令[①]如下：

第一条 远稽自古昔，皇天锡土爵，地上建土司。土司之下，所属黑彝白彝，司之锋莫犯，目之行莫违，犯司锋者死。违反父母者，子孙不繁殖。凡诸黑白彝，于司当尽忠，于亲当竭养。于司尽忠者，法令其勿越。于亲竭养者，嗣衍永无疆。

第二条 土司以下，无论大小吏目，公粮为汝等嚼食，水源为汝等汲饮。汝等当上莫犯司锋，下莫欺白彝，莫敲榨黑彝。遇调解案件时，莫庇护此方，而侵害他方。有理即说理，有道即依道。如此，上以护土司，下以爱百姓。非然者，其将舛误而受罚。

第三条 随官即事官，事官须廉。莫窃彝，莫盗汉。官之隐莫举，目之秘莫泄。举官隐者，土司有逆鳞；泄目密者，司吏有抵角。

第四条 随土司之日，为民当护官，为奴当为主争颜。公粮如豕食盆，善恶之人齐聚食。公产如牛角，鼠食其毛落。管公产时，当清白白地管，磊落落地管。

....

第六条 人类相制，如束桶然。天有三重，人有三级。上为土司，司下黑彝，黑彝下白彝。如此，故白彝莫反黑彝，莫反土司。黑彝若反土司时，上撄土司之逆鳞，下遭奴隶之杀戮，黑彝之生以灭，黑彝之统以绝矣。

第七条 为子女者，于父当尽孝，于母当尽养。子女逆其亲，父母结罗网，上诉耳目神，皇天惩罚以至矣。子女其陨灭。

第八条 宗与族二系：族之女禁淫，宗之子禁杀。淫族女者，其田产充公。杀宗子者，生命杀无赦。于宗与于族，亲宗则光明，睦族则安适。宗族之子弟，源流其并茂，宗族赖以恬然矣。

第九条 姻与戚二家：财帛事，姻产莫偷窃。想姻戚之财，姻戚疏不亲。土司之威权，限人莫犯法，犯法者处死。诉目神不视，呼耳神不答。上而天不助，下而刑罚至。捕缉其宗族，累绁其姻戚，人血流融为泥土矣。

第十条 为人者，随土司时当尽忠，随父母之日当尽孝。宗族相处之

[①] 又名《穆乌新基家官署法令规则十条》。

时当心善目正，宗族姻戚相处之时当互信互助。与子女处之日当教育子女，与民奴处之日当教导民奴。父母已亡之日当三年一白祭，三月一黑祭。源渊清白洁，子孙生身美。亲欠子之债为娶媳成家，子欠亲之债为死后除祢。子生光明远，女生流渊长。①

岭镇荣土司颁布的岭署训令，深刻体现凉山彝族社会的等级分层、血缘关系、姻缘关系，各个等级各司其职，各尽其责，行事准则、相处之道皆有规范。

前文提到的另一位土司岭光电，系煖带田坝土千户末代土司。岭光电祖父岭廷福②土司曾经立下条规六则，书镌石上，立官署③旁。该土司条令石碑④由总理抚司岭廷福、荫袭抚司岭廷杰、土舍岭廷俊、岭廷秀、岭廷禄、岭廷寿、岭廷嘉同立，垂戒后世。部分条规如下：

第一条 凡我夷民土业俱是贡产，夷不准卖，汉不许买。如有买卖预来署内投告，认纳草粮。倘敢私买私卖，一经查觉，将地方充公不贷。恐其异日地土卖尽，流离逃散，贡需无处取办……

第二条 凡本署所属百姓难免无词讼之兴，除偷抢案件罪在不赦外，凡户婚田土一切案件，按情轻重议定，每案上钱，重者二千四百文，轻者一千二百文，不得多取……

第三条 凡我兄弟衙署，与汉民杂处，难免毫无事端，若被客家欺凌，弟兄同雠。倘无故欺凌客家，身作身当，不得附和……

第四条 凡我署各有内人、哇子，各家驾驭，不得妄生事端……

第五条 凡我署内遇有公私事件，弟兄同商，妇人辈不得干预其事，亦不可听枕边唆言。后世子孙遵依奉行……

---

① 马长寿. 凉山罗彝考察报告 [M]. 李绍明，周伟洲等整理. 成都：巴蜀书社，2006：350—352.
② 岭廷福，彝名比比，年轻时逢太平天国翼王石达开率军过凉山，岭廷福率领彝兵到大渡河边大树堡一路堵住太平军退路，截断这路太平军与主力的联络，配合清军镇压了这批太平军。清朝因此功勋钦赐其副将衔、煖带田坝土千户所总理。
③ 煖带田坝土千户官署即今私立斯补边民小学土司遗址。
④ 煖带田坝土千户末代土司岭光电在其回忆录《忆往昔》中提道："土司衙门前，有一照壁，上面画着一只张牙舞爪的山虎。壁侧有光绪年间所立汉文石碑，上面刻有若干条法规，署有全所总理岭廷福、土千户岭廷俊、帮办土千户岭廷杰等人之名。据前辈人讲，这是我祖父以全所总理的名义领头，与几个兄弟合立的，并在碑前一同宣誓，倘有违背者，将'妻娼子盗'。'文革'中石碑曾被人用作洗衣台，后来就不见了。"

第六条　凡各署内遇有案件，头目人等按情议取说话钱文，不得妄行勒索。倘有勒索多取等弊，定责革不贷……①

综上，土司法令是凉山土司制度的一个缩影，它既是一部法令，又具有训令性质，时刻训示教育彝族民众该做什么，不该做什么。值得一提的是，上述两部具有代表性的土司法令分别出自岭镇荣土司和岭廷福土司，这两个土司世家非常注重规范彝民言行、重视彝民教育，岭镇荣和岭廷福之孙岭光电更是玛牧教育经典的践行者，也是玛牧近代刻写教育的推动者。

（三）玛牧与宜地、斯补土司

清末民国时期，凉山彝区土司制度依然延续，土司享有至高权力，拥有财富无数，这也成为土司开办学堂的必要条件。旧社会时期，玛牧流传于凉山地区土司贵族等社会名流之家，是凉山彝族社会重要的教育经典，在凉山彝区统治阶层中有着强大影响力，也顺理成章成为土司开办学堂的授课教材。开办学堂的彝族土司与玛牧有着不解之缘。值得一提的是，他们汉名虽都姓岭，但分属于两个不同的土司世系。岭镇荣土司袭领煖带密土游击、河东长官司、河西抚夷土千总、邛部宣抚司，时称宜地土司，也称下土司；岭光电土司袭煖带田坝土千户，时称斯补土司，也称上土司。宜地土司与斯补土司是清末民国时期为数不多的尚存且有完整领地的土司。

1. 宜地土司

（1）宜地土司由来

宜地土司由凉山历朝数个土司发展形成，主要袭领煖带密土游击、河东长官司、河西抚夷土千总、邛部宣抚司，属当时凉山地区势力最大者。

① 煖带密土游击

煖带密土千户，岭氏，彝族称为斯兹兹莫，与邛部宣抚司岭氏为一家分支，庶支岭安泰于康熙四十九年（1710）得授土千户职，土署位于甘洛县宜地乡，与煖带田坝土千户相对，故称下土司。清嘉庆时，煖带密土千户辖地东至五十里交瓜惹野夷界，南至九十里交敲脚户野夷界，西至八十里交厅属白沙沟界，北至五十里交越嶲厅属陡坡顶界，四至共二百七十里，所管夷民户口共一

---

① 马长寿. 凉山罗彝考察报告［M］. 李绍明，周伟洲等整理. 成都：巴蜀书社，2006：352—353.

千二百五十户。① 1808年，土司岭华封故，其妻吁牛氏护理；1850年，岭承恩承袭煖带密土千户之职。1863年，岭承恩协助清军剿灭太平天国翼王石达开部，因而备受清廷青睐，授予建威将军职衔，钦定土游击世职，煖带密土千户从此称为煖带密土游击。岭承恩之后，土司职由岭镇荣承袭。

② 河东长官司、河西抚夷土千总

河东长官司、河西抚夷土千总，虽名为二土司，实为一家，是建昌罗罗宣慰司的后裔，安姓。建昌罗罗宣慰司受封于元初，从三品，是元朝分封的最高级别土官，也是凉山第一土司。据《元史·地理志》记载，"建昌路，本古越嶲地，唐初设中都府，治越嶲。至德中，没于吐蕃。贞元中复之。懿宗时，蒙诏立城曰建昌府，以乌、白二蛮实之。其后诸酋争强，不能相下，分地为四，推段兴为长。其裔浸强，遂并诸酋，自为府主，大理不能治。传至阿宗，娶落兰部建蒂女沙智。元宪宗时，建蒂内附，以其婿阿宗守建昌。至元十二年，析其地置总管府五、州二十三，建昌其一路也，设罗罗宣慰司以总之。"②

建昌罗罗宣慰司又称利利土司，鼎盛时期辖区面积约六万平方千米，故彝谚有云："地上有树，是利利家的树；地上有水，是利利家的水；地上有人，是利利家的人。"利利土司在明代被称为"建昌卫军民指挥使司"。清顺治十六年（1659），建昌罗罗宣慰司安泰宁被缴销宣慰司印信，改授河西抚夷土千总职；康熙三十九年（1700），安承爵殁，其妇瞿氏始颁印信、号纸；雍正五年（1727），瞿氏缘事参革；雍正六年（1728），河东夷匪猖獗，调已革土职瞿氏进剿，瞿氏命其女凤英率兵征剿平息，即以凤英袭河西抚夷司职；乾隆十一年（1746），追叙平夷功授凤英河东长官司职，河东长官司由此得名。清嘉庆时，土司辖地东至阿吽啰三百七十里交阿都长官司界，南至鱼水河一百三十里交阿都副长官司界，西至沙坪站八十里交盐源县属瓜别土司界，北至温都脚夷二百里交河西土千总界，四至共七百八十里，所管土百户三员，猓罗部落六千九百六十二户。③ 至安平康及其子绍徽，于同治初年相继逝世，经建昌镇总兵定焕之介绍，由岭承恩兼袭河东长官司、河西抚夷土千总职。经岭翰平、岭彭氏后，该职由岭镇荣承袭。

③ 邛部宣抚司

邛部宣抚司，岭氏，彝族亦称为斯兹兹莫。宋时，凉山出现邛部，号称

---

① 嘉庆四川通志：卷九十七·武备·土司 [M]．成都：巴蜀书社，影印本，1984．
② 元史·地理志：卷四．
③ 嘉庆四川通志：卷九十七·武备·土司 [M]．成都：巴蜀书社，影印本，1984．

"百蛮都鬼主",因岁贡名马方物受封"邛部王"。元宪宗时工户部归附,至1264年立邛部川安抚招讨司,隶成都都元帅府,以俸酋岭氏为长官司,后属罗罗宣慰司。明洪武十五年(1382),元邛部安抚招讨司岭氏之裔岭真伯归附,尚称招讨司;明洪武二十六年(1393)置四川越嶲卫;永乐元年(1403)改为邛部长官司;清康熙四十三年(1704),十一世土司岭安盘归附,升授宣抚司职。清嘉庆时,土司辖地东至三百五十里交雷波厅属脚密边夷界,南至小相岭九十里交冕宁县界,北至一百里交宁越营白沙沟界,四至共六百一十里,所管夷民户口共二千一百九十六户。① 传至清咸丰初年该土司家族绝嗣,之后由岭承恩承袭邛部宣抚司之职,后由岭镇荣袭职。

综上,岭承恩先后承袭煖带密土千户、河东长官司、河西抚夷土千总、邛部宣抚司之职,因兼任多位土司职衔,成为当时凉山地区号称"五印三司"②的最大土司,共掌七颗半印③,辖地东起昭觉、西至冕宁、南达金沙江、北止大渡河。清光绪十七年(1891),岭承恩病逝于西昌安宁场土司衙门,朝廷下诏深表悲恸,命令"遵国制,备衣棺掩殓"。卓越功绩成就当时最大土司岭承恩,也为岭镇荣承袭庞大家业奠定基础,人力、物力、财力的齐聚成为岭镇荣开办学堂的必要条件之一。

(2)玛牧与岭镇荣土司

岭镇荣彝名斯兹乌谷,是一位宋徽宗式的土司。他不仅通晓彝文古籍《玛牧》《勒俄》,熟知汉文四书五经,精通彝族传统乐器、喜欢唱川剧,还跟西昌永安宫教堂马丁神父学习法文,是土司中少见的艺术家、兼学中西的学者。

岭镇荣无意称霸凉山,不理政事,整日埋头艺术和学问,日日恬然自得,专注于招有18名学生的彝民学堂,并以彝族教育经典玛牧作为自编彝文课本的主要内容,送至汉区木刻成书,这本木刻教材即后来的清代木刻彝文古籍玛牧。该书长21.5厘米,宽20.5厘米,共53页,用手工棉纸木刻印刷,四眼纸线装订而成;书口朝左,文字用墨印刷,由右向左竖行,字体为古写法,与今凉山规范彝文不同,是倒着写倒着认的;全书三千四百余字,多以五言为一句,格言、成语、谚语较多,并注有简单的标点符号。岭镇荣土司在木刻教材玛牧后半部分曾增加一些新的内容,主要涉及欧洲科学知识摘要,亦皆采用彝文书写。

---

① 嘉庆四川通志:卷九十七·武备·土司[M]. 成都:巴蜀书社,影印本,1984.
② "五印"即"河东长官司印""河西抚夷土千总之铃记""煖带密土游击官防""煖带密土游击北营关防""邛部宣抚司印";"三司"即"河东长官司""河西抚夷司""邛部宣抚司"。
③ 七颗半印,指其中一块是木印,算作半块。

岭镇荣土司认为彝族落后是因为不读书,所以不遗余力开办学堂,不仅亲自审定玛牧彝文教材,而且利用西昌安宁场土司衙门作为学堂的授课场地。在当时中国内忧外患的历史背景下,岭镇荣土司兴办学堂的这一举措,不得不说是一次创举,成为彝族办学的表率,同时也成为玛牧近代刻写教育的助力者。

当时,岭镇荣土司在西昌、金阳、昭觉、越嶲、甘洛、冕宁等地均有土地,田产之多,在凉山首屈一指,可惜其过于文弱,且痴迷于编书课徒、咬文嚼字,不理政务家事,辖区土地及百姓时常受到周边黑彝蚕食。1918年,岭镇荣遭黑彝反抗,被迫迁土署于牦牛峻岭,后又被西昌驻军乘隙软禁于三衙街永安宫教堂,勒索十五万两白银。在此军阀混战时期,文质彬彬的岭镇荣只能听天由命,任人宰割,变卖田产以筹集赎金,也正是在此期间,由于被长期关押,岭镇荣身心俱疲,忧愤成疾,不幸去世,他的彝民学堂亦伴随其本人的生命戛然而止于1918年。

(3)清代木刻玛牧授课场地——西昌安宁场土司衙门

位于今西昌月华乡新星村四组的安宁场土司衙门是岭镇荣土司当年开办彝民学堂的授课场地。那时安宁场土司衙门规模较大,占地约11—13亩,整个建筑由大门、二门、正堂、厢房、天井、花园、监狱组成。建筑细部格外讲究,即便道路也是由小块石拼砌而成。至1979年,由于种种原因,安宁场土司衙门主体建筑被拆除,仅留下安宁场土署照壁(图7-1)。

图7-1 安宁场土署照壁 来源:尔布什哈

安宁场土署照壁现位于安宁场族茂堡,安宁河东岸一级台地之上,东距成昆铁路约 2000 米，今为新星村小学的南围墙。① 照壁为砖石土坯混筑，正南北向，条状分布，由中间部分、北侧部分、南侧部分共三部分组成。中间部分长 10.3 米、厚 1.13 米、高 6.4 米；北侧部分长 10.1 米、厚 1 米、高 4.4 米；南侧部分长 9.8 米、厚 1 米、高 4.4 米。照壁的建造方法较为简单，以方形条石作为基座，基座之上土坯堆砌，两侧青砖以"两顺一丁"累砌；土坯之上以两层材料涂抹，内层用草拌泥，外层用石灰，外层石灰之上画有彩绘；照壁顶部有脊，由石灰塑成。非常遗憾的是，根据最近一次调查，仅存的安宁场土署照壁也被拆除，目前已改建新房。至此，西昌安宁场土司衙门整体建筑已经被拆除殆尽，岭镇荣土司当年开办的彝民学堂遗址以及清代木刻玛牧的授课场地不复存在。

2. 斯补土司

（1）斯补土司由来

斯补土司的先祖是云南昭通乌蒙土司家，曾被明朝军队镇压，幸存的一支由云南乌蒙逃至今凉山甘洛田坝、海棠高山一带。康熙四十四年（1705）该支部族投诚归附，清廷承认其领袖岭登志袭煖带田坝土千户，授给号纸，住牧煖带田坝，并于乾隆初年颁发一印，至嘉庆十九年（1814）改颁满汉文对照的"煖带田坝土千户印"。②

煖带田坝土千户，又称斯补土司，岭姓，土署位于甘洛县斯补乡，与位于甘洛县宜地乡的煖带密土千户相对，故称上土司。清光绪时，土司辖地东至六十里交一碗水野夷界，南至三十里交煖带密界，北至一百里交凉山野夷界，西至四十里交宁越营界，共二百三十里，属民共一千一百二十户。③

至清王朝灭亡，土司的统治合法性成了问题。至 1913 年岭光电出生时，土司制度已经日暮途穷，大小军阀来往起落，其中，川边军在田坝地区影响最大。1926 年，四川地方军阀强行改土归流，废除斯补土司权力，斯补土司一度不复存在。

（2）玛牧与岭光电土司

岭光电彝名斯补·牛牛慕理，出生于凉山甘洛田坝胜利乡斯补村，自幼经历家破人亡之苦难，因年幼得以保全性命。十三岁时逃往相邻的汉源县，投靠川边军首领羊仁安。羊仁安因与岭光电父辈交善，收其为义子，并送他到西昌

---

① 见《西昌市第三次全国文物普查资料》相关条目，未刊本。
② 岭光电. 忆往昔——一个彝族土司的自述 [M]. 昆明：云南民族出版社，1988：1.
③ 光绪越嶲厅全志·土司志.

上学。岭光电从小读私塾①，后在羊仁安帮助下，先后就读于西昌鸡心石小学、西昌县立中学、成都石室中学，1932 年考入南京国民党中央陆军军官学校十期步兵科学习，1936 年毕业后进入国民政府军事委员会委员长重庆行营办公厅工作。

1937 年，岭光电返回甘洛田坝老家时，受尽军阀压迫、生计苦难的家乡彝族民众强烈要求其恢复土司职务，四川当局也想借用岭光电的土司出身来统治彝民、收拢彝心，于是由越嶲县呈册上报，岭光电继续承袭土司职，恢复领地、收归田地。

岭光电再任土司后，在辖地内积极开展社会改革，扶持农桑、宣传医学、移风易俗，谋求彝族社会进步。他像当年的岭镇荣土司一样，倡导彝族民众学习文化，办学堂、兴教育，于 1937 年 3 月在甘洛田坝老家利用私宅土司衙门创办彝族学堂——私立斯补边民小学校。岭光电土司熟悉彝汉文化，提出"持旧德以迫新智"，保留彝族传统文化精华的同时，积极吸收外来文化。斯补边民小学开展彝文与汉文双重教学，其中，彝文以《玛牧》《勒俄》等彝文经典古籍作为主要授课内容。1937—1952 年，斯补边民小学培养了大批彝族青少年学生，在这十余年间，彝族教育硕果累累，彝族传统文化得以传承。

岭光电土司兴办斯补边民小学同时，广涉彝务：帮助果基氏族②阿月、沙特两房人免受军阀邓秀廷迫害；顺利调解惹尼、罗洪两支彝族部族与国民革命军第二十四军靖边司令部的冲突；其种种行事深得彝民拥戴，先后被委任为西康省政府中校参议、西昌边民训练所教育长、腴田特别政治指导区区长、西康省边务专员、国民党西康省党部执行委员、中央立法委员等职务。

新中国成立后，岭光电继续从事文教工作，至 1981 年，受邀承担中央民族学院彝族历史文献专业教学工作，参加北京馆藏彝文古籍书目整理编译，共整理彝文古籍 170 余卷，翻译彝文古籍 7 部，其中一本正是彝族教育经典玛牧，这部译作恰是根据岭镇荣土司当年亲自审定的玛牧木刻本翻译而成。岭光电认为，彝族的文化遗产不论从彝族而言，还是从国家而言，都是珍贵的，理应万分珍惜，并应当培养一批人才抢救、发掘、整理、承继、应用彝族文化遗产，丰富祖国文化宝库。③

---

① 岭光电幼时就读过甘洛田坝私塾、汉源私塾。
② 果基氏族一位著名首领小叶丹（彝名果基约达），曾经与红军刘伯承司令歃血为盟，护送红军顺利离开彝境，为红军强渡大渡河赢得时间，这就是著名的彝海结盟。
③ 岭光电. 成立四川省彝文学校使我想到了什么［M］//尔布什哈. 岭光电民族教育文选. 内部出版，2013：103−109.

第七章 非物质文化遗产玛牧的记忆之场

图7-2 岭光电书写彝文 来源：尔布什哈

1989年2月，岭光电逝世，葬礼极尽哀荣。岭光电一生的成就有目共睹，中国社会科学院彝族研究员刘尧汉评价说："岭光电先生不是凉山的大土司，其名望却超过了大土司。"

（四）玛牧与甘洛斯补边民小学土司遗址

甘洛位于四川西南，彝名全称为"甲谷甘洛"，意为低山、坪坝之地，素有凉山"北大门"之称（图7-3）。彝谚有云："彝地甘洛首，汉区省府首；人到甘洛不回转，石沉水塘返不回。"岭光电土司在其回忆录《忆往昔》中也曾提到"甘洛是最好的彝地"①。

---

① 岭光电.忆往昔——一个彝族土司的自述［M］.昆明：云南民族出版社，1988：168.

图 7—3　甘洛县城　来源：网络图片

1. 甘洛

（1）天神地祇甘洛大

彝文古籍《万物起源书》记载："远古的时候，天空遥远外，掉下一片红云，落到甲谷甘洛。三家天神居住甘洛首，三户地祇居住甘洛腰，三家魔鬼居住甘洛尾；甘洛上空雷神居三户，甘洛坝子有个不能抱的石。"另一部彝文古籍《天神地祇书》记载："天神甘洛大，地祇甘洛大；甘洛这地方，吉日山上住着十二神；田坝这地方，基打姑上住着十二神。"由于天神甘洛大、地祇甘洛大，彝族民众毕摩祭祀时，首先必请甘洛地方神，诸如甘洛嘎朵方、甘洛坝下方、甘洛的首方、甘洛波波方、莫尔古觉方、斯觉拉达方、嘎日拉达方、四积里衣方、石海拉达方的各方天神地祇，都会在毕摩请神经文中提及。

（2）名山神灵甘洛大

彝文古籍《万物起源书》亦记载："有名的大山一半在甘洛，天神地祇全为甘洛大。"在甘洛境内，吉日坡、马鞍山在凉山彝族地区声名远扬。

① 甘洛吉日坡

甘洛吉日坡位于甘洛石海乡与阿尔乡交界，海拔约 2000 米，俨然一座金字塔造型的山丘（图 7—4）。据彝文古籍《勒俄特依》记载："远古洪水泛滥之时，洪水淹没了整个大地，世界仅剩几个山顶。汉区峨眉山，只剩卵石大一点；西昌的泸山，只剩一虎站立地；普格螺髻山，只剩一鸭站立地；沙马木洪山，只剩一簇竹林大；越西天鹅杠，只剩松果大一点；甘洛吉日坡，只剩秤星大一点……"又云："吉日坡里生出十二神，十二神在守护着吉日坡。"由此，甘洛吉日坡自然成为繁衍之地的象征，成为彝族人民心中的圣山。

图7-4　甘洛吉日坡　　来源：网络图片

② 甘洛马鞍山

甘洛马鞍山位于甘洛东南，高峰海拔4000余米，为甘洛最高峰（图7-5）。相传远古时期，吃人最厉害的"撮邱阿蛮"被彝族英雄"惹迪所夫"赶至马鞍山顶，最终掉下悬崖。"撮邱阿蛮"死后，头发变成杉林，血液变成洪水，肉体变成烂泥，骨头变成悬崖。"惹迪所夫"爬上杉树得救，他的马被洪水冲走，马鞍却挂在山顶的石头之上。洪水过后，山顶成了马鞍形，后人便称此山为马鞍山，"撮邱阿蛮"也成为马鞍山的守护神。

图7-5　甘洛马鞍山顶　　来源：网络图片

(3) 名人名气甘洛大

① 有名土司居住在甘洛

共有三位著名土司曾经居住于甘洛。

第一位是安普卜土司，彝名阿渥普普。安普卜随元军征讨凉山有功，被册封为罗罗宣慰司宣慰使，从三品，在甘洛衣甲洛瓦屋设有衙门一处。彝族相传阿渥普普家有很大的衙门，拥兵无数，并拥有《百解经》、"不拔的剑"和"黄金印玺"三件宝物[①]，在凉山乃至整个彝区都很有名。

第二位是岭承恩土司，彝名足吉依拉。岭承恩共有土司衙门五处，其中一处位于甘洛县前进乡基打古村，目前建筑保存较为完好（图7-6）。岭承恩先后承袭煖带密土千户、河东长官司、河西抚夷土千总、邛部宣抚司之职，于1863年参与剿灭太平天国石达开部有功，被清政府授予二品顶戴、紫光阁绘像、亘勇巴图鲁荣誉，掌管五印三司，成为凉山显赫一世的最大土司，名望颇高。

图7-6 甘洛县前进乡煖带密土司衙门旧址 拍摄：作者

第三位便是岭光电土司，彝名斯补·牛牛慕理。岭光电土司衙门设在甘洛胜利乡斯补村，1937年3月岭光电正是利用这一土司衙门开办私立斯补边民小学校，该校十余年间共培养出二百余名学生，这些学生也成为日后建设凉山的骨干。

② 有名黑彝白彝居住在甘洛

旧社会时期，凉山土司之外，最有名望和权势的当数黑彝。黑彝自称"诺合"，即高贵之意。清末民初，土司势力逐渐衰落，黑彝势力日趋膨胀，其中许多有名望的黑彝居住在甘洛。《彝族克智》记载："很有名气的黑彝居住在甲

---

① 《百解经》一翻阅就能知道已经发生之事和将要发生之事；"不拔的剑"一旦拔出就有无数人会人头落地；"黄金印玺"一旦拿出盖印，将要发生天大的事情。

谷甘洛，苏格阿克居住在甲谷甘洛；拉惹石达居住在甲谷甘洛；尔呷莫格居住在甲谷甘洛；比则拉觉居住在甲谷甘洛；尔且沙合居住在甲谷甘洛……"

白彝等级次于黑彝，受土司和黑彝管辖。凉山的独立白彝唯有尔吉和沙嘎两姓，这两姓彝族皆居住在甘洛。《彝族克智》记载："很有名气的白彝居住在甲谷甘洛，尔吉沙嘎居住在甲谷甘洛。"《彝族谚语》又载："尼维四十八，木苦阿吉数第一；黑彝八十八，嘎哈惹衣数第一；白彝一百二，尔吉沙嘎数第一。"

2. 斯补边民小学土司遗址

斯补边民小学全称为"私立斯补边民小学校"，位于甘洛县胜利乡斯补村，是1937年岭光电土司利用私宅越嶲田坝土司衙门，私人出资开办的彝族学校（图7-7、图7-8）。

图7-7 斯补边民小学八字形学校大门　来源：尔布什哈

图7-8 远眺斯补边民小学　来源：尔布什哈

（1）斯补边民小学的办学理念

斯补边民小学是岭光电土司从南京中央军校毕业回到田坝老家之后顶着阻力与压力建立的。岭光电认为："想避免彝族再遭欺压，使民族兴旺发达，处处受到尊重，就必须兴办教育，提高文化知识。"① 这是岭光电办学的直接动力。他还认为，古书上有"作之君、作之师"之语，自家数代土司只是作了君，还没作到师，致使彝民落后，现在自己作到君的同时，也应该作到师，提高彝民文化知识，弥补祖先所失。②

岭光电提倡"持旧德以迫新智"，既要保留彝族传统文化精华，又要积极吸收外来优秀文化，实行彝汉文双语教学，主要学习彝文知识和汉文知识。最初聘请本地人龚守先、越西人王义琼教授汉文课，阿木依哈、阿扎觉助教授彝文课，其中，彝文课以《史传》《玛牧》《勒俄》等彝文经典古籍作为主要授课内容。

斯补边民小学位于越嶲田坝土司衙门，是一座古木质结构的两进门四合院古屋，天井种有芭蕉树一棵，学校设四间教室、四间寝室、一座大礼堂、一间办公室和一座儿童图书馆，配备教学设备仪器共四套二百余件、图表千多张、书千五百多册、法国高档风琴一架、留声机一架、油印机一部、测像仪一套、课桌六十张、凳子七十个、办公桌两张、方桌四张，其中法国高档风琴、留声机不是一般学校能够配备的（图7-9）。

图7-9 斯补边民小学的风琴　来源：尔布什哈

---

① 岭光电. 忆往昔——一个彝族土司的自述 [M]. 昆明：云南民族出版社，1988：79.
② 岭光电. 忆往昔——一个彝族土司的自述 [M]. 昆明：云南民族出版社，1988：119.

斯补边民小学特别重视德育、智育、体育的全面发展，除正常教学外，学校还利用以上教学设备仪器开展第二课堂教学，重视文娱体育活动，不仅培养学生歌唱、舞蹈，而且教导学生编排彝语话剧表演。

（2）斯补边民小学的办学障碍

岭光电土司兴办私立斯补边民小学时曾受到较大的阻力和压力。

① 生源问题

斯补边民小学开办之初，彝民不愿子女入学，生源问题亟待解决。彝谚云："蛋以鸿雁蛋为贵，话以土司话为准。"岭光电不得不以土司身份强征彝民子弟入学，入学者不仅免交学杂费，还供应书籍和部分清贫学生的伙食，学生毕业后又以直接补助或间接贷粮取息补助的方式助其升学，这些措施使得斯补边民小学的生源问题得以改善。

斯补边民小学早期生源中虽有个别女生，但终因顾虑诸多因素而未能入学，诸如担心学习后女子不满婆家闹离婚，破坏亲戚感情；担心女子嫁于外族人破坏凉山彝族习惯法，遭人唾弃；而又担心家中劳动无人承担，降低相应生活标准；等等。最终，斯补边民小学生源皆为男生，规定彝民二子送一人，四、五子送二人入学。

② 认识不一

岭光电兴办学校，他的头人和百姓整体而言在行动上是拥护的，但在认识上各有差异。多数经历过军阀、土豪劣绅残酷统治的头人，认为彝族后代读一点书可能会少受一点歧视和压迫；少数头人虽然赞成办学教授彝族孩子读书写字，但是认为只需要培养富家子弟，没必要强征百姓的孩子读书。

岭光电土司的黑彝亲戚们则可以说没有一个是赞成的。他们有的公开反对，有的背后冷言冷语，极尽挖苦讽刺。田坝的汉族士绅们对其办学活动，有的很称赞，有的虽然不便说三道四，但也不相信彝族孩子能够读书成器。①

③ 经费紧张

私立斯补边民小学校由岭光电土司私人出资兴办，授课场地是岭光电土司的私宅衙门。斯补边民小学设校长一名、教导主任一名、后勤管理一名、彝汉文教师数名。校长岭光电无薪，教师月薪二十元，学生文具、书籍制服、教师伙食、清贫学生伙食、学生升学补助、设备培修费用等全由校长私人供给。当

---

① 阿扎木呷. 岭光电兴办教育及强制我读书的情况［M］//尔布什哈. 岭光电民族教育文选. 内部出版，2013：115—127. 阿扎木呷，汉名张伟才，甘洛田坝人，私立斯补边民小学校第一批学生。1937年秋开始保送到成都、汉源等地读书，1951年毕业于福州农校。

时的四川省教育厅曾补助斯补边民小学共一千元,经费用于购置教学仪器、大风琴、气象仪、留声机、图书等,还为每个学生添置校服一套。即便如此,斯补边民小学的办学经费依旧紧张,仅以1937年度和1938年度为例,学校经费共耗去三千多元。① 岭光电土司在其回忆记事中写道:"我原爱吸香烟,每日至少二包,月耗十元多,相当于一个教师工资。后来用费紧张,乃立誓未达到办学目标之前,放弃此种享受,不再吸烟。"②

(3) 斯补边民小学的办学趣事

斯补边民小学开办之初,因经费吃紧,无钱购买黑板,岭光电土司尝试以废物利用之法解决问题。岭光电这样记述道:"有一天我领着两个头目,到处看悬挂的木匾,准备取三四道来应用,我一面看一面把这种意思告诉两个头目,他俩听了,立刻竖起眉毛说:'哼,很怪,老祖先挂的东西,你可取吗?不知道你学了些什么回来?'我看情势不好,大有遭反对的模样,立刻改口说:'我的意思也是这样,不过如果不是老土司挂的,就可以取下来用了。'他俩才说对的,各人分手而去。我认定不在匾上想办法,实无别法可想。过了几天,我约集五六个老头目,一同到处去查看,乘时问他们:'你们看得出那匾的意思吗?'都说:'我们懂得那就对了。'我说:'老祖宗字墨不深,真是吃亏,有几道匾的字,含意有点讥讽!'于是他们当中有的说:'许多老土司就同我们一样是盲人。'有的说:'真好,你不到南京、北京,也就不会懂得啊!'一致称赞我比老土司好。我立刻要他们去把匾取下三四道不用的,他们一个个都很踊跃而笨拙地抬梯子去把匾取下。我说:'不藏在背静处,使人见到,就笑我们呢!'他们照办了。过几天请个木工来刨光,涂上漆,就成顶好的黑板,抬来应用也没有人过问是不是老土司挂的匾了。"③

---

① 岭光电. 改进西康宁属边教意见 [M] //岭光电. 倮情述论. 成都:成都开明书店,1943:101.

② 岭光电. 办学时期的回忆——私立斯补边民小学 [M] //尔布什哈. 岭光电民族教育文选. 内部出版,2013:83.

③ 岭光电. 关于我办斯补小学的一些琐事 [J]. 边疆通讯,1947(8—9).

图7-10 斯补边民小学土司衙门内景 来源：尔布什哈

斯补边民小学当时有甘洛地区唯一一架高档风琴。曾就读于斯补边民小学的马之清回忆道："斯补校老师风琴弹得好，歌也唱得好。那个时候同学们都很喜欢唱歌。几个同学因为斯补校的音乐教育喜欢上了音乐，孙自强①就是其中一个。"②

（4）斯补边民小学的办学成效

私立斯补边民小学校于1937年3月开办，1938年9月，岭光电土司组织斯补边民小学60名学生到距离田坝120里外的汉源县，接受当时四川省主席刘文辉、靖边司令邓秀廷、原川康边防军司令羊仁安等西康头面人物的检阅，学生们尽管赤着脚板、服装不齐，但是精神抖擞、步伐整齐、情绪高昂，行进歌唱整齐雄壮，在得到上述四川地方实权人物赞赏嘉奖的同时，斯补边民小学也引起了社会各方的关注和重视，名气与日俱增。

特别值得一提的是，岭光电土司深谋远虑，从斯补边民小学办学第二年开始，便陆续选送斯补边民小学的学生到外地升学，给予学生从小学到中学再到高等学校的读书机会。比如，1938年选派优良学生到成都军分校继续深造；1947年选送学生到福州农专或南京国立边疆学校、军官学校深造；1948年改为每年送20名学生到不同外地学校就读。曾就读于斯补边民小学的姜炳仑③

---

① 孙自强，甘洛人，彝族，曾就读于斯补边民小学校，历任喜德县委书记、凉山州委书记、四川省民族事务委员会主任、四川省人大常委会副主任等职务。
② 刘星. 启蒙与改良：彝族土司岭光电民族教育思想研究[D]. 上海：上海交通大学，2015.
③ 姜炳仑，生于1933年，1939年就读斯补边民小学，曾任凉山州委纪委副书记。

回忆道:"我曾于 1948 年 2 月被送到富林国职校读书,学校供吃住穿,但路费得自己掏。我家困难,岭光电把我喊到他家三楼,给了我一千块钱,大概可买十来斤粮食,要我好好读书。"① 岭光电土司花费大量精力选送斯补边民小学学生到外地升学求学,1937—1952 年的十余年间,培养彝族青少年学生近二百名,所涉专业包括农学、医学、技艺、军事、师范和管理。斯补边民小学因在凉山彝区办学、送彝生外出学习成果突出,曾获得西康省教育厅、国民政府多项嘉奖。

岭光电土司兴办教育呕心沥血,取得这样的成绩实属不易,他在回忆记事时写道:"成十成百的学生出校了,我便强迫他们升学,或入成都军校,或入本省保干训练班,或入边疆中学,但是困难情形仍多,今天送去,明天跑回来,今年送去,明年逃回来。对于这些逃学的学生,往往有时罚劳役,有时体罚,有时拘押家长,但都不发生效用,真使我伤透脑筋,有一次还使我悲伤流泪,万念俱灰。后与头目们商量,决定初中以上学生都有贷粮权利,数额以所报志愿完成之学业为准则,学业完成时,须还清贷粮,或移借其亲友升学。借时立约据,并以价值十倍之不动产作抵押,找三个妥保,不完成学业者,没收其抵押产业。于是开始借粮,第一年十五人,第二年十人,第三年二十多人,年年来借,个个都不敢逃学了。斯补学生之所以能升学,不再辍学,就是这个缘故。"②

图 7-11 斯补边民小学同学纪念　来源:尔布什哈

---

① 引自对姜炳仑先生访谈录。
② 岭光电. 关于我办斯补小学的一些琐事 [J]. 边疆通讯,1947(8-9).

新中国成立后，凉山民主改革之时，凉山彝区的翻译人员和民族干部多数是原斯补边民小学的学生，他们参加解放军和政府工作队，受到党和人民政府的重用，成为新中国成立后凉山的第一批彝族干部，在凉山社会主义建设中发挥极为重要的作用。① 岭光电土司兴办的斯补边民小学，为凉山彝区培养了大批可用之才，它是凉山彝区人才的摇篮，堪称凉山彝区的"黄埔军校"。

（5）斯补边民小学土司遗址

斯补边民小学开办直至1951年冬，于次年由越西县人民政府派员接收改为公办学校，更名为胜利乡民族小学校（图7-12）。② 如今，岭光电土司当年开办学校的土司衙门已经不再作为授课场所，而是作为斯补边民小学土司遗址被保存起来。岭光电土司兴办教育取得的伟大成绩一直传颂至今，每年都有不少学者、官员、群众慕名前往参观、游览，探寻岭光电土司当年兴学之路，感受彝族优秀传统文化（图7-13）。

图7-12　今胜利乡民族小学校　　拍摄：作者

---

① 岭光电. 忆往昔——一个彝族土司的自述 [M]. 昆明：云南民族出版社, 1988: 118.
② 岭光电. 办学时期的回忆——私立斯补边民小学 [M] // 尔布什哈. 岭光电民族教育文选. 内部出版, 2013: 74.

图7-13 远眺斯补边民小学土司遗址　拍摄：作者

三、玛牧现存的记忆之场

非物质文化遗产玛牧作为凉山彝族的社会记忆，需要外在之场保持记忆、再现记忆、传递记忆。玛牧的记忆之场共有两处，一处是早前位于西昌月华乡新星村四组的安宁场土司衙门，一处是位于甘洛田坝的胜利乡民族小学校。由于种种原因，位于西昌月华乡新星村四组的安宁场土司衙门已被拆除，现仅留下唯一一处玛牧的记忆之场——甘洛田坝胜利乡民族小学校。甘洛田坝胜利乡民族小学校作为玛牧现存的记忆之场，是玛牧保持、再现、传递的重要场域。其中，斯补土司勒托土司衙门遗址，也即斯补边民小学土司遗址，作为玛牧曾经的授课场地，是玛牧现存记忆之场的核心组成部分。

岭光电土司1937年筹建的私立斯补边民小学校是甘洛田坝胜利乡民族小学校的前身。从1952年至今，经过七十余年发展，如今的胜利乡民族小学校占地面积6500平方米。今胜利乡民族小学校是当年私立斯补边民小学校在现代社会的延续，不仅继续培养教育彝家小孩，而且继承和发扬了彝族的优秀传统文化，是非物质文化遗产玛牧保持、再现、传递的记忆之场。玛牧现存的"记忆之场"——胜利乡民族小学校平面图如图7-14所示。

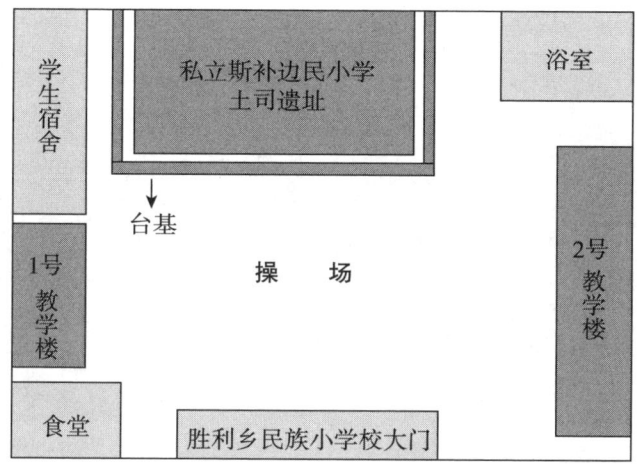

图 7-14 玛牧现存的"记忆之场"

玛牧现存的"记忆之场"由位于台基之上的私立斯补边民小学土司遗址、胜利乡民族小学校 1 号教学楼和 2 号教学楼、学校操场、学生宿舍、浴室、食堂以及胜利乡民族小学校红色大门共同构成。其中，台基之上的私立斯补边民小学土司遗址是玛牧的核心记忆载体。

（一）私立斯补边民小学土司遗址

私立斯补边民小学土司遗址位于今甘洛县田坝胜利乡斯补村胜利乡民族小学校校园内的台基之上。作为旧时玛牧的授课场地，私立斯补边民小学土司遗址充满具有玛牧意义的真实体验，是玛牧的核心记忆载体（图 7-15、图 7-16）。

图 7-15 私立斯补边民小学土司遗址近景　拍摄：作者

图7-16 私立斯补边民小学土司遗址四合院内景　拍摄：作者

　　如前所述，如今的私立斯补边民小学土司遗址已不再作为玛牧的授课场地，而是作为斯补边民小学土司遗址保存起来。2017年，西南民族大学彝学学院、四川民族出版社彝文出版中心共同为私立斯补边民小学土司遗址举行挂牌仪式，分别以"跪乳教育、经典传承"教学点和"唯彝出版"图书捐赠点联合共建"雏鹰书院"（图7-17、图7-18）。

图 7－17　私立斯补边民小学土司遗址"雏鹰书院"挂牌仪式　来源：西部新闻网

图 7－18　"唯彝出版"图书捐赠　来源：西部新闻网

凉山彝族崇拜鹰图腾，"雏鹰"代表彝族的未来。雏鹰的成长过程似于彝家小孩的学习过程，"雏鹰书院"寓意雄鹰展翅高飞的教育基石。"雏鹰书院"的建立，形成"高校＋出版社＋民族小学"教育新模式，非常贴合民族地区基础教育实际，有助于延续彝族经典教育，保护彝族彝语文脉，传承彝族优秀文化遗产，弘扬彝族优秀文化场所精神，成为彝族传承文脉、焕新文气的亮丽风景线。

图 7—19　私立斯补边民小学土司遗址屋檐及匾额　　拍摄：作者

图 7—20　私立斯补边民小学土司遗址挂牌"雏鹰书院"　　拍摄：作者

（二）胜利乡民族小学校 1 号教学楼和 2 号教学楼

私立斯补边民小学土司遗址充满具有玛牧意义的真实体验。在玛牧的记忆之场内，还包括玛牧的记忆载体——胜利乡民族小学校 1 号教学楼和 2 号教学楼（图 7—21、图 7—22）。胜利乡民族小学校教师时常在教学楼内教授学生彝族优秀传统文化，包括玛牧、勒俄等彝族教育经典，同样充满具有现代意义的玛牧真实体验，因此，1 号教学楼和 2 号教学楼都是玛牧的记忆载体，在玛牧记忆之场中占有重要地位，尤其在玛牧现代社会传递中发挥着不可替代的作用。

图7-21　胜利乡民族小学校1号教学楼　拍摄：作者

图7-22　胜利乡民族小学校2号教学楼　拍摄：作者

（三）胜利乡民族小学校操场

胜利乡民族小学校操场也是玛牧的记忆载体之一（图7-23、图7-24）。学校每年举办的彝族传统文化比赛都是选在学校操场进行。师生们兴趣高昂，积极参与，彝族优秀传统文化玛牧的记忆谜米正是在这样的比赛过程中完成保持和传递的。

图 7-23 玛牧的记忆载体——胜利乡民族小学校操场　拍摄：作者

图 7-24 胜利乡民族小学校传统文化比赛现场　来源：阿支使洛

（四）胜利乡民族小学校其他教育教学设施

胜利乡民族小学校的学生宿舍（图 7-25）、食堂（图 7-26）、浴室（图 7-27）以及大门（图 7-12）也是玛牧记忆之场的组成部分。

第七章 非物质文化遗产玛牧的记忆之场

图 7-25 胜利乡民族小学校学生宿舍 拍摄：作者

图 7-26 胜利乡民族小学校食堂

图 7-27　胜利乡民族小学校浴室　拍摄：作者

综上所述，在历史渊源中，凉山彝族土司与彝族教育、玛牧教育经典密不可分，玛牧文化与土司文化相互渗透。尤其凉山著名土司岭镇荣、岭光电皆与玛牧有着不解之缘，两位彝族土司分别于 1907 年和 1937 年开办的彝族学堂有着教育经典玛牧的深深烙印。遗憾的是，当年岭镇荣土司开办的彝族学堂授课场地西昌安宁场土司衙门已经不复存在；而幸运的是，岭光电土司当年开办的彝族学堂授课场地甘洛斯补边民小学土司遗址如今保存较为完好。

玛牧的记忆之场是其得以保持、再现、传递的重要载体，整个记忆之场充满着玛牧的场所精神。激发玛牧"记忆之场"的生命与活力，有助于玛牧场所精神的延续与弘扬，这直接影响玛牧作为社会记忆的保持和传递。甘洛斯补边民小学土司遗址承载着彝族优秀的传统文化玛牧，我们应当结合历史充分展现斯补边民小学土司遗址的玛牧文化。旅游利用不仅能够增强玛牧记忆之场的生命力、扩充创造玛牧记忆之场，而且可以延续与弘扬玛牧场所精神，是非物质文化遗产玛牧得以保持、再现、传递的重要方式。

本章首先探讨场所与记忆的关系，认为场所是记忆的载体，场所精神是记忆的重要体现，源于人与所处环境共同经历的情感、记忆和历史的融合。其次，从中国土司制度谈起，阐述凉山彝族土司的沿革及其制度，梳理凉山宜地土司、斯补土司的历史沿革，详细论述非物质文化遗产玛牧与宜地土司岭镇荣、斯补土司岭光电的历史渊源，从而进一步探讨非物质文化遗产玛牧的记忆之场。研究表明，甘洛私立斯补边民小学土司遗址和胜利乡民族小学校共同构成玛牧的记忆之场，其中私立斯补边民小学土司遗址、胜利乡民族小学校 1 号教学楼、2 号教学楼和操场是玛牧的重要记忆载体，传递和延续玛牧场所精神。根据非物质文化遗产玛牧的特点与实际，我们可以在甘洛斯补边民小学土司遗址基础上，通过旅游利用，打造完善非物质文化遗产玛牧的记忆载体，构建玛牧文化记忆之场，形成玛牧文化场所精神，为非物质文化遗产玛牧的继承与弘扬奠定基础。

第八章　非物质文化遗产玛牧的旅游利用

　　成功申报国家级非物质文化遗产代表性项目名录是凉山彝族玛牧文化传承与发扬的里程碑，应当以此为契机做好非物质文化遗产玛牧的传承与利用工作。非物质文化遗产本质是一种代际传承发展的活态精神财富，所以，确保其活态性是非物质文化遗产传承与利用的核心。非物质文化遗产的生活性保护恰好能够满足其活态化，即根据非物质文化遗产自身规律，把非物质文化遗产与当代人们的生产、生活实践结合起来，促使非物质文化遗产成为当代文化的组成部分，成为当代人生活的一部分、一种活态文化。在当今社会，旅游逐渐成为人们生活的必需品，在旅游活动中融入非物质文化遗产无疑是其生活性保护的重要体现，不仅可以活化利用非物质文化遗产，而且能够增加旅游活动的吸引力。因此，非物质文化遗产的旅游利用是其生活性保护的重要方式，能够促进非物质文化遗产的活态化，同时增加旅游景点的吸引力。

　　2023年2月文化和旅游部印发《关于推动非物质文化遗产与旅游深度融合发展的通知》指出，鼓励将非遗元素融入基础设施建设，增强非遗设施场所互动演示、体验教学等功能，设立一批国家级非遗体验基地、传承体验中心（所、点）……支持旅行社等旅游企业培育、推出非遗特色旅游线路。[①] 纵观国际、国内相关研究成果和旅游实践案例，旅游利用不仅可以增强记忆之场的生命力，而且能够扩充、创造记忆之场。其中，博物馆展示、特色旅游小镇、主题公园策划、沉浸式体验、节事旅游、休闲演艺、旅游商品化、民俗旅游村、主题旅游线路是目前非物质文化遗产融入旅游生活、开展旅游实践比较常见的旅游利用模式。在本章中，笔者根据非物质文化遗产玛牧的特点和旅游者的文化需求，从体化形式旅游实践和刻写形式旅游实践两个方面尝试探讨适合非物质文化遗产玛牧的旅游实践，具体如图8-1所示。非物质文化遗产玛牧

---

　　① 文化和旅游部.关于推动非物质文化遗产与旅游深度融合发展的通知[OL].（2023-02-17）[2023-03-15].https://www.ihchina.cn/zhengce_details/26641.

的旅游实践以刻写实践的玛牧文化馆为轴心,向外依次扩大辐射范围,包括玛牧旅游纪念品、玛牧主题纪录片,也包括体化实践的玛牧文化馆解说、玛牧特色旅游小镇、玛牧文化沉浸式体验、玛牧文化节庆展演、玛牧主题旅游线路。基于旅游活动的特点,非物质文化遗产玛牧体化形式的旅游实践与刻写形式的旅游实践往往不能截然分开,二者时常相互融合、相互渗透。

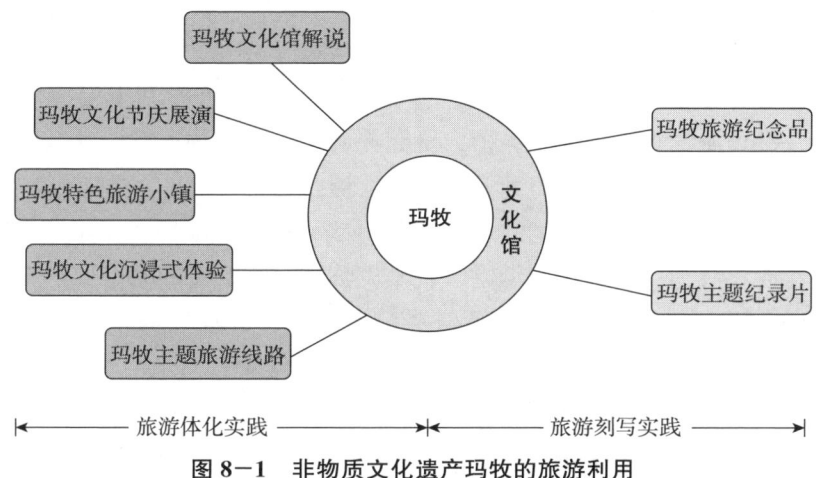

图 8-1 非物质文化遗产玛牧的旅游利用

第一节 玛牧刻写实践的旅游利用

一、玛牧文化馆设计理念

对于旅游者来说,刻写形式的旅游实践是旅游者了解非物质文化遗产玛牧的基础。在旅游刻写实践中,博物馆参观是非常重要的实践类型,它不仅可以直观展示玛牧文化,而且能够全面系统地解读这一文化。旅游者通过游览博物馆,可以直观感受玛牧文化、系统了解玛牧文化。玛牧文化馆依托甘洛斯补边民小学土司遗址而建,便属于博物馆类型的旅游刻写实践。

"博物馆"一词源于希腊语 mouseion,意即供奉缪斯及从事研究的处所,直至 17 世纪英国牛津阿什莫林博物馆建立,museum 才成为博物馆的通称。[①]

---

① 王宏均. 博物馆学基础 [M]. 上海:上海古籍出版社,2001:36.

之后，国际博物馆协会于 1946 年成立，成为促进国际博物馆事业发展和理论研究的学术性国际组织，肩负着保护、传播、延续世界自然遗产和文化遗产、有形遗产和无形遗产的重任。[①] 有非遗保护方面，如韩国 1991 年对博物馆的定义即包括"民族习俗"一项，可见，博物馆对非物质文化遗产保护传承的使命由来已久。

2002 年 10 月 20—24 日，来自 26 个国家、地区、组织的 150 名代表齐聚上海，举行国际博物馆协会亚太地区第七次大议，签署《上海宪章》，以实际行动保护与宣传非物质文化遗产[②]。《上海宪章》的签署有利于发挥博物馆自身优势，将长期收集、整理、保护、研究物质文化遗产的丰富经验运用到非物质文化遗产保护中，实现非遗的博物馆化保护。

如今，博物馆形式不断丰富，逐渐划分为两大类别，一类是传统博物馆，另一类是现代博物馆。传统博物馆以收藏实物为目标，定期举办展览，一切工作以有形实物为中心。现代博物馆包括生态博物馆、社区博物馆等新型博物馆。其中，生态博物馆理念兴起于 20 世纪六七十年代，于 1971 年国际博物馆协会领导人乔治·亨利·里维埃（Georges Henri Rivière）和雨果·戴瓦兰（Hugues de Varine）首次提出和使用。

玛牧文化馆兼取传统博物馆、现代博物馆二者优点，在玛牧文化本真性基础上融入创意元素。一是以图片、文字、视频、影像等方式全面集中展示非物质文化遗产玛牧，内容包括玛牧的来源、玛牧的文本、玛牧的手本、玛牧的特点、玛牧的价值、玛牧与土司、玛牧的流布、玛牧民间传承档案等；二是模拟还原彝族惯常生活场景，运用立体技术、场景模拟等表现手段生动直观展现玛牧文化；三是设置旅游体验区，设计体验主题、营造体验氛围，吸引游客积极参与；四是设置旅游纪念品专区，设计纪念精品，以旅游体验为基础，培养游客购买旅游纪念品的浓厚兴趣。

二、玛牧文化馆设计布局

玛牧文化馆以主题展区为布局单位，共设一个游客中心和八个主题展区，每个展区相对独立。其中，玛牧文化馆游客中心利用当代数字技术和展示手段，让游客概略了解彝族玛牧的历史文化背景，设置主题电影演播厅，放映玛

---

① 根据国际博物馆协会网站介绍（http://icom.museum/mission.html）翻译。
② 国际博物馆协会亚太地区第七次大会：《上海宪章》，2002 年。

牧文化纪录片、宣传片，让游客整体认知玛牧文化，以备在之后的参观游览中有的放矢地了解和欣赏。游客中心之外，每一展区设计一个主题，展示方式、体验主题紧紧围绕展区主题展开，形成一条完整的主题线。八条主题线共同构成玛牧文化主题，全面展现玛牧文化，同时，引导游客从玛牧文化窥看彝族民众的生活习俗。

语言作为文化的载体，其本身就是非物质文化遗产的重要组成。[①] 语言不仅是交流媒介，还是重要的信息资源和文化资源。非物质文化遗产玛牧的旅游实践应以彝族母语文化为基础，充分发挥母语在彝族文化发展中的重要作用，提倡使用彝族母语创作文化、开发文化，打造文化精品，同时找到彝族母语文化与汉语文化之间的契合点，利用双语文化优势互补，取长补短，推动彝族母语文化资源向文化资本的转化。基于以上缘由，玛牧文化馆第一主题展区以彝族母语为主题，展示玛牧的语言文字魅力。

1. 彝族母语主题展区设计思路

彝族母语文化资源丰富，开发潜力巨大，但其开发利用程度尚处于初始阶段。[②] 近些年来，尽管凉山地区定期或不定期举办各类彝族节庆活动，诸如"火把节""民歌节""服饰节"等，然而彝族母语文化内核展现明显不足，文化表现缺乏创新。在旅游活动中，彝族母语文化缺乏体现性、欣赏性和互动性，切实需要一个或多个展现载体，玛牧文化馆的彝族母语主题展区正好可以弥补这一缺失。彝语言作为玛牧体化实践的基础、彝文字作为玛牧刻写实践的关键，两者不可或缺，皆是彝族母语主题展区的重要元素。

汉语作为一种大众语言，属于多数游客的母语，主题展区将汉语拼音与彝语拼音进行对比展示，包括拼音读说、拼音写划，运用多媒体音响读说、数字媒体写划开展个体体验，着重强调汉语拼音与彝语拼音的异同之处，凭借视听效果引起游客注意，吸引游客积极参与体验，激发游客产生相互对比的强烈兴趣，使其得以从一定程度上认识并了解彝语言。

汉文字与彝文字的关系一直是学者关注的热点，也是玛牧文化馆彝族母语主题展区彝文字展示的设计思源。学者李民从语音、词汇、语法和文字等方面探讨彝语和汉语的关系，认为汉语和彝语[③]是同一基础语中分化出来的亲属语

---

① 张亚明. 作为非物质文化遗产的语言资源[J]. 湖北工业职业技术学院学报，2015 (1)：33.
② 时长日黑. 彝族母语及其文化资源开发的思考[J]. 凉山民族研究，2005：164.
③ 这里的汉语和彝语分别指代汉语普通话和以凉山喜德语音为标准音的彝语。

言，也即彝文和汉文是从一个根子上发展出来的。① 学者李乔认为，陕西半坡刻划符号与彝族文字的偏旁部首有着许多惊人的相似之处，判断这些刻画符号似乎可能与古彝文有关。② 由此可见，汉文字与彝文字关系密切，两种文字不仅形式相似，运用方式也相似。③

与语言拼音一样，将汉文字与彝文字进行对比展示，既能体现汉文字与彝文字的相似之处，又能体现汉文字与彝文字的不同之处，凭借书写效果、视觉效果吸引游客注意力，调动游客参与积极性，激发游客的对比热情，促使旅游者从一定程度上了解彝文字、认识彝文字。选择对比展示的彝汉文字越简单越好、越相似越好，比如古彝文数目数字与汉文数目数字的对比，便可被作为经典展示（表8-1）。

表8-1　现代汉文、古汉文、古彝文数目数字对比④

现代汉文数目数字	古汉文数目数字	古彝文数目数字
一	一	一
二	二	二
三	三	三
四	亖	㈠
五	Ⅹ	五
六	介	元
七	㇇	功
八	八	己
九	九	九
十	｜	十

从简单的彝汉文字对比着手，比较彝汉文字数目数字的异同之处，体验临摹辨析的乐趣，可以培养游客对彝文字的兴趣，促使游客进一步了解彝文字的

---

① 李民. 为何说彝语与汉语是亲属语言[J]. 凉山民族研究，1992：123-134.
② 李乔. 一个千古难解之谜——半坡刻划符号与彝文渊源关系试探[J]. 贵州民族研究，1990（4）：41-49.
③ 岭光电. 关于夷文[N]. 新康报，1942-08-26.
④ 根据马海日古《论彝汉数目数字刻划造意及历史文化渊源》一文整理而成。

形体结构、书写规则。彝文字的形体结构包括笔画、部首、笔顺和书写结构四个部分。基本笔画可以分为两类,一类是直折性笔画,一类是弯曲性笔画;基本笔顺包括:从左到右、从右到左、从上到下、从外到内、先横后竖、先中间后两边、先中间后上下;书写结构包括:左右结构、左中右结构、上下结构、上中下结构、全包围结构、半包围结构、交叉结构。朱文旭指出,象形彝文在古彝文中占主导地位,是古彝文的重要形态特征,也是古人用简练的线条描摹实物形状的一种造字法。许慎《说文解字·叙》记载,象形者,画成其物,随体诘诎,日月是也。象形古彝文可以追溯至原始图画,以简单的轮廓表现事物最显著的特征,与诸多原始刻画符号相类似。岭光电土司也曾谈到,彝文象形精巧,相当好学,含义一见可知;字形简便,笔画简单,书写迅速简捷。[①] 基于此,可以选取一定数量的象形彝文作为描摹模板,吸引游客临摹学画、驻足体验,彝文的象形临摹体验区因而能够成为游客关注的亮点(表8-2)。

表8-2 象形彝文列举[②]

象形彝文 → 现代汉文	象形彝文 → 现代汉文
脚印	树
屋内	月亮
头	太阳
母	石榴
水	雨
蛇	云
蜂窝	鼻
木	嘴
畜圈	肋
鞍	怀孕

---

① 岭光电. 对彝族文字的看法[M]//尔布什哈. 岭光电民族教育文选. 内部出版,2013:54—61.
② 参考马锦卫《彝文起源及其发展考论》一书整理而成。

彝族母语主题展区共设置三个旅游体验区，一是游客体验汉语拼音和彝语拼音的多媒体音响读说、数字媒体写划，从听觉和视觉两个角度感受汉语拼音和彝语拼音的微妙异同；二是游客体验简单彝汉文字的对比，比如彝汉文字数目数字的异同之处，临摹辨析，感受"找碴"的乐趣；三是游客体验象形彝文的生动形象，易画易识，临摹学画，感受象形彝文的简单与精巧。通过旅游体验环节，激发游客对彝语拼音、彝文字的兴趣，以增强其后对旅游纪念品的可接受性。

2. 玛牧记忆要素年岁时段主题展区设计思路

在彝族母语主题展区做好设计铺垫后，第二主题展区至第六主题展区将从玛牧的记忆要素着手，从彝族惯常生活的方方面面体现玛牧文化和彝族习俗。基于此，第二至第六主题展区分别展示彝族的年岁时段、农牧生产、姻缘、地缘、人缘共五个主题内容。

第二主题展区以玛牧记忆要素年岁时段为主线，根据彝族民众一生之分期，描述不同年龄阶段不同的生理特征，揭示彝族随母期、玩童期、成年男女期、壮年男女期、半老期、衰老期各个年岁时段的变化特点，在彝族的惯常生活中实践性最强。

第二主题展区以年岁时段为节点，分为随母期、玩童期、成年男女期、壮年男女期、半老期、衰老期六个篇章，分别展示彝族民众在各个年岁时段应当做什么，不应当做什么。各篇章分别呈现该年岁时段对应的玛牧文本，采用彝文书法形式展示玛牧年岁时段经典语句，每句经典之后附以汉文释读，并采用图文并茂的形式细致描绘玛牧经典所述场景、现实情境，勾勒彝族民众从无到有、从出生到衰老的完整人生历程。从彝族民众的一生，在适当的年岁完成应当的事情，展现彝族民众的人生观、价值观。第二主题展区尾端设计可以引领游客"对号入座"，根据自身年龄选择相对应的玛牧年岁时段，将玛牧描述该年岁时段发展规律的经典语句摘抄纪念，留下落款和日期。为便于统一美观，落款可选择游客汉文名所对应的彝文名书写。彝文名的书写，可由彝文书法家现场教授，游客对自己名字的彝文书写无疑颇感兴趣，这块区域亦可成为旅游体验专区，成为游客关注的亮点。

"对号入座"自己的年岁时段，落下自己的彝文名字和书写日期，旅游体验的情绪和作品可以成为下一阶段旅游纪念品销售的铺垫。游客在了解玛牧记忆要素年岁时段经典语句的同时，可深入体察彝族民众的人生态度和生活信仰，从而增进对凉山彝族的认识。

3. 玛牧记忆要素农牧生产主题展区设计思路

玛牧文化馆第三主题展区以玛牧记忆要素中彝族的农牧生产为主线，从彝族长期生存的地理环境、气候条件等因素入手，揭示彝族以农耕、畜牧为主的生产生活方式。通过玛牧经典语句描绘彝族农牧生产场景，揭示彝族农牧生产规律。以彝文书法形式展示玛牧农牧生产的经典语句，并在经典之后附以汉文释读，采用情景模拟方式生动再现彝族农牧生产场景。玛牧关于彝族农牧生产的经典语句，不仅反映其农耕、畜牧的生产生活，从另一个侧面也反映出彝族民众的生产生活习俗，特别是农耕主力——牛、脚力主力——马、粮食神灵——荞麦在彝族民众生产生活中的重要地位。

4. 玛牧记忆要素姻缘主题展区设计思路

玛牧文化馆第四主题展区以玛牧记忆要素中的姻缘关系为主线，体现彝族的婚姻观念。展区以"宇宙万物皆有婚配，成双配偶衍生人类"为主题，以彝文书法形式展示玛牧描述姻缘关系以及处理姻亲关系的经典语句，经典之后附以汉文释读，通过故事传说、情景模拟等方式展现彝族姻缘习俗，并以历史案例生动讲述彝族看重姻缘的主要缘由：一是依靠姻缘繁衍子孙，二是依靠姻缘纵横捭阖。旅游者通过了解凉山彝族的姻缘关系，能够更加理解凉山彝族传统社会的等级观念和婚姻习俗。

5. 玛牧记忆要素地缘主题展区设计思路

玛牧文化馆第五主题展区以玛牧记忆要素中的地缘关系为主线，体现彝族的邻里关系。彝族属于山居民族，地形地貌决定其生活环境。大分散、小聚居的村落布局，使得彝族特别重视邻里关系，互帮互助、互生冲突是彝族邻里关系的常见表现。玛牧教化彝族民众与邻为善，和谐共处。展区以"远亲不如近邻"为主题，从彝族的村落布局、生活环境开始，体现彝族邻里关系的重要性，以彝文书法形式展示玛牧描述地缘关系的经典语句，经典之后附以汉文释读，运用电子媒体、场景模拟等方式生动展现彝族的地缘邻里，通过历史典故加深游客对彝族地缘关系的认识。旅游者通过了解彝族的地缘关系，可从另一个侧面认识彝族的生活地域和生存形态。

6. 玛牧记忆要素人缘主题展区设计思路

玛牧文化馆第六主题展区以玛牧记忆要素中的人缘关系为主线，体现彝族民众的道德修养和处世准则。玛牧规范彝族民众的道德情操和处事原则，十分看重个人修养和人缘好坏。展区以"多交朋友、广结善缘"为主题，从个人修养和为人处事两个方面体现彝族的人缘观念。以彝文书法形式展示玛牧描述人缘关系的经典语句，经典语句之后附以汉文释读，通过故事传说、历史案例生动展现人缘观念在彝族民众生活中的重要性。旅游者通过了解彝族的人缘观念，可以进一步认识彝族的道德观念和待客之道。

玛牧文化馆六个主题展区从玛牧体化实践的基础彝语言、刻写实践的关键彝文字以及玛牧五个记忆要素切入，全面系统展现彝族玛牧文化，这是彝族第一次面向世人全面展示玛牧文化。玛牧文化馆的筹建意义非凡，它是世人了解玛牧文化的直接窗口，也是凉山打造玛牧文化品牌的坚定基石。

玛牧文化博物馆承载着宣传推广玛牧文化的历史使命，是传承弘扬凉山彝族玛牧文化的重要支点，是玛牧文化开展旅游刻写实践的重要一步。非物质文化遗产玛牧的旅游利用应以玛牧文化馆为支点，带动玛牧旅游实践的全面发展。

三、玛牧旅游纪念品

旅游纪念品是目的地特色的物质载体，能够体现目的地的地方特色，甚至成为目的地的标志。根据非物质文化遗产玛牧的特点，玛牧旅游商品的设计，宜考虑玛牧文化旅游纪念品。玛牧旅游纪念品应当以玛牧文化特色为设计理念，以纪念价值为核心，结合游客参与玛牧文化馆的旅游体验环节，设计以游客体验为主的玛牧旅游纪念品。

旅游者通过玛牧文化馆了解玛牧文化、体验玛牧文化，因此，玛牧旅游纪念品设计应当依托玛牧文化馆展开，结合游客参与的旅游体验环节，增添纪念品对游客的纪念价值。玛牧文化馆共设四处旅游体验区，其中两处可作为旅游纪念品的设计来源。一处是游客临摹彝文象形文字区，可根据游客意愿提供精美临摹用具，给予临摹指导、美术设计，最后形成精美临摹作品，适当包装后供游客购买纪念。另一处是引领游客根据自身年龄选择对应的玛牧年岁时段"对号入座"区，游客可摘录玛牧描述该年岁时段的经典语句，并留下彝名落款和当前日期，再以彝文、汉文或英文形式对比展现。摘录文稿以精美纸张为基础，游客摘录完成后可将其制作成明信卡片、书签、挂件等精美物件，以供游客购买纪念。

在玛牧文化馆游览后程，可以设置玛牧旅游纪念品专区。从玛牧记忆要素年岁时段、农牧生产、姻缘、地缘、人缘五个方面窥看彝族习俗，以此为吸引点、乐趣点，设计"以玛牧文化窥看彝族习俗"系列旅游书，可以选择"小人书"形式彩色出版，一个系列一套小人书，以怀旧风格设计，精巧做工，既有收藏价值，又有纪念意义。或做成"以玛牧文化窥看彝族习俗"漫画书籍、讲解书籍，务求画面制作精美，适宜儿童阅读，既有故事色彩，又有教育意义。编写玛牧故事经典，或做成动画制作成碟，或出版影音作品，便于游客观看、欣赏。

总之，玛牧旅游纪念品应以玛牧文化馆为基础，以玛牧记忆要素为题材，设计具有纪念价值、收藏价值、教育价值的玛牧文化衍生品。

四、玛牧主题纪录片

"纪录片"一词最早由英国人约翰·格里尔逊（John Grierson）提出，指以真实生活为创作题材，以真人真事为表现对象，对其进行艺术加工以引发观众思考的艺术形式。纪录片以展现真实为本质，可分为电影纪录片和电视纪录片。

根据非物质文化遗产玛牧的特点，适宜选择电视纪录片的主题表现艺术形式，形成电视系列纪录片。纪录片以玛牧五个记忆要素为主题，分别纪录年岁时段、农牧生产、姻缘、地缘、人缘五个主题单元，以五个主题的彝族真实生活为创作题材，以彝族社会的真人真事为表现对象，以真实为核心，形象地展现彝族玛牧文化，形成玛牧五个主题单元系列纪录片。观众可以从一集玛牧主题纪录片深入浅出地了解玛牧的一个记忆要素、一个记忆主题。

综上所述，玛牧文化馆是玛牧文化持续传播、走进人们现代生活的支点，也是玛牧文化得以传承弘扬的重要基石，应当充分发挥其玛牧文化传播的信号源作用。非物质文化遗产玛牧的旅游利用应当以玛牧文化馆为基点，通过参观、游览、体验环节，提高旅游者对玛牧文化的感知程度，在全面、系统、准确了解玛牧文化的同时，逐渐让更多的旅游者了解玛牧文化、熟知玛牧文化、热爱玛牧文化。玛牧特色旅游小镇、玛牧主题旅游线路分别是玛牧文化"点"与"线"的集中展现。玛牧文化沉浸式体验、玛牧文化节庆展演、玛牧文化馆解说、玛牧旅游纪念品、玛牧主题纪录片则是人们具身感受玛牧文化的生动路径。在非物质文化遗产玛牧旅游实践过程中，逐渐形成以玛牧文化馆为核心，其他旅游利用形式与之呼应的玛牧文化旅游圈，通过形式多样的旅游利用，有效地将玛牧文化融入现代旅游生活，实现玛牧活态传承，同时树立玛牧文化旅游品牌，打造凉山地区玛牧文化的旅游主题形象。

第二节 玛牧体化实践的旅游利用

一、玛牧文化馆解说

以玛牧文化馆展示为基础，配以玛牧文化解说系统，可以使旅游者更加深入地了解玛牧文化，同时控制旅游者游览玛牧文化馆的路线与节奏。玛牧文化馆解说是玛牧体化形式的旅游实践，也是旅游者所喜闻乐见的旅游方式，解说系统能够帮助游客正确、深入理解玛牧文化内涵，感受旅游体验乐趣。

玛牧文化馆解说分为两种形式，一是语音解说系统，由馆区提供"微信扫码听解说"服务，解说系统自动根据游客所处位置播放相应语音解说，解说语言至少设置彝文、汉文、英文三种，还可根据游客客源情况逐步增加韩文、日文、法文、德文等解说语种；二是现场解说体系，编撰能够生动体现玛牧文化精髓的玛牧文化馆导游词，组织建设玛牧文化馆讲解队伍，重视讲解服务质量，提供优质现场讲解服务。出色的讲解可以促使游客充分认识非物质文化遗产价值，在短暂的参观时间内了解和欣赏玛牧文化以及凉山彝族习俗。

二、玛牧特色旅游小镇

特色旅游小镇是一个生活与旅游、传统与现代、自观与他观、内向与外向、祛魅与赋魅、传承与传播等特征混融交织的多元立体文化空间，通过一系列的文化公共实践，将作为前台文化消费的旅游展演，与作为后台文化传承的生活实践既区隔又连接，[①] 是现代非遗旅游利用的重要路径。

特色旅游小镇是一种基于独特的人文、历史与自然资源，经现代规划设计形成的作品。作为旅游资源的一个重要补充，特色旅游小镇可以为游客带来良好的文化旅游体验，是现代旅游形式中一种成熟的旅游体验类型。[②] 特色旅游小镇以独特文化作为小镇打造的核心脉络，无论硬件还是软件均以核心文化为

---

① 黄龙光，杨晖. 文化空间视野下特色旅游小镇的民俗文化公共实践 [J]. 民俗研究，2022 (5)：121-128+160.

② 张建忠，温娟娟，刘家明，等. 晋中文化生态保护区"非遗"分布特征及旅游利用模式 [J]. 经济地理，2023 (7)：234-240.

底蕴基础，以不同形式灵活展现，使旅游者在游览过程中能够感受旅游小镇的文化脉络与独特魅力。特色旅游小镇可将非遗作为文化主线，充分提炼文化旅游主题，打造可识别主题文化的旅游小镇，是地区弘扬非遗文化、传统文化，增添地区旅游吸引力的重要旅游实践。比如，四川广汉的年画小镇，就是以非遗年画作为文化主线，打造的"年画特色"旅游小镇。

玛牧作为凉山彝区重要的非物质文化遗产，可以被作为文化主线，打造一座玛牧文化旅游小镇。玛牧文化旅游小镇以彝族母语文化广场为中心，建设玛牧文化标志性旅游建筑，以玛牧为主题，展开旅游小镇的整体布局。小镇布局之一，可以选择以玛牧的展示为主线，修建玛牧展示墙、释读墙，以漫画形式体现玛牧的教育价值。小镇布局之二，可设计彝族教育经典玛牧与汉民族蒙学读物《三字经》的对比展现，两者皆是道德教育经典之作，其中《三字经》为众多游客所熟知，这样的对比形式，更加容易体现玛牧的文化精髓。玛牧鼓励人们追求理想，推崇荣誉至上，弘扬集体主义精神和主人翁意识，这些都是在当今社会值得传扬的道德情操，浓厚的玛牧文化氛围必将推动小镇文化内涵建设，丰富凉山彝区旅游文化内涵。小镇布局之三，再配以雕塑群组，整体展现以玛牧文化为重点的彝族母语文化。小镇布局之四，设立玛牧文化演艺中心，通过玛牧文化表演项目生动形象传递民族文化。另外，休闲娱乐区的文娱表演对于旅游小镇展现主题、深化主题，游客感受主题至关重要，文娱表演不仅能够带给旅游小镇生命活力，而且可以优化小镇旅游产品结构，增强旅游小镇吸引力。

三、玛牧文化沉浸式体验

旅游演艺又称旅游表演，是在旅游活动过程中一种具有主题艺术形式的演艺活动，包括音乐、舞蹈、话剧、诗歌等。旅游演艺涉及舞台、服装、道具、灯光、音响、剧本创作等一系列环节，其再开发性和衍生潜力使旅游演艺成为当前最具专业性和市场化的旅游利用模式，观众参与舞台表演的沉浸式体验逐渐成为旅游者喜爱的热门项目。近年来，旅游演艺形式多样、内容丰富，游客参与性强，能够从一定程度上补充目的地旅游产品类型，提升目的地旅游吸引力。

根据非物质文化遗产玛牧的特点，玛牧文化沉浸式舞台体验比较适宜驻场式的室内表演，以主题舞台剧作为沉浸体验的主要内容。舞台剧以专业演员演绎传说故事作为开篇，可以有效增强其吸引力，比如《勒俄特依》记载，聪明美丽的兹里史色邀请勤劳勇敢的施尔俄特猜谜语,施尔俄特猜对九条谜语后,兹里史色和施尔俄特成其姻缘,彝族社会从此结束了漫长的母系氏族时代,进入父系氏族社会。史色又与妹妹史玛、史朵描绘杉树,创造了第一个描绘树的彝文字"Ψ",描绘太阳创造了"☉",之后,她们和后代再仿照河水的漩涡、树叶花草的纹路、各种动植物的体型、自然景色的变化创造了许多的彝文字来记录历代彝族祖宗嘴里说的和心里想的话语。接着,带入玛牧文化模拟情景,设计游客沉浸体验环节,编排话剧,或采用歌吟舞蹈,使游客与专业人员进行互动,生动再现玛牧经典的同时,让旅游者走进玛牧文化、体会玛牧文化,通过沉浸体验感受玛牧的文化精髓。

四、玛牧文化节庆展演

节庆展演是一次性或重复举办的,持续时间较短,目的在于加强外界认同、提高经济收入的活动。[①] 节庆展演一般具有特定主题,举办地点相对固定,举办时间具有周期性特点,是一种综合性的节日庆典活动,形式包括各种传统节日和新时期的各种创新节日。相较于其他旅游吸引物,节庆展演不受季节限制,可以优化旅游景点分布格局,在一定地域、一定时间集中展示和体验。[②] 因此,节庆展演可以作为目的地旅游吸引物的重要补充,保持旅游季节的相对平衡。

在旅游活动中,节庆展演与传统文化互推互助——节庆展演注入传统文化元素可以提升节庆展演活动的品位,节庆展演活动的开展则能够更好弘扬传统文化。节庆展演不仅有利于塑造区域旅游形象,弘扬目的地非遗文化、传统文化,而且有利于增强当地居民对非遗文化、传统文化的认同感和自豪感。

凉山彝区的节庆展演活动,应当试验性发展,以玛牧文化馆为基础,在节庆展演活动中注入玛牧文化元素,开展以玛牧文化为重点的彝族母语文化节庆展演活动。每年选择旅游淡季定期举办彝族母语文化艺术节,以彝语言为基础,弘扬以玛牧文化为代表的彝族母语文化艺术,塑造凉山彝区旅游形象,弘扬玛牧思想核心精神。节庆展演活动期间可以举办各类庆祝表演活动,包括《母语的光辉》大型表演、玛牧说唱比赛、克则尔比邀请赛、彝族民间文学艺

---

① Ritchie, J. R. B. Assessing the Impact of Hallmark Events [J]. Journal of Travel Research, 1984, 23 (1): 2–11.

② 周永广. 日本节庆活动对我国旅游节庆开发的启示 [J]. 旅游学刊, 2005 (2): 69.

术国际学术研讨会、彝族风情篝火晚会等。丰富多彩的节庆展演活动,与玛牧文化馆、玛牧特色旅游小镇交相辉映,共同弘扬玛牧文化、传承玛牧文化,塑造凉山彝区旅游的玛牧文化品牌形象。

五、玛牧主题旅游线路

旅游线路指为了使旅游者能够以最短的时间获得最大的游览效果,根据市场需求、旅游资源、交通条件等因素,由旅游经营部门合理规划和组织利用交通线串联若干旅游点或旅游城市所形成的具有一定特色的行程走向。[①] 主题旅游线路以某一主题作为旅游线路的核心主线,线路点选择与主题相关的旅游点或旅游城市,游览行程项目紧密围绕主题设计,向旅游者提供可赏、可玩、可体验的旅游享受。作为现代旅游活动重要的旅游产品类型,主题旅游线路对于主题文化的共享、弘扬、传承起着非常重要的作用。

非物质文化遗产玛牧在凉山彝区具有较为广泛的地理空间分布,以玛牧文化作为主题旅游线路的核心元素,打造玛牧文化主题旅游线路,是玛牧文化创造性转化、创新性发展的重要路径。玛牧主题旅游线路的设计,是非遗与旅游深度融合发展的重要举措,也是玛牧得以共享、弘扬、传承的旅游实践。

旅游利用不仅能够增强玛牧"记忆之场"的生命活力,还可以延续与弘扬玛牧场所精神。以甘洛斯补边民小学土司遗址为依托修建玛牧文化馆,是迈出玛牧旅游刻写实践的第一步。再以玛牧文化馆为支点,逐步开展玛牧文化馆解说、玛牧旅游纪念品、玛牧特色旅游小镇、玛牧文化沉浸式体验、玛牧文化节庆展演、玛牧主题旅游线路、玛牧主题纪录片等旅游实践活动,形成非物质文化遗产玛牧旅游"体化+刻写"实践的保护性旅游利用模式。

保护性旅游利用对保护与传承非物质文化遗产具有积极作用,可实现旅游利用与非物质文化遗产传承的相互促进,是保护与传承非物质文化遗产的理想选择。[②] 通过非物质文化遗产玛牧旅游一体化实践与旅游刻写实践的有机结合,最终可以实现非物质文化遗产玛牧的生活性保护。保护性旅游利用不仅能够帮助玛牧文化进一步融入当代人们的社会生活,而且能够有力促进玛牧文化的继承与弘扬。

[①] 闫龙,张梅,谷志伟.吉林省冰雪旅游线路设计及发展策略研究[J].长春师范大学学报,2023(8):120-125.

[②] 罗栋,李飞.鄂尔多斯非物质文化遗产的保护性旅游开发研究[J].广西师范学院学报(哲学社会科学版),2016(4):78.

第九章 结语与展望

本书在系统回顾国内外关于社会记忆、非物质文化遗产保护利用等研究成果的基础上，综合运用社会学、人类学、民族学、旅游学等相关学科的研究理论和研究方法，以凉山彝族非物质文化遗产玛牧为例，探讨以凉山彝族玛牧为典型代表的传统口头文学类非物质文化遗产的保护传承及其旅游利用。本章主要就本书的研究做一个总结，对研究所取得的成果、存在的不足与今后的进一步研究方向进行评价和展望。

第一节 研究结论

一、旅游利用有利于非物质文化遗产的保护传承

非物质文化遗产需要通过旅游实现和发挥其社会、经济、教育、情感等价值；旅游活动需要非物质文化遗产作为吸引物。可以说，旅游利用是非物质文化遗产保护传承的一种有效方式。通过将非物质文化遗产融入旅游活动，可以创造一个又一个新的旅游景点；同时，旅游利用可以激活非物质文化遗产的社会价值、经济价值、教育价值和情感价值，赋予其新的生命力，实现保护传承与旅游利用的协同共赢。

本书提倡非物质文化遗产的保护性旅游利用，是建立在保护传承与旅游利用互惠共赢基础之上的。保护性旅游利用不仅能够帮助非物质文化遗产融入当代社会生活，而且能够促进其传承发展。

二、社会记忆视角是研究传统口头文学类非物质文化遗产保护传承的理想选择

非物质文化遗产种类繁多,保护方式不尽相同,保护程度有深有浅。一些感观性、实用性较强的非物质文化遗产诸如传统美术、节庆民俗等,相对易于保护利用,其保护深度也在不断的实践中稳步推进。

与相对容易保护利用的类别相比,传统口头文学类非物质文化遗产具有口头性、无形性等不可直观感受的特点。目前,传统口头文学类非物质文化遗产的保护传承仍然未找到比较合适的研究视角与利用模式。针对这一现实,笔者在文献分析与实地调研的基础上,发现传统口头文学类非物质文化遗产具有社会记忆属性,这一属性为相关研究提供一个新的视角。在社会记忆视野下,传统口头文学类非物质文化遗产的保持和传递规律明显,更加易于把握。因此,从社会记忆视角研究传统口头文学类非物质文化遗产的传承利用,是一个全新的研究思路。

三、传统口头文学类非物质文化遗产保护传承的本质是探讨社会记忆如何延续

传统口头文学类非物质文化遗产具有口头念诵、口耳相传的传承特点,保护传承传统口头文学类非物质文化遗产就是要保持传统口头文学的生命力,力求传统口头文学在相应社会群体中实现持续传承,同时培养相应社会群体对于传统口头文学的认同感和自豪感。传统口头文学类非物质文化遗产具有社会记忆属性,探讨社会记忆的保持和传递,即社会记忆的延续,正是研究传统口头文学类非物质文化遗产保护传承问题有效途径。

社会记忆的保持和传递在身体中的积累或沉淀可分为体化实践与刻写实践。体化实践形成身体的习惯特质,在惯常生活中不经意间,或在仪式生活中借助仪式程序得以保持和传递。刻写实践通过身体记录形成刻写文本,通过社会记忆形式保存和传递。当然,通过体化实践保持和传递的社会记忆功能活跃,具有生命力,而通过刻写实践保持和传递的社会记忆相对被动,社会记忆功能在一定程度上受到限制。因此,笔者更倾向于关注体化实践在社会记忆保持和传递中如何发挥作用,以保持社会记忆在相应社会群体中的延续性。

四、社会记忆保持和传递的特点

（一）社会记忆以记忆要素为单位，在不同场域内保持和传递

社会记忆源于一种区域的、零散的群体生活的经验总结，借由各种媒介保存和流传。群体的生活经验往往丰富繁杂、主题多样，在流传过程中，人们往往会在不同场合谈及不同主题，久而久之，自然形成场合与主题的对应关系。群体的生活经验一般由数个不同的主题构成，每一个主题可称为一个记忆要素，因此，社会记忆由数个不同的记忆要素共同组成。而每一个记忆要素对应着适合其流传的记忆场合，这个场合又称为记忆场域。因此，不同主题对应不同场域，每一个记忆要素有着相对应的记忆场域，记忆要素通过相对应的记忆场域保持和传递。

简言之，社会记忆以若干记忆要素体现，各个记忆要素呈现不同记忆主题，不同记忆主题对应不同记忆场域，即社会记忆的延续，主要以记忆要素为主题单位，根据与之对应的场域，在不同记忆场域内保持和传递。

（二）社会记忆以记忆场域为空间，保持和传递记忆谜米

每一个记忆要素存在一个与之对应的记忆主题，若干类似的记忆谜米共同交织构成一个记忆主题。记忆主题与记忆场域的对应关系，决定围绕这一记忆主题的记忆谜米需要以相对应的记忆场域为空间载体，依靠语言在记忆场域内保持和传递。记忆场域不仅见证社会记忆的变迁、持续提供社会记忆的渠道，还维系着社会记忆的认同，是传递社会记忆重要的社会空间。因此，社会记忆以记忆场域为空间，根据不同场域空间，保持和传递不同主题的记忆谜米。

（三）社会记忆以记忆谜米为因子，渗透于社会生活的方方面面

社会记忆由若干记忆要素共同组成，每一个记忆要素又由若干具有共同主题的记忆谜米构成。记忆谜米是模仿行为的基本单位，也是社会记忆传递的基本单位，社会记忆的保持和传递关键在于保持和传递有效的记忆谜米。只有有效的记忆谜米才具有渗透性，在保持和传递过程中渗透于社会生活各个层面。因此，社会记忆的保持和传递是以有效的记忆谜米为因子渗透于社会生活的方方面面。

五、记忆之场是非物质文化遗产传承利用的重要载体

传统口头文学类非物质文化遗产具有口头性、无形性特点，实现传统口头文学类非物质文化遗产的保护传承需要有形载体作为支撑。具有社会记忆属性的传统口头文学类非物质文化遗产，可以根据社会记忆保持和传递的基本规律，实现保护传承的可持续。

在某种意义上，场所是记忆的物体化、空间化，是记忆的有形载体。"记忆之场"由"场所"和"记忆"两个词共同构成，是社会记忆保持和传递的记忆场域，也是社会记忆得以保持、再现、传递的关键。因此，记忆之场是非物质文化遗产传承利用的重要载体。

第二节　本书研究的不足

笔者在对非物质文化遗产保护传承与旅游利用研究过程中，尽管本着客观、严谨、真诚的态度，但是由于时间、精力、学术研究能力等因素的制约，仍然留下了不少遗憾。同时，虽然目前有不少学者对非物质文化遗产的传承利用进行了研究，但针对传统口头文学类非物质文化遗产的深入研究还相对较少，故本书有些方面是对前人尚未涉猎领域的尝试，在写作过程中可能存在一些理论与方法上的不足之处。

其一，由于生活的经历、对象的典型性以及对彝族优秀传统文化的热情，笔者选取凉山彝族非物质文化遗产玛牧作为研究对象，在实际研究过程中或多或少面临语言沟通障碍。由于笔者彝语能力有限，与部分只能讲彝语的访谈对象进行交流时，往往需要借助翻译的转述，无法直接获取访谈对象陈述的第一手信息，对于这一点，笔者深感遗憾，并希望在未来通过加强学习，努力提高彝语能力，以为后续研究服务。

其二，凉山彝族玛牧是国家级非物质文化遗产，以玛牧为例进行相关研究具有一定的普遍适用性。但同时，玛牧毕竟属于凉山彝族独特的传统文化，对于传统口头文学类非物质文化遗产传承利用的探讨，仅针对玛牧一个研究对象是略显不足的。在未来的研究中，需要针对不同民族、不同地域多样化的传统口头文学类非物质文化遗产进行研究。

其三，本书在美国学者保罗·康纳顿社会记忆理论的基础上，结合场域理

论、谜米理论，探讨社会记忆的保持和传递，虽然尝试了社会记忆保持和传递的理论构建，涉及前人研究的薄弱点，但是笔者仍然感觉理论构建深度不够，尚未形成社会记忆保持和传递的完整理论体系。在未来的研究中，还需进一步加强理论探索，为传统口头文学类非物质文化遗产的传承利用提供更具深度的理论依据。

第三节 非物质文化遗产传承与利用的研究展望

由于种类繁多，尽管学术硕果累累，关于非物质文化遗产传承利用的研究仍然呈现分布不均衡特点。学界对于感观性、实用性较强的非物质文化遗产研究相对丰富，对于口头性、无形性的非物质文化遗产研究相对薄弱。因此，未来应当加强口头性、无形性等不可直观感受的非物质文化遗产的传承利用研究，不断探索新的研究视角，创新研究理念。同时，应加强理论构建，为非物质文化遗产的传承利用提供理论支撑。

参考文献

专著类

巴且日火，陈国光. 凉山彝族习惯法调解纠纷现实案例［M］. 北京：中央民族大学出版社，2012.

陈金全，巴且日伙. 凉山彝族习惯法田野调查报告［M］. 北京：人民出版社，2008.

陈宁. 社会记忆：话语和权力［M］//张立升. 社会学家茶座. 济南：山东人民出版社，2007.

陈英. 论彝汉民族的历史渊源［C］//陈英彝学研究文集. 贵阳：贵州人民出版社，2004.

丁椿寿. 彝文论［M］. 成都：四川民族出版社，1993.

关荣华. 四川少数民族传统文化与教育［M］. 成都：四川大学出版社，1997.

贵州省民族研究所毕节地区彝文翻译组. 西南彝志选［M］. 贵阳：贵州人民出版社，1982.

郭于华. 倾听底层：我们如何讲述苦难［M］. 桂林：广西师范大学出版社，2011.

郭于华. 受苦人的讲述——骥村历史与一种文明的逻辑［M］. 香港：香港中文大学出版社，2013.

郭于华，孙立平. 诉苦：一种农民国家观念形成的中介机制［M］. 北京：商务印书馆，2002.

韩民清. 文化论［M］. 南宁：广西人民出版社，1989.

胡庆钧. 凉山彝族奴隶制社会形态［M］. 北京：中国社会科学出版社，1985.

黄东兰. 岳飞庙：创造公共记忆的"场"［M］//孙江. 事件·记忆·叙述. 杭州：浙江人民出版社，2004.

景军. 社会记忆理论与中国问题研究［C］//中国社会学（第1卷）. 上海：上海人民出版社，2002.

景军. 神堂记忆：一个中国乡村的历史、权利与道德 [M]. 福州：福建教育出版社，2013.

孔祥卿，史建伟. 汉字与彝文的比较研究 [M]. 天津：南开大学出版社，2010.

雷波县语言文字工作委员会. 彝族训世经 [M]. 北京：中国文联出版社，2013.

李恭忠. 中山陵：一个现代政治符号的诞生 [M]. 北京：社会科学文献出版社，2009.

李剑. 凉山彝族纠纷解决方式研究 [M]. 北京：民族出版社，2011.

凉山彝族奴隶社会博物馆. 千年凉山——散落在羊皮卷中的文明 [M]. 成都：四川文艺出版社，2004.

凉山彝族自治州教育志编纂委员会. 凉山彝族自治州教育志 [M]. 成都：四川民族出版社，1997.

岭光电. 改进西康宁属边教意见 [M] //倮情述论. 成都：成都开明书店，1943.

岭光电. 忆往昔——一个彝族土司的自述 [M]. 昆明：云南民族出版社，1988.

刘魁立. 论非物质文化遗产保护的整体性原则 [C] //张庆善. 中国少数民族艺术保护及当代艺术发展国际学术研讨会论文集. 北京：文化艺术出版社，2004.

罗福惠，朱英. 辛亥革命的百年记忆与诠释 [M]. 武汉：华中师范大学出版社，2011.

罗蓉芝. 玛牡特依 [M]. 成都：四川民族出版社，2011.

马长寿. 凉山罗彝考察报告 [M]. 李绍明，周伟洲等整理. 成都：巴蜀书社，2006.

马尔子. 彝文的历史发展和四川规范彝文 [G] //中国民族古文字研究：第四辑. 天津：天津古籍出版社，1994.

马锦卫. 彝文起源及其发展考论 [M]. 北京：民族出版社，2011.

且萨乌牛. 彝族古代文明史 [M]. 成都：四川民族出版社，2002.

沈伍己，伍精忠. 西安半坡遗址出土的陶文与彝族文字的渊源关系试探 [G] //彝缅语研究. 成都：四川民族出版社，1992.

苏克明等. 凉山彝族道德研究 [M]. 成都：四川大学出版社，1997.

孙德忠. 社会记忆论 [M]. 武汉：湖北人民出版社，2006.

孙江. 事件·记忆·叙述［M］. 杭州：浙江人民出版社，2004.

孙江. 新史学：第8卷·历史与记忆［G］. 北京：中华书局，2014.

汤芸. 社会记忆·景观·叙事［G］//王铭铭. 中国人类学评论：第2辑. 北京：世界图书出版公司，2007.

王宏均. 博物馆学基础［M］. 上海：上海古籍出版社，2001.

王明珂. 华夏边缘：历史记忆与族群认同［M］. 台北：允晨文化实业股份有限公司，1997.

余宏模. 试论彝族文字的起源和发展［G］//彝族语言文字论文选. 成都：四川民族出版社，1988.

政协凉山州委员会文史资料委员会. 凉山文史资料选辑（第13辑）. 科教文卫专辑［G］. 内部出版，1995.

中国西南民族研究学会. 西南民族研究·彝族研究专辑［M］. 成都：四川民族出版社，1987.

中国彝族通史编委会. 中国彝族通史纲要［M］. 昆明：云南人民出版社，1993.

周海燕. 记忆的政治［M］. 北京：中国发展出版社，2013.

朱文旭. 彝文说略［M］//彝族文化研究论文集. 成都：四川民族出版社，1993.

译著类

保罗·康纳顿. 社会如何记忆［M］. 纳日碧力戈译. 上海：上海人民出版社，2000.

本尼迪克特·安德森. 想象的共同体——民族主义的起源与散布［M］. 吴睿人译. 上海：上海人民出版社，2003.

哈拉尔德·韦尔策. 社会记忆：历史、回忆、传承［G］. 季斌等译. 北京：北京大学出版社，2007.

雷蒙德·威廉斯. 文化与社会［M］. 吴松江，张文定译. 北京：北京大学出版社，1991.

诺伯舒兹. 场所精神——迈向建筑现象学［M］. 施植明译. 武汉：华中科技大学出版社，2010.

皮埃尔·布迪厄，华康德. 实践与反思——反思社会学导引［M］. 李猛，李康译. 邓正来校. 北京：中央编译出版社，1998.

苏珊·布莱克摩尔. 谜米机器——文化之社会传递过程的"基因学"［M］. 高

申春等译. 长春：吉林人民出版社，2011.

索尔索. 认知心理学［M］. 黄希庭等译. 北京：教育科学出版社，1990.

古籍类

光绪越嶲厅全志·土司志.

嘉庆四川通志：卷九十七·武备·土司.

嘉庆四川通志：卷九十五.

明史·土司序传.

宋土文集：卷二十·罗君墓志.

元史·地理志：卷四.

元史·世宗本纪.

期刊论文类

阿里瓦萨. 彝族文字起源初探［J］. 中央民族大学学报（哲学社会科学版），2011（1）.

阿育几坡，刘亭园. 彝族道德经典《玛牧特依·伦理篇》新解［J］. 西南民族大学学报（人文社会科学版），2012（11）.

安群英，罗新本，谢木刚，等. 彝族口头非物质文化遗产抢救、保护与利用［J］. 西南民族大学学报（人文社科版），2008（2）.

巴莫阿依. 大凉山彝族的仪式生活［J］. 凉山民族研究，1996.

巴且日火."坎上法庭"与"坎下法庭"——凉山彝族的国家法律权益与习惯法保护［J］. 凉山民族研究，2005.

巴且日火. 凉山彝族聚居区法律生活分析［J］. 凉山民族研究，2000.

白凯. 中国旅游发展笔谈——非物质文化遗产的保护与旅游利用［J］. 旅游学刊，2019（5）：1.

白子仙. 集体记忆理论经验研究的七个维度：1989－2009［J］. 经济研究导刊，2010（6）.

保继刚. 大型主题公园布局初步研究［J］. 地理研究，1994（3）.

毕天云. 布迪厄的"场域—惯习"论［J］. 学术探索，2004（1）.

蔡富莲. 凉山彝族习惯法的特点［J］. 凉山民族研究，2000.

蔡晓英. 关于非物质文化遗产保护与利用的辩证思考［J］. 艺术百家，2020（5）.

曹诗图，鲁莉. 非物质文化遗产旅游开发探析［J］. 地理与地理信息科学，

2009（4）.

车延芬. 舞蹈口述史与"口述"舞蹈史——兼论舞蹈人的身体记忆与社会记忆［J］. 民族艺术研究，2016（6）.

陈虹. 试谈文化空间的概念与内涵［J］. 文物世界，2006（1）.

陈孟昕，张昕. 中国高等院校首届非物质文化遗产教育教学研讨会综述［J］. 湖北美术学院学报，2002（4）.

陈宁. 社会记忆：破解社会认同困境的理论视角与分析路径［J］. 理论月刊，2014（7）.

陈庆云. 非物质文化遗产保护法律问题研究［J］. 中央民族大学学报，2006（1）.

陈炜，陈能幸. 西部地区非物质文化遗产旅游开发适宜性评价指标体系与评价模型构建［J］. 社会科学家，2011（10）.

陈炜，张瑾，梁林溪. 民族地区非物质文化遗产保护与传承策略研究——以广西三江侗族自治县为例［J］. 桂林师范高等专科学校学报，2008（1）.

陈炜，张正欢，赵巧艳. 民族地区戏曲类非物质文化遗产旅游开发研究——以桂林彩调为例［J］. 桂林师范高等专科学校学报，2008（3）.

陈蕴茜. 国家典礼、民间仪式与社会记忆——全国奉安纪念与孙中山符号的建构［J］. 南京社会科学，2009（8）.

陈蕴茜. 纪念空间与社会记忆［J］. 学术月刊，2012（7）.

陈蕴茜. 民国中山路与意识形态日常化［J］. 史学研究，2007（12）.

陈章太. 论语言资源［J］. 语言文字应用，2008（1）.

程豪，章锦河. 社会记忆的旅游开发分析——以淮南煤炭记忆为例［J］. 云南地理环境研究，2012（1）.

丛密林，张晓义，王伟平. 达斡尔、鄂温克、鄂伦春族体育非物质文化遗产保护研究［J］. 体育文化导刊，2017（2）.

戴建国. 水书与水族社会记忆［J］. 前沿，2011（3）.

邓成伦. 论凉山彝族社区教育发展与双语教学的关系［J］. 凉山民族研究，2001.

邓聚，张慧竹. "喇叭人"的社会记忆与族群认同［J］. 贵州师范学院学报，2015（7）.

丁木乃. 社会治理视角下的彝族教育经典《玛牧特依》［J］. 贵州民族研究，2020（1）.

丁晓娜，余敏辉，高珍. 传统戏剧类非物质文化遗产旅游开发探讨：以皖北泗州戏为例［J］．淮北师范大学学报（哲学社会科学版），2013（3）．

东潇．重庆土家族苗族非物质文化遗产保护刍议［J］．重庆文理学院学报（社会科学版），2008（4）．

俄比解放．彝族民俗仪式中的五色观念［J］．凉山文博，2013、2014合刊。

尔布什哈．清代木刻彝文古籍《玛牧特依》［J］．凉山民族研究，2008．

甘明．非物质文化遗产传承保护的实证研究——以黔东南苗族侗族自治州为例［J］．贵州民族研究，2017（6）．

高爱民．关于发展旅游纪念品的思考［J］．旅游学刊，1990（3）．

高萍．社会记忆理论研究综述［J］．西北民族大学学报（哲学社会科学版），2011（3）．

高蕊．记忆中的伤痛：阶级建构逻辑下的集体认同与抗战叙事［J］．社会，2015（3）．

高源．读《社会如何记忆》［J］．西北民族研究，2007（2）．

关昕．文化空间构建与传统节日保护［J］．文化学刊，2009（5）．

郭炯．中西民族非物质文化遗产保护研究［J］．贵州民族研究，2017（1）．

郭军，仇军，田恩庆．仪式体育与社会记忆的保存和传递——康纳顿社会记忆理论的视角［J］．成都体育学院学报，2015（5）．

郭永平．身体实践与仪式展演：集体化时代大寨妇女的社会记忆［J］．西北民族研究，2015（3）．

郭于华．心灵的集体化——陕北骥村农业合作化的女性记忆［J］．中国社会科学，2003（4）．

郭玉军，唐海清．论非物质文化遗产知识产权保护制度的新突破——以地理标志为视角［J］．海南大学学报（人文社会科学版），2010（3）．

过伟．广西西江流域民族文化资源的保护与开发［J］．玉林师范学院学报（哲学社会科学版），2005（1）．

韩云惠，丁华东．档案公布与社会记忆的管控［J］．档案与建设，2016（2）．

郝苏民，戚晓萍．文化生态·文化空间·政府主导与"非遗"关系［J］．北方民族大学学报（哲学社会科学版），2009（2）．

何炼红．论非物质文化遗产隐私权的保护［J］．政治与法律，2017（1）．

何星亮．非物质文化遗产的保护与民族文化现代化［J］．中南民族大学学报（人文社会科学版），2005，25（3）．

贺学君．非物质文化遗产"保护"的本质与原则［J］．民间文化论坛，2005（6）．

侯新兵. 社会记忆与文化情结［J］. 文化学刊，2012（6）.

胡映东. 场所精神的回归［J］. 山西建筑，2007，33（18）.

黄继元. 旅游开发与非物质文化遗产传承与保护研究——以云南省石林县大糯黑村为例［J］. 云南社会科学，2010（3）.

黄建明. 彝族《教育经典》浅论［J］. 民族教育研究，2001（2）.

黄景春. 当代红色歌谣及其社会记忆——以湘鄂西地区红色歌谣为主线［J］. 民族文学研究，2017（3）.

黄龙光，杨晖. 文化空间视野下特色旅游小镇的民俗文化公共实践［J］. 民俗研究，2022（5）.

黄涛. 论非物质文化遗产的情境保护［J］. 中国人民大学学报，2006（5）.

黄晓燕. 文化多样性国际法保护的困境及解决的新思路［J］. 法学评论，2013（5）.

黄永林. 非物质文化遗产文化基因的结构特征和保护利用［J］. 中央民族大学学报（哲学社会科学版），2024（2）.

黄永林. 乡村文化振兴与非物质文化遗产的保护利用——基于乡村发展相关数据的分析［J］. 文化遗产，2019（3）.

黄玉婧，刘为. 傈僳族国家级非物质文化遗产建档保护研究［J］. 档案管理，2017（2）.

黄震方，俞肇元，黄振林等. 主题型文化旅游区的阶段性演进及其驱动机制——以无锡灵山景区为例［J］. 地理学报，2011，66（6）.

吉木次初. 试论彝族古典文献《玛牧特依》的教育思想在传统教育中的体现［J］. 戏剧之家，2017（8）.

吉木哈学，吴桃. 教育人类学视野下的彝族"玛木"［J］. 人民论坛，2011（32）.

贾鸿雁. 旅游开发与非物质文化遗产的保护和传承——环境视角的实证研究［J］. 湖南商学院学报，2010（4）.

贾鸿雁. 论我国非物质文化遗产的保护性旅游开发［J］. 改革与战略，2007（11）.

蒋立松. 彝族传统教育经典《玛牧特依》主要内容及特征初探［J］. 西南大学学报（社会科学版），2007（5）.

景志明. 试论《玛牧特依》的内容特色、流传与当代价值［J］. 西昌学院学报（社会科学版），2018（1）.

康建辉，张勇军. 非物质文化遗产的知识产权保护刍议［J］. 江西科技师范学院学报，2010（4）.

康延兴. 论图书馆保护非物质文化遗产的职能［J］. 图书馆建设，2006（6）.

康忠慧. 民间信仰与社会记忆——对桂西壮族岑氏土官崇拜的文化解释［J］. 民族文学研究，2006（4）.

旷凌龄. 我国非物质文化遗产保护的法律问题探讨［J］. 商业时代，2009（34）.

雷蓉，胡北明. 非物质文化遗产旅游开发模式分类研究［J］. 商业研究，2012（7）.

李波. 社会记忆下的少数民族传统文化传承载体探析——以黔东南苗族为例［J］. 贵州大学学报（社会科学版），2013（3）.

李波，伍进. 聚居少数民族传统文化的社会记忆载体探析［J］. 贵州社会科学，2013（8）.

李合胜，易萱. 我国非物质文化遗产保护的困境及出路——基于"广昌孟戏"的田野考察［J］. 江西社会科学，2017（6）.

李红武，胡鸿保. 国外社会记忆研究概述［J］. 学习月刊，2011（12）.

李技文. 僼家人的社会记忆与族群认同［J］. 湖北民族学院学报（哲学社会科学版），2010（5）.

李精华. 论非物质文化遗产的知识产权保护［J］. 研究生法学，2010（4）.

李民. 为何说彝语与汉语是亲属语言［J］. 凉山民族研究，1992.

李鹏，覃德清. 攀附与逃离：作为社会记忆的中渡城隍传说［J］. 民族艺术，2016（2）.

李乔. 一个千古难解之谜——半坡刻画符号与彝文渊源关系试探［J］. 贵州民族研究，1990（4）.

李淑敏，李荣启. 论非物质文化遗产的保护原则［J］. 船山学刊，2005（3）.

李天才，王军涛. 国内非物质文化遗产知识产权保护研究述评［J］. 情报理论与实践，2017（3）.

李星星，赵书峰. 显著性舞蹈身体动态在社会记忆中的承续与演变——基于湖南汨罗"打猖"民间信仰仪式的考察［J］. 南京艺术学院学报，2023（3）.

李永红，赵鹏. 默语倾听 兴然会应——在地段特征和场所精神中找寻答案［J］. 中国园林，2001（2）.

李玉臻. 非物质文化遗产视角下的文化空间研究［J］. 学术论坛，2008（9）.

李远龙，曾钰诚. 产业与数字：黔南少数民族非物质文化遗产生产性保护研究［J］. 中南民族大学学报（人文社会科学版），2017（4）.

连建功. 节庆类非物质文化遗产的旅游价值及开发研究：以黄帝故里拜祖大典为例［J］. 河北旅游职业学院学报，2011（3）.

梁保尔，马波. 非物质文化遗产旅游资源研究——概念、分类、保护、利用［J］. 旅游科学，2008（2）.

梁宏信. 论侗族民间叙事歌的社会记忆——以《珠郎娘美》为中心［J］. 怀化学院学报，2014（1）.

梁平安. 广西壮族体育非物质文化遗产数字化保护研究［J］. 广西社会科学，2017（5）.

梁音. 社会记忆的文化资本化——以洛带客家社会记忆资源的旅游开发为例［J］. 成都大学学报（社会科学版），2008（4）.

林秋朔. 抢救我国非物质文化遗产建言［J］. 民间文化论坛，2004（5）.

林秀. 社会记忆视角下高校档案的建设方略［J］. 城建档案，2016（5）.

林移刚. 产业化视角下的民族民间文学类非遗保护［J］. 贵州民族研究，2014（6）.

刘博. 社会记忆·文化记忆·图书馆——社会记忆与图书馆关系新论［J］. 图书馆建设，2016（3）.

刘畅，张帆. 国际语境下的非物质文化遗产保护与旅游开发［J］. 北京联合大学学报（人文社会科学版），2011（4）.

刘朝晖. 社会记忆与认同建构：松坪归侨社会地域认同的实证剖析［J］. 华侨华人历史研究，2003（2）.

刘春玲. 内蒙古表演艺术类非物质文化遗产旅游开发探析［J］. 内蒙古师范大学学报（哲学社会科学版），2013（1）.

刘迪. 档案建构社会记忆中的权利因素及其积极作用——从南京大屠杀档案申遗说起［J］. 档案学通讯，2016（2）.

刘桂兰，刘楠霞. 民艺类非物质文化遗产的旅游开发模式研究——以河南为例［J］. 河南科技学院学报，2010（7）.

刘辉，张蕴甜. 文化治理视域中的非物质文化遗产保护研究［J］. 东南文化，2017（2）.

刘蒋联，李明娟. 浅议社会记忆的保护［J］. 兰台世界，2015（20）.

刘茜. 试用科学发展观认识非物质文化遗产保护与旅游发展［J］. 西北民族研究，2005（2）.

刘容. 场所精神——中国城市工业遗产保护的核心价值选择［J］. 东南文化，2013（1）.

刘守华. 论文化生态与非物质文化遗产保护［J］. 华中师范大学学报（社会科学版），2006（5）.

刘亚秋. 从集体记忆到个体记忆——对社会记忆研究的一个反思［J］. 社会，2010（5）.

刘燕军. 南京大屠杀的历史记忆：1937—1985［J］. 抗日战争研究，2009（4）.

刘玉清. 把非物质文化遗产推向休闲市场［J］. 价格与市场，2003（3）.

卢世菊，柏贵喜. 民族地区旅游扶贫与非物质文化遗产保护协调发展研究［J］. 中南民族大学学报（人文社会科学版），2017（2）.

卢元伟. 历史记忆的建构及其限制——以林则徐英雄形象的建构为例的考察［J］. 中国图书评论，2006（9）.

鲁幽，周安平. 非物质文化遗产法律保护的新路径［J］. 知识产权，2017（2）.

罗彩娟. 社会记忆散论［J］. 广西民族师范学院学报，2011（6）.

罗栋，李飞. 鄂尔多斯非物质文化遗产的保护性旅游开发研究［J］. 广西师范学院学报（哲学社会科学版），2016（4）.

罗茜. 非物质文化遗产保护的真实性问题研究［J］. 湖南财经高等专科学校学报，2008（8）.

马德龙. 凉山彝族习惯法在彝区的影响及其利弊［J］. 凉山民族研究，1995.

马尔子. 川西南彝族地区历史概貌及都市化发展途径［J］. 凉山民族研究，2002.

马尔子. 凉山彝族法律制度的变迁［J］. 凉山民族研究，2005.

马尔子. 凉山彝族语言文字及其语言文字自治权面临的困境［J］. 凉山民族研究，2007.

马尔子. 浅谈凉山彝族德古［J］. 凉山民族研究，1992.

马飞. 少数民族传统典籍的现代教育意义——彝族传统教育经典《玛牧特依》浅析［J］. 西昌学院学报（社会科学版），2014（4）.

马海日古. 论彝汉数目数字刻画造意及历史文化渊源［J］. 凉山民族研究，2009.

马红艳. 作为身体实践的社会记忆——读《社会如何记忆》［J］. 西北民族研究，2010（1）.

马冉. 文化多样性国际法文件中的文化权利解读［J］. 南京政治学院学报，2015（2）.

马史火，冯英. 古彝文献《玛牧特依》中的幼教思想及特点述略［J］. 西昌学院学报（社会科学版），2009（3）.

马史火. 凉山彝族社会传统家庭对青少年的道德教育［J］. 西昌学院学报（社会科学版），2008（4）.

马史火，张卓然. 凉山彝族社会传统家庭教育文化功能述略［J］. 西昌学院学报（社会科学版），2007（2）.

苗学玲. 旅游商品概念性定义与旅游纪念品的地方特色［J］. 旅游学刊，2004（1）.

木乃热哈. 彝族教育经典《玛牧特依》浅析［J］. 凉山大学学报，2004（4）.

纳日碧力戈. 各烟屯蓝靛瑶的信仰仪式、社会记忆和学者反思［J］. 思想战线，2000（2）.

纳日碧力戈. 作为操演的民间口述和作为行动的社会记忆［J］. 广西民族学院学报（哲学社会科学版），2003（3）.

欧阳友权. 文化产业人才建设：问题与思路［J］. 福建论坛（人文社会科学版），2012（2）.

潘年英. 全球化语境中的少数民族非物质文化遗产保护和利用——以贵州从江县的实践为例［J］. 民族艺术，2005（4）.

彭恒礼. 论壮族的族群记忆——体化实践与刻写实践［J］. 广西民族研究，2006（2）.

彭毛卓玛. 一个藏族村落的圣地观——玛藏德哇关于玛藏贡巴的社会记忆与话语表述［J］. 青海民族研究，2016（3）.

普丽春. 少数民族"非遗"的理论研究综述［J］. 中央民族大学学报（哲学社会科学版），2009（5）.

钱力成，张翮翾. 社会记忆研究：西方脉络、中国图景与方法实践［J］. 社会学研究，2015（6）.

钱永平. 社区参与视角下的县级政府非物质文化遗产保护实践——以山西祁县文化局为例［J］. 西北民族研究，2017（2）.

邱欣. 浅析彝族教育文献《玛牧特依》［J］. 天府新论，2008（S2）.

曲木铁西. 试论凉山彝族社会传统教育的教育形式［J］. 凉山民族研究，2002.

饶菁. 非物质文化遗产"文化空间"的思考［J］. 湖南农机，2008（1）.

邵际树. 非物质文化遗产的旅游价值和旅游开发模式探讨［J］. 当代经济，2012（8）.

沈关宝, 杨丽. 社会记忆及其建构——关于黄道婆的集体记忆研究 [J]. 东岳论丛, 2012 (12).

沈嘉悦, 薛可. 新媒体博客叙事中的近现代社会记忆研究 [J]. 采写编, 2016 (4).

石奕龙, 谢菲. 客家婚礼饮食行为的社会记忆与象征隐喻——以广西博白县大安村为例 [J]. 中南民族大学学报 (人文社会科学版), 2013 (4).

时长日黑. 彝族母语及其文化资源开发的思考 [J]. 凉山民族研究, 2005.

史军, 潘煦. 解读《玛牧特依》——基于道德哲学的视角 [J]. 西南民族大学学报 (人文社会科学版), 2011 (9).

宋欢. 旅游开发与非物质文化遗产保护 [J]. 沧桑, 2006 (4).

宋向光. 世界各国和国际组织关于博物馆的定义 [J]. 中国博物馆通讯, 2003 (8).

苏东海. 国际生态博物馆运动述略及在中国的实践 [J]. 中国博物馆, 2001 (2).

苏发祥, 徐燕. "中国吉卜赛人"的社会记忆及其建构 [J]. 西藏民族学院学报 (哲学社会科学版), 2015 (3).

孙传明, 程强, 谈国新. 广西少数民族非物质文化遗产数字化保护现状及对策分析 [J]. 广西民族研究, 2017 (3).

孙宏开. 关于濒危语言问题 [J]. 语言教学与研究, 2001 (1).

孙江. 皮埃尔·诺拉及其"记忆之场"[J]. 学海, 2015 (3).

孙九霞. 旅游作为文化遗产保护的一种选择 [J]. 旅游学刊, 2010 (5).

孙庆忠. 社会记忆与村落的价值 [J]. 广西民族大学学报 (哲学社会科学版), 2014 (5).

索端智. 历史事实·社会记忆·族群认同——以青海黄南吾屯土族为个案的研究 [J]. 青海民族学院学报 (社会科学版), 2006 (1).

索晓霞. 贵州少数民族文化传承运行机制探析 [J]. 贵州民族研究, 2000 (3).

唐婷婷. 历史的回声——论民歌作为纳西族之社会记忆 [J]. 云南社会科学, 2010 (2).

王大为. 浅谈对非物质文化遗产传承人的保护 [J]. 黑河学刊, 2007 (3).

王海飞. 空间转换与社会记忆——河西走廊一个藏族库区移民社区的构建之路 [J]. 北方民族大学学报 (哲学社会科学版), 2016 (2).

王汉生, 刘亚秋. 社会记忆及其建构——一项关于知青集体记忆的研究 [J].

社会，2006（3）．

王会莹，Warunee Wang. 泰东北伊沙恩人社会记忆重构中的族群认同——以"Heet Sibsong"节日文化为视角［J］．湖北民族学院学报（哲学社会科学版），2012（5）．

王吉林．论非物质文化遗产商业性利用的法律规制［J］．现代财经（天津财经大学学报），2011（8）．

王杰．全球化时代文化多样性的意义［J］．学术月刊，2011（7）．

王金元，唐巧娟．社会记忆的表达与建构——基于麻山苗族"亚鲁"记忆的个案研究［J］．民族论坛，2017（1）．

王美英，吉木哈学．浅谈彝族"玛木"的伦理思想与归宿［J］．西南民族大学学报（人文社会科学版），2011（11）．

王明珂．历史事实、历史记忆与历史心性［J］．历史研究，2001（5）．

王霄冰．文化记忆、传统创新与节日遗产保护［J］．中国人民大学学报，2007（1）．

王莹．作为体化实践的社会记忆：论岁时节日中的民间舞蹈［J］．节日研究，2015（2）．

王云庆，彭鑫．国内非物质文化遗产数字化保护研究综述［J］．档案与建设，2017（4）．

王兆峰，陈勤昌．长征红色非物质文化遗产活态化保护利用研究——以桑植红色民歌为例［J］．民俗研究，2023（2）．

韦谢．城市地名变迁与社会记忆的建构——基于《紫堤村志》的分析［J］．中国名城，2016（3）．

温蕾，吴琼，付蓉等．非物质文化遗产产业化中知识产权保护研究——基于民间剪纸艺术分析［J］．经济问题，2017（9）．

温梁华．《教育经典》与彝族的古代教育［J］．红河学院学报，1988（3）．

文立玲．主题公园走向何方——二十一世纪中国主题公园发展论坛纪要［J］．旅游学刊，2002，17（4）．

翁敏华．论大学应该成为非物质文化遗产博物馆［J］．湖北民族学院学报（哲学社会科学版），2004（4）．

沃尔夫·坎斯特纳．寻找记忆中的意义：对集体记忆研究一种方法论上的批评［J］．历史与理论，2002（5）．

乌丙安．民俗文化空间：中国非物质文化遗产保护的重中之重［J］．民间文化论坛，2007（2）．

乌且. 《玛牧特依》的教育思想 [J]. 西南民族学院学报（哲学社会科学版），1988（2）.

吴国清. 岭光电"教育救民"思想及实绩 [J]. 凉山民族研究，1993.

吴林博. 河南民间文学类非遗项目的保护和传承 [J]. 中华文化论坛，2017（1）.

吴明先. 四川省凉山彝文教学回顾与展望 [J]. 凉山民族研究，1996.

吴秋林. 社会记忆下的侗族"萨岁"崇拜 [J]. 宗教学研究，2015（3）.

吴晓梅，吴秋林. 民族碑刻：社会记忆、地方志、民俗的循环——以西南地区布依族碑刻为例 [J]. 青海民族大学学报（社会科学版），2020（4）.

吴兴帜. 博物馆：社会记忆与历史延续的载体研究——以个碧石铁路博物馆为例 [J]. 红河学院学报，2013（1）.

吴毅，陈颀. "说话的"可能性——对土改"诉苦"的再反思 [J]. 社会学研究，2012（6）.

吴正彪，班由科. 仪式、神话与社会记忆——紫云自治县四大寨乡关口寨苗族丧葬文化调查 [J]. 贵州民族研究，2010（6）.

席岳婷，赵荣. 场所精神下文化遗产保护与游憩体系耦合研究 [J]. 西北大学学报（自然科学版），2013（2）.

夏熔静. 苏州非物质文化遗产档案化保护的实践与思考 [J]. 档案与建设，2017（7）.

萧阿勤. 集体记忆理论的探讨：解剖者、拯救者与一种民主的观点 [J]. 思与言，1997（3）.

肖建华. 彝文古籍《玛牧特依》瑕瑜刍议 [J]. 西南民族学院学报（哲学社会科学版），2000（S3）.

肖艺能. 西藏非物质文化遗产保护与利用的公法—软法—私法混合管理模式探讨 [J]. 西藏大学学报（社会科学版），2019（1）.

谢文芳，陈国和. 历史创伤、文学再现与社会记忆——方方的《软埋》及其他 [J]. 湖北民族学院学报（哲学社会科学版），2016（6）.

谢中元. "一带一路"建设与非物质文化遗产保护问题探论 [J]. 理论导刊，2017（7）.

邢宏亮，杨希. 辽宁锡伯族非物质文化遗产与旅游开发的互动研究，2017（4）.

徐赣丽. 非物质文化遗产的开发式保护框架 [J]. 广西民族研究，2005（4）.

徐克帅. 红色旅游和社会记忆 [J]. 旅游学刊，2016（3）.

徐卫. 我国非物质文化遗产保护工作对策研究［J］. 赣南师范学院学报，2006（2）.

薛群慧. 民俗旅游村：活态文化保护与开发的一种载体［J］. 思想战线，2007（7）.

薛亚利. 庆典：集体记忆和社会认同［J］. 中国农业大学学报（社会科学版），2010（2）.

闫龙，张梅，谷志伟. 吉林省冰雪旅游线路设计及发展策略研究［J］. 长春师范大学学报，2023（8）.

燕梅，芮政，伊明明. 现行知识产权制度下非物质文化遗产分类保护［J］. 学术探索，2017（2）.

杨理解. 试论彝族古代教育典籍《玛牧》的和谐精神［J］. 西昌学院学报（社会科学版），2007（3）.

杨胜梅. 双语教学在凉山的实践［J］. 凉山民族研究，2013.

于红，李豫. 清代民间说唱刻本中的"社会记忆"［J］. 江西社会科学，2016（5）.

于蕾. 从《玛牧特依》看凉山彝族民族教育的文化中断［J］. 新课程研究（职业教育），2008（11）.

于璪. 文化多样性研究述评［J］. 广西民族研究，2007（1）.

余丹. 民族节庆旅游开发与非物质文化遗产保护互动模式研究［J］. 西南民族大学学报（人文社科版），2009（9）.

余悦. 非物质文化遗产研究的十年回顾与理性思考［J］. 江西社会科学，2010（9）.

袁瑾. 国家级佛教类非物质文化遗产的现状及保护［J］. 中国宗教，2017（6）.

苑利. 非物质文化遗产科学保护的几个问题［J］. 江西社会科学，2010（9）.

曾芸. 新科技视角下的非物质文化遗产保护与利用研究［J］. 福建论坛，2018（6）.

詹娜. 民间文学类非物质文化遗产的保护与生存困境［J］. 云南师范大学学报（哲学社会科学版），2013（4）.

张彬. 区域文化视野下吉林省音乐类非物质文化遗产的保护与传承［J］. 东北师大学报（哲学社会科学版），2017（3）.

张博. 非物质文化遗产的文化空间保护［J］. 青海社会科学，2007（1）.

张春梅. 非物质文化遗产旅游开发模式探讨——以承德市为例［J］. 江苏商

论，2009（5）．

张道一．中国民艺的现状与未来［J］．美术与观察，1997（2）．

张国超．非物质文化遗产保护和开发模式研究［J］．海军工程大学学报，2009（2）．

张建忠，温娟娟，刘家明等．晋中文化生态保护区"非遗"分布特征及旅游利用模式［J］．经济地理，2023（7）．

张静．民间美术类非物质文化遗产的旅游价值及开发：以朱仙镇木版年画为例［J］．中国集体经济，2012（6）．

张俊华．社会记忆研究的发展趋势之探讨［J］．北京大学学报（哲学社会科学版），2014（5）．

张丽娟．文化多样性的现代境遇与实践超越——"世界历史"精神的价值理解［J］．学术探索，2015（9）．

张魏．云南少数民族非物质文化遗产保护与旅游利用关系的系统分析［J］．系统科学学报，2022（4）．

张晓萍，李鑫．基于文化空间理论的非物质文化遗产保护与旅游化生存实践［J］．学术探索，2010（6）．

张亚明．作为非物质文化遗产的语言资源［J］．湖北工业职业技术学院学报，2015（1）．

张瑛，高云．少数民族非物质文化遗产保护与旅游行政管理研究——以云南民族歌舞为例［J］．贵州民族研究，2006（4）．

张兆林，束华娜．基于文化自觉视角的非物质文化遗产保护与新文化创造［J］．美术观察，2017（6）．

章锦河．社会记忆与旅游规划的创意［J］．旅游学刊，2014（5）．

章尚正，张睿．非物质文化遗产的旅游利用与原真态保护［J］．宿州学院学报，2010（10）．

赵呈晨．社会记忆与农村集中居住社区整合——以江苏省Y市B社区为例［J］．中国农村观察，2017（3）．

赵冬菊．博物馆与非物质文化遗产的互动［J］．广西民俗研究，2006（2）．

赵海荣．基于场所理论的历史地段RBD建设研究［J］．四川建筑，2010，30（6）．

赵巧艳，曹哲，郭炎冰．空间分异视角下山西省非物质文化遗产保护利用研究——基于5批829项数据的分析［J］．干旱区资源与环境，2022（11）．

赵世瑜，杜正贞．太阳生日：东南沿海地区对崇祯之死的历史记忆［J］．北京师范大学学报（社会科学版），1999（6）.

赵世瑜. 祖先记忆、家园象征与族群历史——山西洪洞大槐树传说解析［J］. 历史研究，2006（1）.

赵跃，周耀林. 国际非物质文化遗产数字化保护研究综述［J］. 图书馆，2017（8）.

郑威. 社会记忆：民族文学作为族群叙事文本——以瑶族创世古歌《密洛陀》的族群认同功能为例［J］. 广西民族研究，2006（2）.

钟年. 社会记忆与族群认同——从《评皇券牒》看瑶族的族群意识［J］. 广西民族学院学报（哲学社会科学版），2000（4）.

周春发. 再生产视角下非物质文化遗产的旅游开发——以晓起龙灯节为例［J］. 山西财经大学学报，2012（S3）.

周坤，颜珂，王进. 场所精神重解：兼论建筑遗产的保护与再利用［J］. 四川师范大学学报（社会科学版），2015（3）.

周文丽，张海玲. 红色旅游体验对游客地方依恋的影响研究——以社会记忆为中介［J］. 长江师范学院学报，2024（4）. 周阳. 社会记忆视域下"非遗"文化资本的再生产——以"秦淮灯彩"为例［J］. 民族艺术，2021（5）.

周永广. 日本节庆活动对我国旅游节庆开发的启示［J］. 旅游学刊，2005（2）.

周芸，杨雪云. 社会记忆视域下龙灯会与观音庙会的不同命运及其原因剖析——以安徽省桐城市白果村为例［J］. 湖北经济学院学报（人文社会科学版），2016（9）.

朱刚. "一带一路"倡议与非物质文化遗产保护的国际合作［J］. 西北民族研究，2017（3）.

朱格锋. 非物质文化遗产的保护——以茶文化的保护为例［J］. 福建茶叶，2017（2）.

朱祥贵. 非物质文化遗产保护立法的基本原则——生态法范式的视角［J］. 中南民族大学学报（人文社会科学版），2006（2）.

朱紫薇，刘炼. 身体"记忆"——以广场舞蹈作为媒介的社会记忆的继承与流变［J］. 北京舞蹈学院学报，2018（5）.

庄初升. 濒危汉语方言与中国非物质文化遗产保护［J］. 方言，2017（2）.

邹海霞，张显. 事件、经验与文化图式：理解社会记忆的三个概念［J］. 广西大学学报（哲学社会科学版），2023（2）.

学位论文类

郭磊. 社会记忆如何可能?——保罗·康纳顿社会记忆理论的再阐释[D]. 上海：华东师范大学，2011.

洪雷明. 高中《彝语文》教材中《玛牧特依》选编内容的教育价值研究——以昭觉县民族中学为例[D]. 北京：中央民族大学，2020.

罗春培. 非物质文化遗产在旅游业中的有形化利用研究[D]. 杭州：浙江工商大学，2007.

马阿呷. 彝文典籍《玛牧特依》伦理思想研究[D]. 成都：西南民族大学，2020.

马飞. 彝族传统教育经典《玛牧特依》研究[D]. 北京：中央民族大学，2013.

彭兆荣. 仪式谱系：文学人类学的一个视野[D]. 成都：四川大学，2002.

邵鹏. 媒介作为人类记忆的研究——以媒介记忆理论为视角[D]. 杭州：浙江大学，2014.

孙峰. 从集体记忆到社会记忆——哈布瓦赫与康纳顿社会记忆理论的比较研究[D]. 上海：华东师范大学，2008.

孙秀林. 上山下乡：知青集体记忆的内容与特点[D]. 北京：北京大学，2003.

王丽芳. 我国非物质文化遗产活态保护的可行性分析[D]. 长沙：中南大学，2007.

杨扬. 空间、仪式与社会记忆——以侵华日军南京大屠杀遇难同胞纪念馆为中心的考察[D]. 南京：南京师范大学，2007.

叶相.《玛牧特依》综合研究[D]. 成都：四川大学，2005.

周志勇. 论政府主导的非物质文化遗产的保护[D]. 长沙：湖南大学，2007.

报纸文章类

李乔. 半坡刻符是彝文始祖[N]. 人民日报，1990-11-12.

吕舟. 非物质文化遗产的保护[N]. 中国文物报，2006-09-01.

习近平在中共中央政治局第九次集体学习时强调 铸牢中华民族共同体意识 推进新时代党的民族工作高质量发展[N]. 人民日报，2023-10-29.

其他

保护非物质文化遗产国际公约[OL]. (2003-10-17)[2025-06-18]. https://

www. un. org/zh/documents/treaty/ich.

国务院办公厅关于加强我国非物质文化遗产保护工作的意见[OL]. (2006-04-28)[2025-06-18]. https://www.ihchina.cn/zhengce_details/11571.

国务院关于公布第四批国家级非物质文化遗产代表性项目的通知[OL]. (2014-12-03)[2025-06-18]. http://www.gov.cn/zhengce/content/2014-12/03/content_9286.htm.

文化和旅游部关于推动非物质文化遗产与旅游深度融合发展的通知[OL]. (2023-02-22)[2025-06-18]. https://www.ihchina.cn/zhengce_details/26641.

习近平：加强文化遗产保护传承 弘扬中华优秀传统文化[OL]. (2024-04-05)[2025-06-18]. https://www.gov.cn/yaowen/liebiao/202404/content_6945341.htm.

中共中央办公厅 国务院办公厅印发《关于进一步加强非物质文化遗产保护的意见》[OL]. (2021-08-13)[2025-06-18]. https://www.ihchina.cn/zhengce_details/23400.

中共中央办公厅 国务院办公厅印发《关于实施中华优秀传统文化传承发展工程的意见》[OL]. (2017-01-25)[2025-06-18]. http://www.gov.cn/zhengce/2017-01/25/content_5163472.htm.

中华人民共和国非物质文化遗产法[OL]. (2011-02-25)[2025-06-18]. http://www.gov.cn/flfg/2011-02/25/content_1857449.htm.

英文文献

Armstrong, Elizabeth A., Suzanna M. Crage. Movements and Memory: The Making of the Stonewall Myth [J]. American Sociological Review, 2006, 71 (5).

Bartmanski, Dominik. Successful Icons of Failed Time: lRethinking Post-Communist Nostalgia [J]. Acta Sociologica, 2011 (54).

Collingwood, G. The Idea of History [M]. New York: Oxford University Press, 1993.

Connerton, P. How Societies Remember [M]. London: Combridge University Press, 1989.

Erll, Astrid. Memory in Culture [M]. Trans. by Sara Young. Hampshire: Palgrave Macmillan, 2011.

Erll, Astrid. Traveling Memory [J]. Parallax, 2011, 17 (4).

Halbwachs, Maurice. On Collective Memory [M]. Chicago: University of Chicago Press, 1992.

Hummon D. M. Community attachment in Altman & SM Low Place attachment [M]. New York: Plenum Press, 1992.

Jansen, Robert S. Resurrection and Appropriation: Reputational Trajectories, Memory Work, and the Political Use of Historical Figures [J]. American Journal of Sociology, 2007, 112 (4).

Jernudd, Das. Towards a Theory of Language Planning [C]. Honolulu: University Press of Hawaii, 1971.

Jin, Jun. The Temple of Memories: Power, and Morality in a Chinese Village [M]. Stanford: Stanford University Press, 1996.

Judt, T. The Past is Another Country: Myth and Memory in Postwar Europe [J]. Theoria: A Journal of Social and Political Theory, 1996 (87).

Lang, Gladys Engel, Kurt Lang. Recognition and Renown: The Survival of Artistic Reputation [J]. American Journal of Sociology, 1988, 94 (1).

Le Goff, Jacques. History and Memory [M]. New York: Columbia University Press, 1992.

Levy, Daniel, Natan Sznaider. The Cosmopolitanization of Holocaust Memory: From Jewish to Human Experience [M] //Judith Gerson & Diane Wolf. Sociology Confronts the Holocaust: Memories and Identities in Jewish Diasporas. Durham and London: Duke University Press, 2007.

Levy, Daniel, Natan Sznaider. The Holocaust and Memory in the Global Age [M]. Trans. by Assenka Oksiloff. Philadelphia: Temple University Press, 2006.

Mantelero, Alessandro. The EU Proposal for a General Data Protection Regulation and the Roots of the "Right to be Forgotten" [J]. Computer Law and Security Review, 2013, 29 (3).

Nora, Pierre. Between Memory and History [J]. Representations, 1989, (26).

Norberg-Schulz, C. Genius Loci: Towards a Phenomenology of Architecture [M]. London: Academy Editions, 1980.

Olick, Jeffrey K. Genre Memories and Memory Genres: A Dialogical

Analysis of May 8, 1945 Commemorations in the Federal Republic of Germany [J]. American Sociological Review, 1999, 64 (3).

Olick, Jeffrey K. States of Memory: Continuities, Conflicts, and Transformations in National Retrospection [M]. Edited by J. K. Olick. Durham: Duke University Press, 2003.

Olick, Jeffrey K. The Politics of Regret: On Collective Memory and Historical Responsibility. New York: Routledge, 2007.

Ondimu, Kennedy I. Cultural Tourism in Kenya [J]. Annals of Tourism Research, 2002, 29 (4).

Ritchie, J. R. B. Assessing the Impact of Hallmark Events [J]. Journal of Travel Research, 1984, 23 (1).

Sanford, George. Katyn and the Soviet Massacre of 1940: Truth, Justice and Memory [M]. London and New York: Routledge, 2005.

Schuman, Howard, Amy D. Corning. Collective Knowledge of Public Events: The Soviet Era from the Great Purge to Glasnost [J]. American Journal of Sociology, 2000, 105 (4).

Schuman, Howard, Jacqueline Scott. Generations and Collective Memories [J]. American Sociological Review, 1989, 54.

Schwartz. Social Change and Collective Memory: The Democratization of George Washington [J]. American Sociological Review, 1991, 56 (2).

Simko, Christina. Rhetorics of Suffering: September 11 Commemorations as Theodicy [J]. American Sociological Review, 2012, 77 (6).

Vinitzky-Seroussi, Vered. Commemorating a Difficult Past: Yitzhak Rabin's Memorials [J]. American Sociological Review, 2002, 67 (1).

Weber, Max. The Social Psychology of the World Religions [M] //Max Weber. Essays in Sociology. New York: Oxford University Press, 1946.

Williams, R. The Long Revolution [M]. London: Chatto & Windus, 1961.

Zerubavel, Eivatar. Easter and Passover: On Calendars and Group Identity [J]. American Sociological Review, 1982, 47 (2).

Zerubavel, Eivatar. Hidden Rhythms: Schedules and Calendars in Social Life [M]. Berkeley: University of California Press, 1981.

Zerubavel, Yael. Recovered Roots: Collective Memory and the Making of Israeli National Tradition [M]. Chicago: University of Chicago Press,

1995.

Zhurzhenko, Tatians. "Capital of Despair": Holodomor Memory and Political Conflicts in Kharkiv after the Orange Revolution [J]. East European Politics and Societies, 2011, 25 (3).